U0779622

新时代新理念职业教育教材·城市轨道交通系列

城市轨道交通票务管理

（修订本）

主　编　贾文婷　李京平
副主编　李良玉　汤明清
刘林芝　司东伟

北京交通大学出版社
·北京·

内容简介

本书为新时代新理念职业教育教材之一。本书的主要内容包括：城市轨道交通票务管理工作的认知，票卡管理，AFC系统设备的操作、日常巡视及故障应急处理，票务作业管理，票务现金管理，发票与台账管理，特殊情况的票务处置，票款清分结算管理，共八个项目。

本书是城市轨道交通专业的核心课教材，可供高职、中职院校教学使用，也可以作为城市轨道交通行业培训或自学用书，可供城市轨道交通行业工程技术人员学习参考。

图书在版编目（CIP）数据

城市轨道交通票务管理/贾文婷，李京平主编．—修订本．—北京：北京交通大学出版社，2015.9（2021.7重印）

ISBN 978-7-5121-2368-7

Ⅰ.①城… Ⅱ.①贾… ②李… Ⅲ.①城市铁路-旅客运输-售票-管理-职业教育-教材 Ⅳ.①U293.2

中国版本图书馆CIP数据核字（2015）第193010号

城市轨道交通票务管理
CHENGSHI GUIDAO JIAOTONG PIAOWU GUANLI

责任编辑：陈跃琴　陈可亮
出版发行：北京交通大学出版社　　电话：010-51686414　　http：//www.bjtup.com.cn
地　　址：北京市海淀区高梁桥斜街44号　　邮编：100044
印 刷 者：北京时代华都印刷有限公司
经　　销：全国新华书店
开　　本：185mm×230mm　　印张：14.25　　字数：320千字
版　　次：2015年9月第1版　　2016年5月第1次修订　　2021年7月第10次印刷
书　　号：ISBN 978-7-5121-2368-7/U·206
印　　数：26 001～28 000册　　定价：35.00元

本书如有质量问题，请向北京交通大学出版社质监组反映。对您的意见和批评，我们表示欢迎和感谢。
投诉电话：010-51686043，51686008；传真：010-62225406；E-mail：press@bjtu.edu.cn。

前　言

随着中国城市化进程的加快，城市人口的增加给城市交通带来的压力日渐明显化。当地面交通已经无法满足需求而带来各种问题时，与传统的地面交通相对应的地下交通就成为缓解城市交通压力的新渠道。因为地铁的舒适、快捷和便利，成为人们出行的重要交通工具，地铁也就成为了许多城市交通的重要组成部分。目前，许多城市的地铁都在紧锣密鼓地修建之中。同时，为了满足地铁行业大量的人员需求，许多职业院校开设了相关专业，旨在培养一批具有专业知识、专业技能和职业素养的高水平人才。

目前城市轨道交通专业技术人才培养主要面临的问题就是："重理论，轻实践"。所以亟需一系列理论与实践密切结合的教材，能够将理论融合在实践中，更多地为学生提供实践性的指导。本书就是基于这样的初衷而编写完成，目的就是能够将票务管理工作细致地分解为具体的工作过程，使学生能够在实践中深刻理解理论知识，加强自身的职业技能，提高自身的职业素养，真正做到从学校到岗位的"零过渡"。

本书涵盖八个项目，共 37 个大任务，74 个小任务，主要介绍以下内容：

项目 1 主要讲授城市轨道交通票务管理工作的相关概念；

项目 2 主要介绍票卡管理的具体内容；

项目 3 主要介绍 AFC 系统设备的操作、日常巡视及故障应急处理；

项目 4 主要介绍票务作业管理的内容和工作要求；

项目 5 主要介绍票务现金管理的内容和工作要求；

项目 6 主要介绍发票与台账管理的内容和工作要求；

项目 7 主要介绍特殊情况的票务处置方法和流程；

项目 8 主要介绍票款清分结算的方法和原理。

全书在编写过程中得到了北京市地铁运营公司各分公司多位一线专家的大力帮助。

本书的项目 1 由李艳编写，项目 2 由吴梦媛编写，项目 3、项目 5 由贾文婷编写，项目 4 由朱爱华编写，项目 6 由李家平编写，项目 7 由甄烨编写，项目 8 由史翠花编写。全书由贾文婷统稿并任主编，由汤明清、刘林芝任副主编。

由于编者水平有限，书中不乏不足之处，恳请读者批评指正。

编　者

2015 年 8 月

丛书编委会

出 版 说 明

进入21世纪，我国把“发展城市轨道交通”列入国民经济第十个五年计划发展纲要。在经历了十几年的高速发展之后，中国拥有城市轨道交通的城市已经由2000年的3座（北京、上海、广州）上升至2014年的22座。截至2014年年底，中国的城市轨道交通运营线路已达88条，总运营里程超过3 000 km（包含地铁、有轨电车等），占全球城市轨道交通总运营里程的25%以上。

城市轨道交通的快速发展，带来了对城市轨道交通专业人才的巨大需求。巨大的城市轨道交通人才需求，为职业教育城市轨道交通专业的发展带来了良好的机遇，各职业院校纷纷开设了城市轨道交通相关专业，针对城市轨道交通专业的教材也陆续出版，但总的来说，教材存在体系不完善、内容理论叙述过多、缺乏岗位针对性等问题。

2011年，北京交通大学出版社出版“高等教育城市轨道交通系列教材”，包括《城市轨道交通概论》《城市轨道交通客运管理》等二十多种图书，被全国三十多所学校选用，其中郑州城轨交通中等专业学校连续三年使用，有近万名学生毕业。教学实践中发现，“高等教育城市轨道交通系列教材”存在理论叙述过多、岗位针对性不强等问题。

为促进和规范城市轨道交通职业教育教材体系的建设，满足城市轨道交通专业人才培养的需要，适应目前职业教育“校企结合，工学结合”的教学改革形式，北京交通大学出版社以“高等教育城市轨道交通系列教材”为基础，依托北京交通大学的城市轨道交通专业优势资源和教学资源优势，组织郑州城轨交通中等专业学校、北京交通职业技术学院、新疆铁道职业技术学院等职业院校明星教师，联合北京地铁、郑州地铁和武汉地铁的一线人员，从培养行业紧缺人才、关键岗位人才急需技能的角度，在北京交通大学、郑州地铁公司、郑州铁路局、郑州城轨交通中等专业学校等单位有关领导和专家的大力支持下，共同策划编写了这套“新时代新理念职业教育教材”。

本系列教材从2015年8月起陆续出版，首批包括：

（1）城市轨道交通概论；

（2）城市轨道交通安全管理；

（3）城市轨道交通票务管理；

（4）城市轨道交通行车组织；

（5）城市轨道交通专业英语；

（6）城市轨道交通运营管理；

（7）城市轨道交通安全常识；

（8）城市轨道交通法律法规；

（9）城市轨道交通客运管理；

（10）城市轨道交通服务礼仪；

（11）城市轨道交通车站设备运用与管理；

（12）城市轨道交通车辆运用与管理。

本套教材的编写，遵照“以就业为导向”的人才培养模式，突出“创新独特”的特点，根据各门课程的授课内容和内容特点，采用最适合这门课的形式进行编写。例如《城市轨道交通专业英语》，授课目的是让学生掌握客服英语会话技能，能看懂英文设备使用说明书，因此在内容安排上大胆创新，采用漫画的方式中英文对照介绍各种客服场合可能会用到的会话和广播内容，并对常用设备图文对照进行功能性介绍。《城市轨道交通安全管理》则结合30多个城市轨道交通安全事故进行内容讲解，事故后果触目惊心，学生对所学内容印象深刻。

在内容组织方面，本着理论部分通俗易懂，实操部分图文并茂的原则。理论知识以应用为目的，以够用为原则。实操部分总结了北京、武汉、郑州等地的地铁运营管理经验，侧重实际工作岗位操作技能培养。例如《城市轨道交通行车组织》《城市轨道交通票务管理》等以培养工作技能为主的课程，则“按项目教学，任务驱动”的方式，围绕职业能力的形成组织内容。在文字表述方面，充分考虑了职业院校学生的认知特点，文字简练，通俗易懂；版式生动活泼，图文并茂。

为方便教学，本套教材配套有教学课件，读者可登录北京交通大学出版社网站免费下载。

希望本套教材的出版，能为城市轨道交通的发展、城市轨道交通职业教育人才的培养有所裨益。希望职业院校师生在使用本套教材后能及时反馈意见和建议，我们将根据您的建议来对教材做进一步完善、修订，使我们能更好地为城市轨道交通人才培养服务。

编辑邮箱：825470827@qq.com。

出版社轨道交通教学群：61901814。

北京交通大学出版社

2015年8月

目　录

项目 1

城市轨道交通票务管理工作的认知

项目导学

城市轨道交通作为公益性的交通基础设施，具有安全、准确、舒适、快捷等其他交通工具无法比拟的特性，对改善城市投资环境、缓解城市交通压力、带动沿线房地产开发起到了巨大作用，其社会效益远大于项目本身的经济效益。在保障社会整体利益的前提下，采用适宜的城市轨道交通票价策略，提高运营企业的经营效益，可以在保护投资者利益和积极性的同时，进一步减轻政府的财政负担。

由于城市轨道交通投资方无法将所产生的全部效益内部化，所以票款收入仍然是目前国内城市轨道交通运营公司的主要收益来源，城市轨道交通运营公司的经营状况在很大程度上取决于票价水平，现行的低票价政策使国内城市轨道交通运营公司陷入了长期亏损的困境。在世界各大城市争先恐后发展城市轨道交通，方便人民生活的同时，其巨额的投资及运营费用，也给公共事业投资者背上了沉重的负担。

票务管理是城市轨道交通运营管理的重要组成部分，其管理的好坏对外会影响到客运服务质量，对内会影响到企业运营收入。

教学目标

（1）了解城市轨道交通票务管理的重要性。

（2）了解城市轨道交通票务管理工作岗位和职责。

（3）了解城市轨道交通票务管理工作纪律。

（4）掌握票务管理工作涉及的术语和概念。

建议学时

4 学时。

任务 1.1　了解票务管理背景知识

子任务 1.1.1　认识票务管理的重要性与政策依据

1. 票务管理的重要性

票务管理是城市轨道交通运营企业票款收入的直接管理单元，关系到城市轨道交通运营企业的收益，是企业生存发展的关键。票款收入是城市轨道交通运营的经济命脉，票务管理又是城市轨道交通运营管理最主要的部分，票务管理水平的高低是衡量城市轨道交通运营企业经营管理水平的重要标志。

在城市轨道交通运营管理中，票务管理是对车票流向、票款收入和自动售检票系统的运行情况进行总的监视、控制、协调、指挥和调度。

票务管理工作的好坏直接影响城市轨道交通运营公司的收入和经济效益，因此必须重视票务组织管理工作，将其定位为运营组织管理的核心。城市轨道交通运营公司宏观票务政策的要求是：票务管理工作要实现票务业务正常、稳定和高效地实施；同时，要为广大乘客提供优质的客运服务。

2. 票务管理的政策依据

票务管理工作必须以票务政策为依据。票务政策是用来规定城市轨道交通各类票务业务（如票款收入、财务核查、清分结算和收益报表等）实施的规则，包括票政原则、票价方案、收费体系、清分结算体系、管理制度体系 5 个方面，票务政策的各类关系见图 1－1。

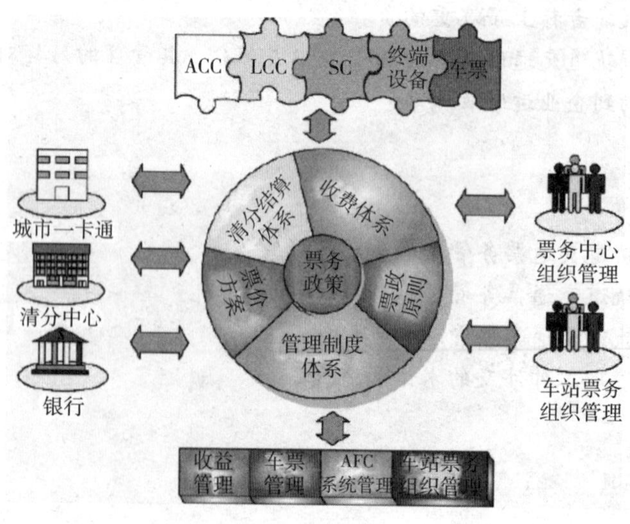

图 1－1　票务政策的各类关系

1）票政原则

票务政策应坚持把城市轨道交通作为城市公益性公共交通基础设施的原则，与其他公共交通系统协调统一，制定相互适应的票务政策。

2）票价方案

票价方案的关键是制定基础票价表。在保证城市轨道交通运营企业可持续发展的前提下，兼顾国家、企业、乘客三方的利益，并且在政府相关部门的监管下制定基础票价表。同时，还应规定乘客乘车的基本准则，如时限、里程、票种选择性等。

3）收费体系

收费体系（即AFC系统）可以为乘客提供自助式服务，极大地方便乘客，并且逐渐成为各城市轨道交通建设的必备设施。

4）清分结算体系

在运营主体多元化条件下，为实现城市轨道交通多线路之间的无障碍换乘，实现车票发行、联网收费、票务清算、AFC系统的统一管理，必须成立清分结算管理中心（以下简称ACC）。因此，清分结算体系是城市轨道交通线网多元化运营的产物，清分结算体系包括城市一卡通和城市轨道交通清分结算系统。

5）管理制度体系

管理制度体系是票务政策的主要内容，包括收益管理、车票管理、AFC系统设备设施管理、车站票务组织管理等。

（1）收益管理

票务中心收益管理分为收益管理、审计管理、稽查管理。

① 收益管理工作的中心是现金，其管理的核心内容可概括为6个字：（回）收、清（点）、核（对）、（清）算、（上）交、（保）管，收益管理人员与审计管理工程师共同查处票务违章行为。

② 审计管理工作主要由两部分组成：首先，对收益管理工作中发现的疑似票务违章行为，通过AFC系统的相应功能进行复核，查明原因，落实责任；其次，进行ACC的接口工作管理和数据清算业务。

③ 稽查管理工作主要是对审计管理过程中发现的违章金额大、违章次数多的票务违章行为进行跟踪查办，提供运营企业年度重大票务违章查处案例，为收益安全管理重大决策提供依据。

（2）车票管理

车票管理工作的中心是车票，城市轨道交通的车票主要采用非接触式射频卡，该卡可以多次回收、重复使用。业务内容可概括为：采购、编码（初始化）、分配、调拨、清洗、注销、存储、监测。

(3) AFC 系统设备设施管理

AFC 系统设备设施管理是对 AFC 系统和设备进行日常运营维护维修、技术提升、硬件改造和软件升级等工作。对于车站票务管理而言，AFC 系统设备设施管理的工作主要是设备监管和简易故障处理，保证车站票务工作的正常进行。

(4) 车站票务组织管理

车站票务组织管理可以从人、设备、现金和材料 4 个方面的关系着手，负责执行票务中心的收益管理、车票管理和 AFC 系统设备设施管理的内容，对应的模型如图 1－2 所示。

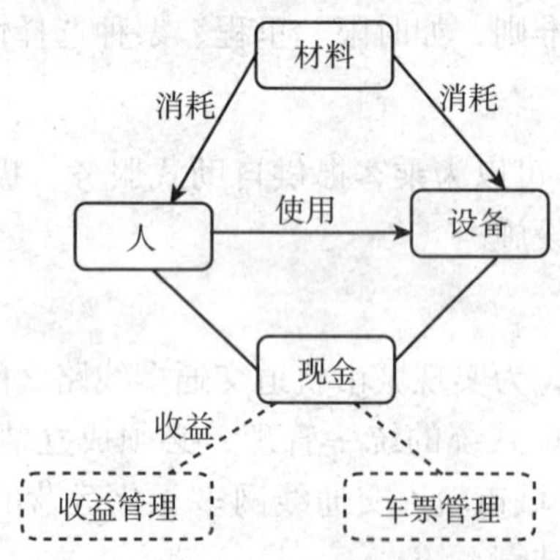

图 1－2　车站票务组织管理模型

子任务 1.1.2　认识票务管理涉及的术语和概念

(1) 轨道交通自动售检票清算管理中心 (AFC Clear Center, ACC)

对轨道交通路网内各运营商的系统运行进行统一协调的管理机构，实现轨道交通系统与一卡通系统间的清算、对账，各线路间的清分、对账及数据处理，实现轨道交通专用票的统一发行及管理，实现轨道交通系统对外的信息服务，实现系统管理和系统安全管理，满足必要的运营模式需求。

(2) 自动售检票系统 (Automatic Fare Collection System, AFC)

是基于计算机、通信、网络、自动控制等技术，实现轨道交通售票、检票、计费、收费、统计、清分、管理等全过程的自动化系统。

(3) 自动检票机 (Automatic Gate, AG)

安装在地铁车站付费区与非付费区的分界处，用于分隔付费区和非付费区，可通过自动判断票卡真伪、计算并扣除乘车费用的功能，使乘客自助检票。

(4) 自动充值机 (Automatic Vending Machine, AVM)

安装在地铁车站非付费区内，由乘客自助操作可进行一卡通卡的充值和信息查询。

(5) 半自动售/补票机 (Booking Office Machine, BOM)

安装在地铁车站付费区或非付费区的人工售/补票处，为乘客提供单程票发售、一卡通卡发售和充值、补票、查验车票、单据打印等服务。

(6) 自动查询机 (Ticket Checking Machine, TCM)

安装在地铁车站非付费区内，由乘客自助操作，可查询车票的最近使用情况，不仅能查询当前状态而且还能给乘客提供其他信息。

(7) 车票编码分拣机 (Encoder/Sorter, E/S)

可实现对一票通车票的初始化、预赋值、变更、注销、再编码、分析/分拣等功能，并可协助票务管理系统进行票务管理。

(8) 线路中心/线路计算机 (Line Center, LC)

可通过对线路内所有车站的全部 AFC 设备进行监控，实现对运营、票务、财务及维修的集中管理功能。

(9) 电子标签 (Radio Frequency Identification, RFID)

是售检票设备中钱箱或票箱的身份识别标志，每个钱箱/票箱配有唯一的 RFID 编码。

(10) 车站计算机 (Station Center, SC)

可通过对地铁车站内所有 AFC 设备的实时监控，实现对车站 AFC 系统运营、票务、收益及维修的集中管理功能。

(11) 自动售票机 (Ticket Vending Machine, TVM)

安装在地铁车站非付费区内，由乘客自助操作可进行单程票的发售或一卡通卡的充值。

知识小贴士：

部分国家城市轨道交通的票价政策

巴黎：

巴黎政府对地铁票价实行全面控制，并对票价与经营成本之间的差额实行政策性补贴：“票务收入一般占运营成本的40%左右，其余60%则由政府实行政策性补贴。”

巴黎推行了综合票价系统，所有公交系统的票价政策都是一样的：“整个巴黎区域被划分为成8个同心环，使用者支付的票价取决于穿越的环数而不是旅行长度。”

东京：

东京的票价制定受到政府的严格控制，并参照企业的总成本来测定，实际操作中，按低于总成本的原则执行，其票价收入占运营成本（包括建设贷款利息）的85%左右。“总成本计算中，企业利润也被视为一个必要部分，即采用合理报酬原则”。此外，日本政府规定如果公交企业不亏损则不允许涨价，即使因亏损而调价，其调价幅度也不因企业赤字而定，而是以社会物价增长指数为标准，一般情况下四年调价一次，且以增幅20%为限。政府会对地铁企业实行政策性补贴，补贴金额相当于实际价格与按总成本原则所拟价格的差额。

东京政府在制定票价过程中，是在充分考虑企业经营成本的基础上确定票价而且还将企业利润作为总成本的一个必要组成部分。原因就是，企业作为地铁筹资建设的法人必须承担建设成本，因此政府的票价政策必须为企业的经营创造条件。

香港：

根据1999年颁布的《地下铁路条例草案》和政府与新的地铁有限公司签订的运营协议，香港地铁仍维持原有的地铁票价厘定机制。私有化以后，地铁票价的确定包括以下几点：

（1）地铁公司自主厘定票价；

（2）票价的确定依靠市场机制的作用；

（3）地铁公司在调整票价之前必须充分咨询。这项具备法律约束力的安排，可以确保地铁公司在厘定票价时，能充分照顾到公众对票价的接受程度。地铁公司不仅拥有厘定票价的自主权，而且票价在一定时期内可随通货膨胀率的调整而上调，也就是所谓“无实质增长的长期票费政策”，让地铁公司自己去寻求票价与客流之间的平衡点。

从以上分析可以知道，世界上各国基本上都是通过政府给予轨道交通企业财政及政策上的支持，以城市轨道交通的社会效益为先，以低于总成本的原则制定票价，在社会效益最大的同时兼顾企业的经济效益。

任务1.2　熟悉票务管理工作

子任务1.2.1　熟悉票务管理涉及的部门及岗位

票务管理工作并不是单纯在车站完成，而是一项贯穿车站、站区、公司的连续性工作，由下到上涉及多个岗位，任何一个岗位都需要保质保量完成任务，才会为乘客提供高质量的客运服务，同时给企业带来良好的经济效益和社会效益。

以下列举票务管理涉及的部门及岗位。

1）公司级票务科室

公司级票务科室一般工作内容为：

- 负责公司票务管理规章、管理制度及各岗位作业程序的拟定和修订。
- 负责各项票务规章制度执行状况的检查、监督及指导工作。
- 负责独立组织或协调相关部门有效开展票务稽查工作。
- 对检查中发现的问题，负责根据规定要求及时处置、上报，并依据《客运公司绩效考核管理办法》，对各项票务违章行为向公司绩效考核委员会提交考核处置建议。

- 负责定期统计分析公司、站区及班组执行票务规章制度状况及票务稽查状况的各类数据，对重复发生、连续发生的行为及管理漏洞或薄弱环节，制定并组织落实各项防范措施。
- 负责组织召开公司级票务工作例会及专题会议。
- 负责定期搜集并汇总乘客对地铁票务工作的意见及建议，积极妥善进行相关处置。
- 负责根据 AFC 系统的实际运行情况向上级主管部门反馈存在的问题，提出整改建议，并负责配合有关部门对整改情况进行检查。
- 负责票款收缴的管理、监督及审核工作。
- 负责票务有关数据的统计分析，并与地铁运营公司财务部进行运营收益核对。
- 负责公司级票务培训，确保票务工作质量。
- 负责制定回收类车票的调配制度与流程，确保运营需求。
- 负责审核票务中心提交的车票及硬币的领用、配发和调拨计划。
- 负责定期分析公司票务工作情况及票款指标任务完成情况，为领导决策提供科学依据。
- 负责协助运营公司调查处理 AFC 系统事故。

2）各线路票务中心

各线路票务中心一般工作内容为：

- 在票务科的领导下，参与制定各管辖线路 AFC 系统票务工作制度和作业流程，并对贯彻执行情况进行监督和指导。
- 负责公司级 AFC 票务专业知识培训，提高票务工作及业务水平。
- 负责与 ACC、"储值卡"公司进行车票申领、运送的联系协调工作。
- 负责所辖线路的公司级 AFC 票卡库存管理。
- 负责所辖线路内运营数据、收益数据的统计分析工作，编制相关财务统计报表，及时报送有关票务数据。
- 在票务科的领导下，负责客运公司各站区票款的收款、核对和汇总工作。
- 负责各站区银行交款账目单据的核对、登记，每月最后一日汇总各站区售票结算表。
- 负责编制《站区全月售票款统计表》，审核各站区票款结算单。
- 负责协调各站区与银行之间的事宜。
- 负责根据票务科的安排，参加票卡、硬币调配及其他工作。

3）站区级票务管理员（站区票款员）

站区级票务管理员一般工作职责描述如下：

- 参与公司票务管理规章、管理制度及各岗位作业程序的拟定和修订。
- 负责根据公司票务政策以及各项规章制度制定本单位的实施细则及工作程序，报票务科备案。

- 负责制定站区票务工作计划并组织实施。
- 负责本站区票款指标任务的分解与落实。
- 负责本站区票款收缴作业管理。
- 负责组织召开站区级票务工作例会及专题会议。
- 负责站区级票务培训，提高员工票务工作水平及业务水平。
- 负责组织站区级票务检查，监督指导班组及各项票务检查的执行情况。发现问题根据规定要求及时处置、上报，并依据《站区绩效考核管理办法》，对各项票务违章行为进行处置。
- 负责定期统计分析本站区及班组票务规章制度执行状况和票务稽查状况的各类数据，对重复发生、连续发生的行为及管理漏洞或薄弱环节，制定防范措施并组织落实。
- 负责站区票卡、现金的库存管理，及时组织所辖各站的票卡与硬币调配。
- 负责审核、汇总所辖各站的票卡与硬币需求；每月 21 日，以站区为单位向票务中心提交月度票卡、硬币补充需求计划。
- 负责站区报销凭证、发票、打印纸、专用钥匙等票务专门用品的管理工作。
- 负责车站工作票的管理工作。
- 负责站区员工 ID 管理。
- 配合开展所辖各站的 AFC 系统事故调查。

4）车站级票务管理班组（值班站长、综控员、售票员、监票员）

车站级各票务管理班组的一般工作职责描述如下：

- 负责各项票务规章及有关规定在本车站的全面贯彻与落实。
- 负责制定班组票务工作计划并组织实施。
- 负责制定本站各岗位工作流程及一日工作程序并组织实施。
- 负责组织召开车站级票务工作例会及专题会议。
- 负责定期统计分析本班组票务规章制度执行状况和票务稽查状况的各类数据，对重复发生、连续发生的行为及管理漏洞或薄弱环节，制定防范措施并组织落实。
- 负责车站终端设备的操作及人员管理。

子任务 1.2.2　熟悉票务管理涉及的岗位及职责

1. 站区长票务管理工作职责

站区长对本站区票务工作进行综合管理，必须履行以下职责：

- 负责贯彻、执行各项票务工作制度、上级指示精神及工作安排。
- 负责编制站区票务工作计划，制定工作措施并组织落实。
- 负责站区级票务培训工作，确保站区票务工作运转顺畅。

- 负责站区票款指标的分解及完成情况的统计、分析、上报工作。
- 负责组织或独立开展站区级票务检查，对检查中发现的问题根据规定要求及时处置、上报，对各项票务违章行为向站区绩效考核委员会提交考核处置建议。
- 负责定期统计分析本站区票务规章制度的执行状况和票务稽查状况的各类数据，对重复发生、连续发生的行为及管理漏洞或薄弱环节，制定防范措施并组织落实。
- 负责组织站区内票卡、硬币调配，确保满足运营需要。
- 负责站区 AFC 终端设备的使用管理，及时纠正并制止各类违规行为。
- 负责站区各类 AFC 备品的管理工作，确保 AFC 系统运转顺畅。
- 负责站区员工操作员号的管理、统计工作。
- 配合开展 AFC 系统事故的调查。

2. 站区票务员票务管理工作职责

站区票务员是在站区的领导下，负责管理站区各项票务事务工作，必须履行以下职责：

- 负责本站区单程票报销凭证、发票、打印纸、专用钥匙等票务专门用品的领用、保管及发放工作。
- 负责本站区 AFC 备用金的领取与发放。
- 负责各车站对 AFC 备用金使用保管的日常检查工作。
- 负责本站区票款的收缴与解行工作。
- 负责票卡、硬币调配方案的组织落实工作。
- 负责各车站坏卡、废卡、未返还车票的收集与上交工作。
- 负责站区级 AFC 应急纸票的库存管理。
- 根据站区指示及要求，做好站区各项票务工作质量及票务活动措施落实状况的督导工作。

3. 值班站长票务管理工作职责

值班长在站区领导下，负责车站现场指挥工作，检查各项规章制度的执行落实情况，及时发现并纠正岗位违章操作行为，必须履行以下职责：

- 负责检查车站票卡、AFC 备用金及应急纸票的库存管理情况，组织做好票卡及硬币的接收、调配和发放工作。
- 负责发售福利票并监督福利票的换发、返还和登记工作。
- 负责保管、交接储币柜外门钥匙、车站运营及财务报表。
- 每日运营开始前，负责检查本站所有设备的启动及运营准备工作，确保车站各类终端设备提前 10 分钟具备工作条件。
- 运营过程中，负责监督 AFC 综合作业岗进行钱箱更换、现金清点作业，确保 AFC 现金安全。
- 遇设备故障时，确认故障情况，指示行车值班员（行车综控员）及时向有关部门报告。

- 由于地铁自身原因，无法正常运营时，根据现场情况，指令站务人员办理退票，开放安全门。
- 根据客流情况，指令行车值班员（行车综控员）改变检票机通道方向；车站出现大客流进、出站等紧急情况时，指示行车值班员（行车综控员）向 LC 申请降级模式。
- 根据运营需求指示行车值班员（行车综控员）通过 SC 设定 TVM 的服务模式，以满足运营要求。
- 交班时，负责巡查各岗位交接情况，确认设备处于良好使用状态。
- 运营结束后，负责组织班组人员配合 AFC 综合作业员逐台进行 TVM/AVM 结账作业，取出设备钱箱，集中运送回车站 AFC 票务室。
- 确认所有 TVM/AVM 结账作业完成后，指挥行车值班员（行车综控员）通过 SC 关闭车站终端设备，结束本站全天服务。
- 负责根据行车值班员（行车综控员）提供的本站当日单程票进、出站量，统计车站单程票的流失与吸入数量，敦促 AFC 综合作业员按照公司车票库存管理规定及时向站区申请车票调配。

4. 车站客运值班员（客运综控员）票务管理工作职责

车站客运值班员，在有的城市轨道交通运营企业中也称为客运综控员，必须履行以下职责：

- 负责接收、执行 LC 的指令，及时准确传达信息。
- 负责监视本站设备的工作状态，SC 提示“钱箱将空”“票箱将空”时，通知 AFC 综合作业员到现场进行更换。
- 负责按照值班站长的指令，更改双向 AG 的通道方向，设定自助售票机的服务模式满足运营需要。
- 依据值班站长的指令，负责向 LC 申请降级模式，并将变更结果报告值班站长、站区领导及客运营销科。
- 每日运营开始前，负责车站终端设备的远程开启工作，通过监控界面确认所有终端设备网络连接正常，将设备状态报告值班站长。
- 遇设备故障时，确认故障类型、故障时间，负责通知维修部门、值班站长及客运公司有关科室并负责设备检修作业登记。
- 本站发生火灾、爆炸、地震等重大灾难性事故时，根据“突发情况处置方案”将本站 AFC 系统的运营模式变更为“紧急放行模式”，及时报告值班站长、站区领导、LC、行调及客运公司相关部门。
- 交接班时，在值班站长的指挥下确认售/补票岗已交接完毕，打印相关报表并上交值班站长。
- 每日运营结束后，负责收集本站当日单程票进、出站量并报票款及末班车后返还的剩余福利票。

- 末班车后负责确认所有 TVM/AVM 结账作业完成，然后在值班站长的指挥下通过 SC 关闭车站终端设备，结束本站全天服务，将打印的相关报表上交值班站长。
- 妥善保管备用车站工作票、备用特殊通道钥匙，确保车站计算机设备整洁。
- 负责 AFC 系统通信中断时的及时报告。
- 客运值班员（客运综控员）不在室内时，其全部职责由当班行车值班员（行车综控员）负责。

5. 车站 AFC 综合作业员票务管理工作职责

在有的城市轨道交通运营企业中，车站 AFC 综合作业员这一岗位也由客运综控员来兼任，必须履行以下职责：

- 负责每日首班车前 10 分钟，完成全站所有 TVM/AVM 的运营准备工作。
- 负责车站 AFC 现金的管理与交接，确保按照规定合理使用并确保现金安全。
- 负责车站票卡的库存管理，及时在车站票卡库存管理系统上进行票卡申请、调配操作，确保账物相符并且能够满足运营需求。
- 负责车站一卡通白卡的领用、下发及库存管理，并如实登记相关台账。
- 负责车站 AFC 应急纸票的管理，保证突发情况应急预案的落实。
- 负责储币柜内门钥匙的保管、交接。
- 负责清点、接收下岗（或交班）的 BOM 操作员上交的全部售票款及末班车后返还的剩余福利票。
- 负责车站单程票报销凭证、发票、打印纸、专用钥匙等票务专门用品的领用、保管及发放工作。
- 负责根据设备提示或行车值班员（行车综控员）的通知及时进行 TVM 钱箱、票箱更换。
- 负责钱箱内现金的清点及登记。
- 负责运营过程中 TVM/AVM 打印纸的更换。
- 负责 TVM 乘客招援服务，高峰时段在现场负责引导乘客使用自助设备。
- 负责全程监督 TVM/AVM 的故障维修，防止车票或现金流失。
- 负责核查车站各类票、卡库存，及时提交盈余报告或调拨申请，保证运营需要。
- 负责站区票务员到站收款时的监收、护送工作。
- 负责每日末班车后，对车站所有 AFC 现金进行彻底清点，核算硬币流失数量及本站当日运营收入，封存本站全天票款收入。
- 负责根据车站 AFC 现金盘点结果，定期提交硬币补充需求。
- 负责《车站 AFC 综合作业岗交接台账》的登记、保管与交接确认。
- 负责废票的收集、保管及上交。

6. 车站售票员票务管理工作职责

车站售票员必须履行以下职责：

- 每日运营前，负责售票 BOM 的开启工作及打印卷纸的检查、更换。
- 负责协助 AFC 综合作业员完成 TVM/AVM 的运营前准备。
- 负责办理单程票的发售和一卡通卡的发售（充值）等，做到每笔业务票、款、账数据相符。
- 负责根据 ACC 业务规则、地铁有关规定和车票使用办法，为乘客办理车票更新、退票等业务。
- 负责按章换发福利票，并按福利票管理制度做好相关登记、核对及返还工作。
- 负责落实报销凭证和发票管理制度，为购票、充值乘客提供相应服务。
- TVM 故障时，凭设备故障单为乘客补足车票或现金。
- 负责 BOM 打印纸及票卡箱的更换。
- 负责本岗位的现金安全，准确及时上交售票款，长款上缴、短款自负。
- 交接班时，负责交接设备运行情况，力度交接票卡、剩余福利票、发票及备用金。
- 运营结束后，负责关闭售票设备，确认设备正常关闭后，向值班站长汇报。

7. 车站监票员票务管理工作职责

车站监票员必须履行以下职责：

- 负责每日运营前所有 AG 开启情况的检查，协助 AFC 综合作业岗完成 TVM/AVM 的运营前准备。
- 负责引导乘客正确使用车票，迅速通过检票通道。
- 负责疏导 AG 客流，引导不能正常进出站的乘客前往售/补票室处理。
- 负责及时更换 AG 票箱，清理废票箱中的车票。
- 负责将清理出的废票交 AFC 综合作业员进行单独保管。
- 负责对出站 AG 群的重点监管，保证企业运营收入。
- 负责掌握 AG 的运行状态，发现异常及时处理或报修并做好登记。

8. 车站补票员票务管理工作职责

车站补票员必须履行以下职责：

- 每日运营前，负责补票 BOM 的开启工作及打印卷纸的检查、更换。
- 负责依据车票使用办法，妥善处置乘客违规使用车票情况。
- 负责根据 ACC 业务规则、地铁有关规定和车票使用办法，为乘客办理车票更新、补票等业务。
- 负责本岗位的现金安全，准确及时上交补票款，长款上缴、短款自负。
- 运营结束后，负责关闭补票设备，确认设备正常关闭后，向值班站长汇报。

子任务 1.2.3 了解票务管理工作纪律

票务管理工作涉及多个工作岗位，既有服务方面的，又有管理方面的，任何一个岗位没有保质保量完成工作都可能造成客运服务质量下降，同时票款流失也会给公司带来经济损失，甚至会增加政府的经济负担，所以需要有严格而完善的工作纪律来保证其有序地进行。

以下介绍票务管理工作纪律内容。

- 严格执行财务纪律和公司票务管理规定，严禁私自截留、迟交或挪用票款及备用金。
- 工作中要照章办事，长款上缴、短款自负，不得徇私舞弊。
- 工作发生变动时，严格办理交接手续，确保账目清楚，票、卡、现金、发票与台账相一致。
- 加强业务学习，准确辨认现金真伪；由于辨认不清误收假币的，损失由个人承担，不准转嫁损失，严禁将假币找给乘客。
- 各车站配备的 AFC 系统计算机设备及摄像监控设备，非作业需要一律不得动用。
- 与票务管理、票务作业无关的人员不得进入车站售/补票室及各站 AFC 票务室；凡因工作需要确需进入的非本站当班人员，应严格执行登记制度。
- 公私分明，凡从事现金作业及现金管理岗位的人员严禁携私款上岗。
- 遵守作业程序，坚守工作岗位，树立服务意识：
  ——上岗前备足车票、零钱及相关备品；
  ——每日首车到达前 10 分钟完成全部运营准备工作；
  ——不得拒收硬币及虽破旧但能使用的纸币；
  ——热情为乘客提供 IC 卡充值发票及单程票报销凭证；
  ——关注设备运转状态，及时更换钱箱、票箱，确保设备正常使用。
- 严格落实交接班制度，做到对口力度交接，确保票、款、账、卡相符。
- 严格落实福利票换发管理规定，认真查验各种免费乘车证件，严禁违规发放福利票。
- 遵守设备操作流程，正确进行各类 AFC 设备操作。
- 加强特殊通道及车站工作票管理，严禁违规放行乘客。
- 对无进站记录的车票、IC 卡刷卡异常等情况按规章进行补票作业后方可放行，严禁随意发放 0 元出站票。
- 对于人工回收的票卡及剩余福利票必须在当日运营结束前通过设备进行处理，确保车票交易完整、数据统计准确。
- 加强台账管理，严禁丢失、撕毁、藏匿各类票务台账。

思考与实训

1. 思考题

（1）试分析论述票务管理的重要性。

（2）试分析你所在城市实行的票价政策。

（3）你认为票务管理涉及哪些工作和岗位？这些岗位应该遵守哪些纪律？

2. 实训任务

（1）任务目标

了解城市轨道交通票务管理涉及内容，为后续票务管理的学习做好基础储备。

（2）任务实施建议

选择你所在城市或你感兴趣的一个城市，研究其地铁票务相关内容，包括车票发展历史、售检票设备发展历史、现行票卡类型、适用性、票价票制发展过程、票务人员分类、工作内容等方面，选择以上一个或多个方面进行深入调研，做成 PPT 或音/视频成果。

（3）任务输出和评价

各小组将完成的 PPT 或可展示的音/视频文件进行汇报，全班师生对成果进行评比，做出成绩评定。

项目2

票卡管理

项目导学

票卡就是乘客使用的车票，用于记载乘客的出行信息和费用信息，是乘坐轨道交通的有效票据或凭证。票卡记载了乘客从购票开始，完成一次完整行程所产生的费用、时间、乘车区间等信息。由于票卡上记载了相关乘车信息，这些信息成为乘客完成行程的基础资料，因此也将其称为票卡媒介。

由于票卡在城市轨道交通运营管理中起着重要的媒介作用，所以票卡管理成为票务管理中的一个重要环节。票卡管理的主要工作有：票卡基本情况管理、车票库存管理、车票调配管理、预赋值车票管理、车票回收和清洗、车站工作票和应急纸票管理。

票卡管理工作的执行需要有牢固的业务基础、熟练的业务技能、高度的责任心，应严格按照规章制度来完成工作环节，这样才能保证票款的完整，保证自动售检票设备的正常运转，从而确保运营工作正常有序地进行。

教学目标

(1) 掌握票卡的种类、适用范围和有效期等基本情况。

(2) 掌握各类票卡的发售和使用方法。

(3) 掌握车票库存管理的基本原则和方法。

(4) 掌握车票调配的基本原则和方法。

(5) 掌握预赋值车票和应急纸票管理的基本原则和方法。

(6) 掌握车票回收和清洗的方法。

建议学时

16 学时。

任务 2.1　票卡基本情况管理

子任务 2.1.1　票卡的种类

1. 根据信息记载方式分类

票卡记载信息的方式和数量是不同的，根据信息记载方式的不同，目前常见的票卡有三种：纸质车票、磁卡车票和智能 IC 卡。

(1) 纸质车票

早期地铁一般都采用纸质车票，纸质车票就是将所有信息（如站名或乘车区间、日期、票价等）都直接印刷在车票上，由票务人员视读确认。

图 2-1 为北京地铁早期的纸质车票。

图 2-1　北京地铁早期的纸质车票

纸质车票的售检票工作通常需要大量工作人员，所以工作效率低下，而且每张车票只能使用一次，容易造成资源浪费，在现金和管理上也容易存在漏洞。纸质车票由于信息都印制在票面上，而且票面内容布置相对固定，所以保密性不佳，容易伪造，需要增加一些防伪措施，可在票面上印刷加密图形等安全信息，但同时也会给视读带来较大的困难。

知识小贴士：

普通纸质车票的使用方法

- 乘客进站时检票人员检查票面信息，确认纸票无误后撕下纸票的副券Ⅰ。
- 乘客出站时检票人员核查乘客车票上的线路、站名或乘车区间、日期和票价等信息无误后，撕掉副券Ⅱ。有些线路在进站时直接撕掉副券Ⅰ，出站时不需再进行检票。对于超程使用的纸票出站时，检票人员也需要撕下相应的副券联。

- 若乘客的车票超程时，需在售票/问询处补足相应的车费（乘客携带的行李票超程时，乘客需补交行李相应的超程费用）。

普通纸质车票如图2-2所示。

图2-2 普通纸质车票

（2）磁卡车票

磁卡车票是指通过卡片上的磁性载体记录有关信息，由磁卡读写设备获取相关信息，信息可修改。目前的磁卡车票有单程票磁卡和储值卡磁卡两种。

图2-3为我国首枚地铁磁卡车票。

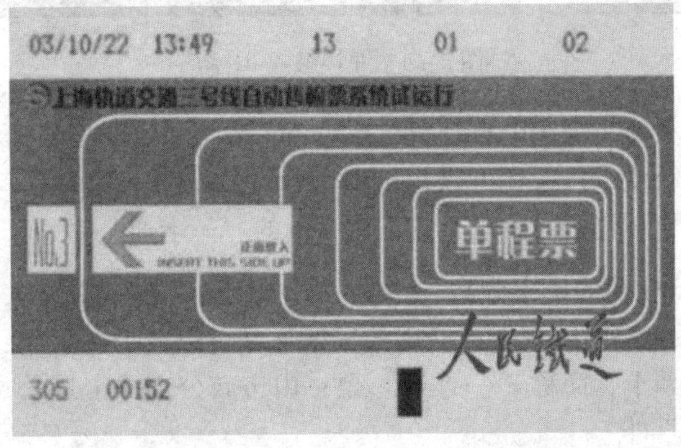

图2-3 我国首枚地铁磁卡车票

磁卡车票生产方便，可以循环使用，但是对票卡进行处理过程烦琐，成本较高，对于售检票设备的精密度要求较高，磁条读写次数有限，容易受到外界磁场的干扰而改变存储内容，安全性也有待于提升。

（3）智能 IC 卡

智能 IC 卡（Integrated Circuit Card）又称为集成电路卡或者智能卡（Smart Card），是将一个专用的集成电路芯片嵌入符合 ISO/ICE 7816 标准的塑料基片中，封装成外形与磁卡相似的卡片。

智能 IC 卡按照读写方式一般可以分为接触式 IC 卡、非接触式 IC 卡。

接触式 IC 卡是将智能卡的绝大部分电气部件进行封装，而将外部连接线路做成触点外露，按一定的规则排列接触点极。在进行读写操作时，卡片必须插入读卡器的卡座中，通过触点与读卡设备交换信息。

非接触式 IC 卡通过智能卡的收发天线与读写设备交换信息。非接触式 IC 卡又称射频卡，由 IC 芯片、感应天线组成，封装在一个标准的塑制卡片内，芯片及天线无任何外露部分。卡片在一定距离范围（通常为 5 ~ 10 cm）靠近读写器表面，通过无线电波的传递来完成数据的读写操作。

图 2 -4 为非接触式 IC 卡作为地铁票卡。

图 2 -4　非接触式 IC 卡

目前，我国的各大城市采用的自动售检票设备一般都采用非接触式 IC 卡，并且 IC 卡的使用范围除了地铁、公交以外，还可以在出租车、市郊铁路、汽车停车场、便利店、超市、影院、快餐店等进行刷卡消费，实现了真正意义上的“一卡通”。

2. AFC 系统发行使用的票卡分类

轨道交通 AFC 系统路网内发行和使用的车票通常可以分为两大类：由轨道交通指挥中心负责采购、发行的票卡，简称“一票通”票；由市政公交一卡通公司负责采购、发行的票卡，简称“一卡通”卡。

“一票通”票包括单程票、出站票、福利票、定值纪念票、车站工作票及其他预留票种。

"一卡通"卡包括非记名成人卡、纪念票、员工卡及其他预留票种。

轨道交通"一票通"票和"一卡通"卡的媒介都是采用非接触式 IC 卡。

(1) 单程票

单程票是指乘客以一定金额购得一次服务旅行承诺，只可进行一次进站和一次出站行为的车票。

(2) 出站票

出站票在出站时补票使用，发售当日当站有效，出站回收。

(3) 福利票

福利票是城市轨道交通运营企业给持有有效证件的相关人员发放的免费乘车的票卡，极大地方便了老人、残疾人等受保护人群的交通出行。

(4) 车站工作票

由车站工作人员持有，仅限指定车站使用，不检查进出站次序。

(5) 储值票

储值票是指车票内预存有一定资金，在金额足够的情况下可多次使用的车票，每次使用时根据费率扣除乘车费用，出站不回收。储值票一般分为记名储值票和非记名储值票。

记名储值票即卡内保存有持卡人的个人信息，如持卡人姓名、性别、身份证号码等，可以挂失，可以享受信用消费和信用增值及其他特殊服务。

非记名储值票票面上没有持卡人的信息，通常使用后如果无污损可以将车票退还给发卡公司以便其重新发行使用。不记名储值票不能挂失，也不能享受信用消费和信用增值等服务。

(6) 纪念票

计次纪念票——在有效期内计次数使用，每次乘车不计里程。

定期纪念票——在有效期内不限次使用，每次乘车不计里程。

(7) 员工卡

员工卡为内部员工记名使用的计次票。

子任务 2.1.2 车票使用情况

1. 车票使用范围

- 单程票在路网内车票发售站进站，在票价有效范围内出站时使用。
- 福利票在路网内车票换发站进站，在有效区段内任一车站出站时使用。
- 出站票在路网内车票发售站出站时使用。
- 定值纪念票可以在规定时间内，在轨道交通路网内各车站进、出站时使用；同时，根据 ACC 业务规则，定值纪念票可以在路网各车站，享受一次尾程优惠，即定值纪念票内车费余额不足时，AG 允许乘客正常出站。

- 一卡通公司发行的一卡通储值票除可以在轨道交通路网内各车站进、出站使用外，还可以在一卡通公司规定的范围及线路中使用。

2. 车票的有效期

除另有规定的情况外，各类车票的有效期如表 2－1 所示。

表 2－1　各类车票有效期列表

票种	有效期
单程票	发售时起至当天运营结束时止
福利票	发售时起至当天运营结束时止
出站票	发售时起至系统软件规定时间内止
定值纪念票	规定时间内
一卡通储值票	6 年

3. 车票使用流程

车票使用流程见图 2－5。

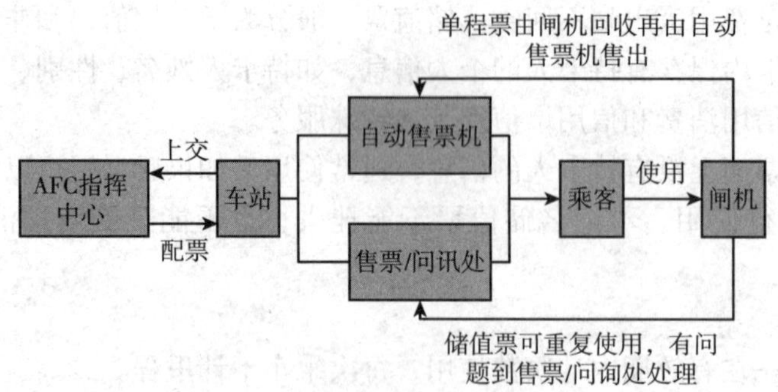

图 2－5　车票使用流程

4. 车票使用规定

- 进站、出站检票时必须持有本系统内使用的有效车票。
- 车票的一次完整使用过程必须有一次进站记录和相应的出站记录。
- 每张单程票、福利票仅限当日 1 人 1 次乘车使用；定值纪念票、一卡通储值票每次乘车过程中仅限 1 人使用。
- 定值纪念票可在有效期内多次乘车使用，不充值、不回收；一卡通储值票可在一定时间内多次使用、反复充值；一卡通储值票可以透支一次，透支额在下次充值时从充值额中扣除。
- 1.3 米以下的儿童免费乘车，但必须由成人带领，同行成人须按规定支付乘车费用；两名及以上儿童除一名免票外，其余也需支付乘车费用。

- 使用福利票的乘客乘车时应同时携带本人免费乘车证件。
- 乘客在付费区内将车票丢失，出站时无票的，需照章补票。

现行各类车票具体情况描述见表2-2。

表2-2 各类车票具体情况列表

类别	票种	介质	提供商	使用方法	车票使用规定
一票通票	单程票	非接触式IC卡	ACC	进站刷卡，出站回收	一名乘客本站当日一次乘车有效
	福利票				符合免费乘车条件的乘客一人一次乘车有效
	出站票			出站回收	只能用于一名乘客出站一次
	定值纪念票			进站刷卡，出站经回收口扣费后原处退还给乘客	根据ACC业务规则，在发行时限定使用次数且每次一人使用有效
	车站工作票			进、出站均刷卡	只在本站有效，不计进出站次序
一卡通卡	储值票		一卡通公司	进、出站均刷卡	① 可反复储值使用，每次一人使用有效 ② 异形卡的使用方法相同，以一卡通公司提供的样式为准
	员工卡				只限系统内部员工使用，每次扣除次数一次
应急纸票	单程票	纸质车票	运营商	进站经人工检票，出站无须验票	满足启动条件时使用，一经启用须次日首车方可恢复AFC模式

知识小贴士：

北京地铁对于逃票乘客的惩罚规定

- 对使用作废、涂改、伪造单程票乘客，强行进、出站乘客乘车费用的收取参照《北京市地下铁道列车车票使用办法》和《北京地铁机场线车票发行使用办法（试用）》中无票进站的规定执行，按最低票价的10倍补交票款。
- 对涂改、伪造定值纪念票、一卡通储值票乘客乘车费用的收取参照《北京市地下铁道列车车票使用办法》和《北京地铁机场线车票发行使用办法（试用）》中相关规定执行。以购票或最近一次充值时间开始计算至被发现之日止，每日按最低票价的4倍补交票款，最高不得超过300元。
- 不具备使用资格者违规冒用福利票时，按《北京市地下铁道列车车票使用办法》和《北京地铁机场线车票发行使用办法（试用）》中违规使用车票条款执行，没收其车票并补交票款100元。

子任务 2. 1. 3　各类票卡的发售和使用规定

1. 单程票

单程票在路网内车票发售站进站，在票价有效范围内出站时使用。自发售时起至当天运营结束时止均可在发售站进站使用。

单程票在车站自动售票机（TVM）或半自动售票机（BOM）上发售。自动售票机可按照选票价、目的站两种方式发售，半自动售票机可按照选票价、目的站和站名模糊查询三种方式发售。

单程车票的一次完整使用过程必须在同一运营日内，有发售记录、发售站进站记录和在路网内相应出站记录。每张单程票仅限当日 1 人 1 次限时乘车使用。

乘客持当日本站正常发售但不能进站的单程票，视同故障车票回收，为乘客补发一张等额单程票，并填写票款短款差异说明，故障票随短款说明一同上交；乘客持过期票、已完成出站的单程票、非本站发售的单程票、人为损坏的单程票无法正常进站时，将原票收回，并请乘客重新购票进站；乘客持无进站记录的单程票无法正常出站时，应依据发售站补进站记录后，乘客持原票投入闸机后出站。

乘客持票面完好无法分析的单程票无法正常出站时，原票收回，并经当班值班站长确认后，发售 0 元出站票并填写相应台账，乘客持出站票出站。

单程票超时收取路网最低乘车费用 3 元，超程按照实际超出里程收取相应乘车费用，既超时、又超程按照超时加超程收取相应乘车费用。补票后，乘客持原票出站。

2. 一卡通储值票

一卡通公司发行的一卡通卡除可以在轨道交通路网内各车站进、出站使用外，还可以在一卡通公司规定的范围内使用。该卡的有效期由一卡通公司规定，通常为 6 年。

一卡通卡（仅限一卡通普通储值卡）由车站半自动售票机（BOM）发售，对地铁交易记录不完整的一卡通卡，先补全记录后再进行充值操作。

一卡通卡可在有效期内多次使用、反复充值；当一卡通卡内余额大于或等于最低票价时可以进站乘车，出站可以透支一次，透支额在下次充值时从充值额中扣除。

一卡通卡每次乘车过程中仅限 1 人限时使用。一卡通卡的一次完整使用过程必须在同一运营日内有一次进站记录和出站记录。

乘客持一卡通卡进站记录为本站，且进站记录时间为距当前时刻 10 分钟以内，无法正常进站时，补 0 元出站记录后，乘客刷卡进站；乘客持无上次出站记录的一卡通卡本次不能进站时，需询问乘客上次出站车站，并依据乘客所述出站车站补上次出站记录，扣除卡内相应乘车费用或现金补票后刷卡进站；乘客持余额不足的一卡通卡不能正常进站时，购买单程票或充值后刷卡进站。乘客持不能正常使用的故障卡，需要到一卡通客服中心处理，一卡通过期卡可以进行充值激活或在 BOM 上进行激活操作；乘客持无进站记录的一卡通卡不能正常出站时，需询问乘客本次进站车站，并依据乘客所述进站车站补齐进站记录或发售相应票价出站票出站；乘客持损坏或无法正常读取的一卡通卡无法正常出站时，需要询问乘客进站车站并依据乘客所述进站地点，发售一张付费出站票，乘客持票出站；乘客持超时无法正常出站的一卡通卡，在BOM上补扣路网最低票价后，引导乘客刷卡出站。

地铁车站只办理一卡通普通储值卡（学生卡除外）的售卡、充值、退卡业务；地铁车站只为纪念卡、正规渠道购买的异形卡、手机一卡通卡办理充值业务。

知识小贴士：

北京地铁对一卡通储值卡的规定

一卡通卡内金额规定：

- 首次发卡充值额不得低于20元。
- 一卡通卡（不包括学生卡）的充值业务通过自动充值机（AVM）或带自动充值功能的售票机/半自动售票机（TVM/BOM）完成。单笔充值金额为10元的整数倍，卡内余额不得高于1 000元，单笔充值金额不得超过500元。
- 办理一卡通退卡业务的车站，只对卡内余额100元以下（不含100元）且交易记录完整并且卡面外观完好，无物理损坏（划伤、折断、破损、弯曲、打孔、浸泡、贴膜等），卡内信息可读的一卡通卡进行退卡操作；原则上车站不单独办理一卡通卡退资业务；乘客单次退卡数量不得超过5张。

一卡通累计优惠及累计额度转移规则：

- 一卡通卡的卡内扣费均计入累计额度，达到累计优惠额度后给予折扣优惠，现金补票金额不计入累计额度，并且不享受折扣优惠。
- 当乘客所持一卡通卡卡内累计额度非正常累计时，可在车站的指定网点完成好卡的累计额度重置操作。
- 当乘客所持一卡通卡故障无法使用时，乘客可以到车站指定网点办理故障卡累计额度转移至好卡业务。当乘客提供的好卡和故障卡都存在有效的本月累计额度时，以较大额度为准，两张票卡的累计额度不叠加。
- 乘客因自身原因退卡时，累计折扣优惠自动失效，且卡内的累计额度不可转移。
- 不办理两张及以上好卡的累计额度合并或转移业务。

3. 福利票

福利票在车票发售站进站，在符合规定的任意车站出站时使用。福利票自发售时起至当天运营结束时止，均可在发售站进站使用。

福利票在车站非付费区的半自动售票机处发售，仅限发售站进站使用。每张福利票于本站仅限当日 1 人 1 次乘车使用。福利票的一次完整使用过程必须在同一运营日内，有发售记录、发售站进站记录和在路网内相应出站记录。

需要申领福利票的乘客，可持有效证件在车站售票处免费领取福利票卡一张。福利票仅限当日在换领站本人单次进站使用，但需要申请人本人亲自领取，不得代领。使用福利票卡的乘客应当配合地铁工作人员对证、卡核对检查。

乘客进站时使用福利票卡轻触进站闸机读卡区，闸机发出“嘀”声，黄色灯亮，提示刷卡成功，闸门开启，乘客可进站。

每日运营结束，值班站长指定专人处理剩余福利票闸机回收工作，并翔实填写相关台账。

持有以下证件的乘客可以换发福利票：

中华人民共和国残疾人证（视力残疾的盲人乘客视力残疾 1 ~ 4 级可以有一名陪同人员免票乘车），见图 2 – 6。

中华人民共和国老干部离休荣誉证，见图 2 – 7。

中国人民解放军离休干部荣誉证，见图 2 – 8。

中华人民共和国残疾军人证，见图 2 – 9。

中华人民共和国伤残人民警察证，见图 2 – 10。

中国人民解放军士兵证，见图 2 – 11。

中国人民武装警察部队士兵证，见图 2 – 12。

G3 侦查证，见图 2 – 13。

图 2 – 6　中华人民共和国残疾人证

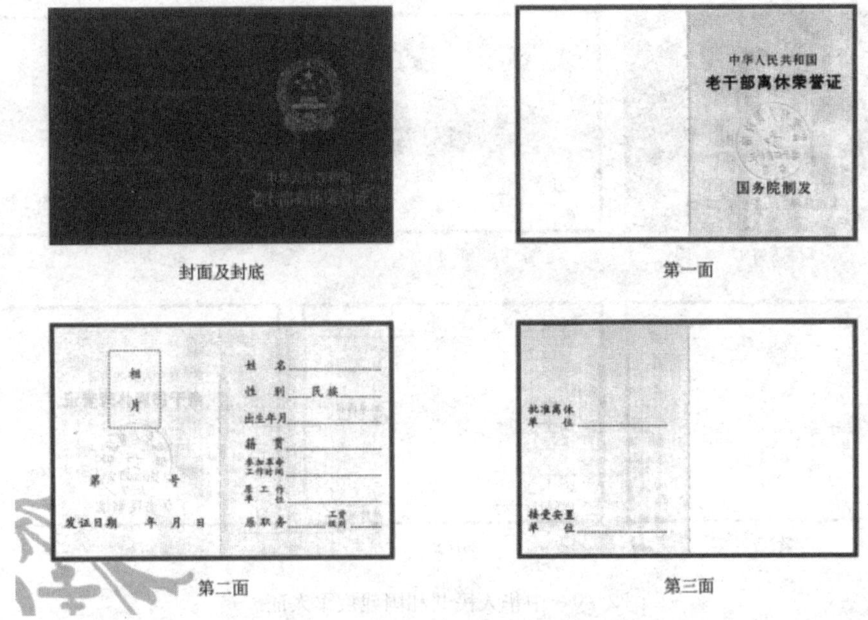

图2－7 中华人民共和国老干部离休荣誉证

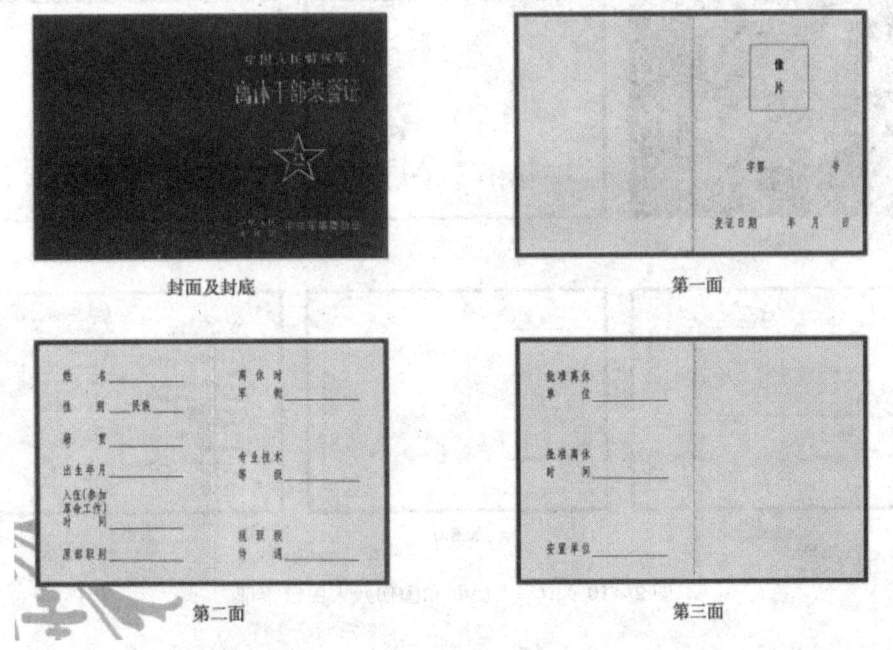

图2－8 中国人民解放军离休干部荣誉证

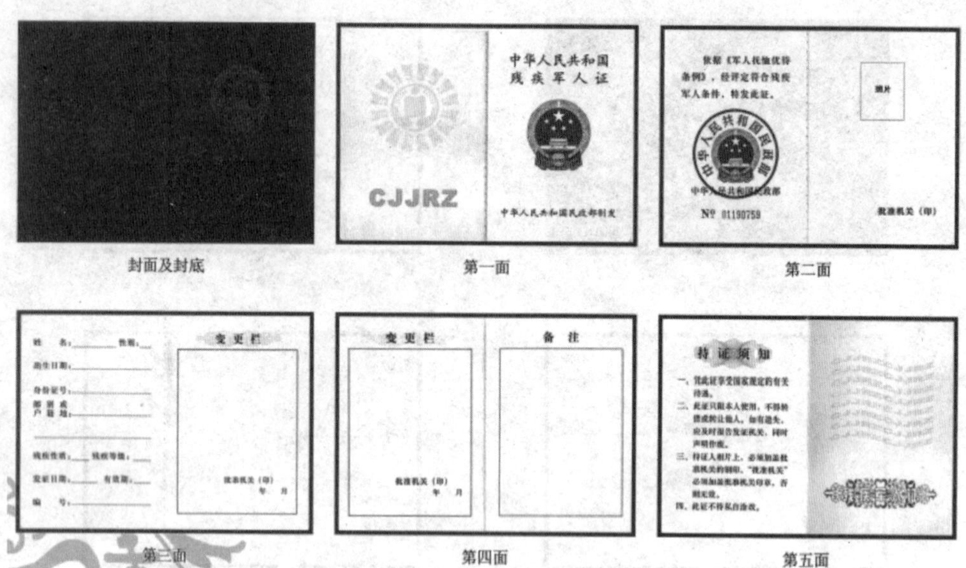

图 2－9　中华人民共和国残疾军人证

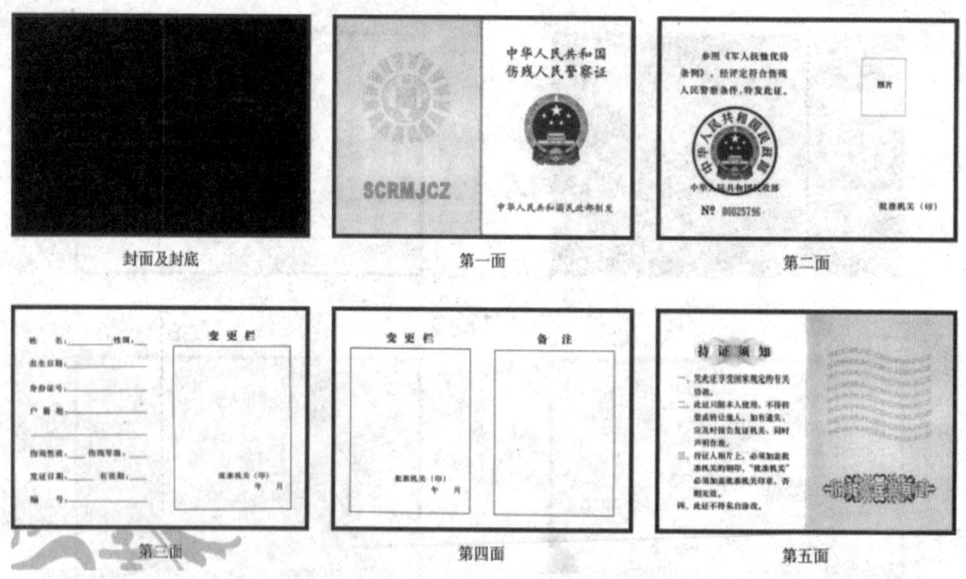

图 2－10　中华人民共和国伤残人民警察证

封面及封底

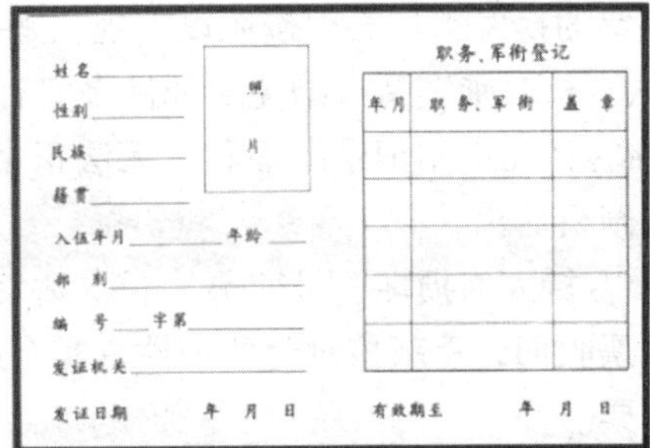

姓名______
性别______
民族______
籍贯______
入伍年月______ 年龄______
部别______
编号____字第______
发证机关______
发证日期 年 月 日　　有效期至 年 月 日

照片

职务、军衔登记

年月	职务、军衔	盖章

第一面

图2－11　中国人民解放军士兵证

封面及封底

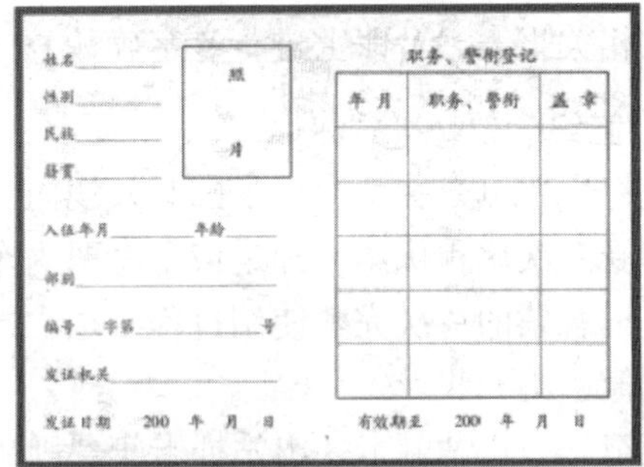

姓名______
性别______
民族______
籍贯______
入伍年月______ 年龄______
部别______
编号____字第______号
发证机关______
发证日期 200 年 月 日　　有效期至 200 年 月 日

照片

职务、警衔登记

年月	职务、警衔	盖章

第一面

图2－12　中国人民武装警察部队士兵证

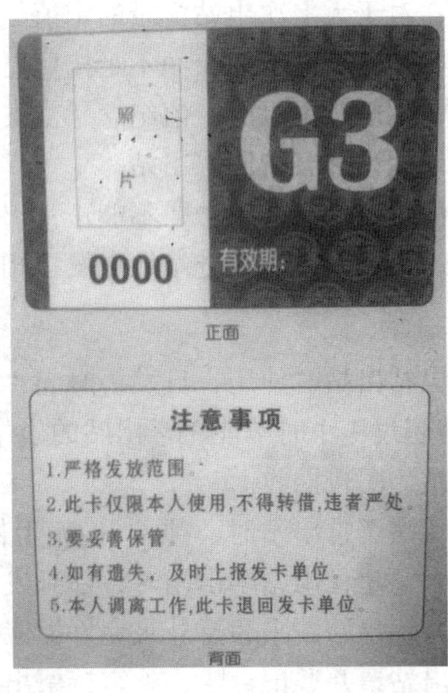

图2－13　G3侦查证

福利票的换发工作必须按照以下规定来执行：

① 认真核对乘客持有的免费证件真实有效，并填写相应台账。

② 乘客持无进站记录的福利票无法正常出站时，应依据发售站补进站记录后，乘客持原票投入闸机后出站。

③ 乘客持人为损坏、过期票、非本站发售、票面完好但无法分析的福利票无法正常进站时，原票收回，重新核对免费证件真实有效，并填写相关台账，经值班站长确认后，补发一张福利票。

④ 乘客持人为损坏、过期票、票面完好但无法分析的福利票无法正常出站时，原票收回，经值班站长确认后，发售 0 元出站票并登记相关台账，乘客投票出站。

⑤ 站务员交接班（岗）时，对剩余福利票进行力度交接（即交、接双方必须当面进行清点并在相关报表、台账上进行签字确认），并翔实填写相关台账。

4. 定值纪念票

定值纪念票可以在票面规定的有效期内，在轨道交通路网内各车站进、出站时使用；同时可以享受一次尾程优惠，即定值纪念票内车费余额不足时，允许乘客正常出站。

定值纪念票的一次完整使用过程必须在同一运营日内有完整的进站记录和相应的出站记录，不充值、不回收。

定值纪念票进站刷卡、出站插卡车票弹出不回收，仅限 1 人使用。票内金额不足时，采用现金补票的方式收取当地路网最低乘车费用，超程按照尾程优惠处理。

对于外观完好但无法分析的、人为损坏的、过期的定值纪念票，请乘客到购买地点处理，并购买相应的单程票进站；对于无上次出站记录的定值纪念票，先按照乘客所述的上次出站车站，在原卡上进行补票并扣费，若卡内余额不足按照尾程优惠处理，不再收取乘客费用，并请乘客购买单程票进站；无进站记录的定值纪念票出站时需询问乘客进站车站，并依据乘客所述进站车站补进站记录后，乘客持原票出站。

人为损坏或票面完好但无法分析的定值纪念票不能正常出站时，提醒乘客及时去购买地点处理，并询问乘客进站车站，按照乘客所述进站地点发售相应出站票，乘客持票出站。

5. 出站票

出站票仅供乘客在车票发售站出站时使用，自发售时起 4 小时内出站有效。出站票在车站付费区 BOM 上发售，乘客持超过 4 小时不能正常出站的出站票，须到 BOM 上做超时补路网最低票价后，乘客持原票出站，闸机回收。

乘客持非本站发售出站票无法正常出站时，须到 BOM 上做超程补票，或提醒乘客到出站票发售站出站；乘客持既超时又超程出站票出站时，须到发售站补票出站或按照超时加超程收取相应乘车费用，乘客持原票出站；乘客持外观完好但无法正常读取的出站票，原票收回，经确认后，发售一张 0 元出站票并登记台账，乘客持票出站。

无票、人为损坏单程票，按照本站最高票价发售出站票；乘客持假票、废票、伪造票、冒用免费证件、无票强行进出付费区按照10倍路网单程最高票价补交票款。

6. 车站工作票

车站工作票只在当前车站使用有效，自制卡日起5年内有效。

车站工作票由路网公司统一制作，由AFC管理中心统一配发，由分公司营销部负责下发于各车站并进行日常管理，由各站当班的监票岗及值班站长等专岗人员妥善保管车站工作票，不得丢失、不得人为损坏，并实行岗位对口交接。

车站工作票只限在检票类设备上使用，严禁在售票类设备上进行任何操作。车站工作票只能用于放行持有有效证件的施工人员或内部工作人员，且必须先查验证件，确认证件有效后方能刷卡放行。

凡使用车站工作票违规放行乘客的、违规在售票类设备上进行操作的、造成车站工作票人为损坏或丢失等行为，一律按照企业相关规定给予相应的处罚。

子任务2.1.4 票制

1. 票制分类

票制是指票价的结构，目前国内外轨道交通现行的票制大体上可分为以下两大类，即基本票制和辅助票制（如图2-14所示），其中应用较为广泛的基础票制是单一票制和计程票制。

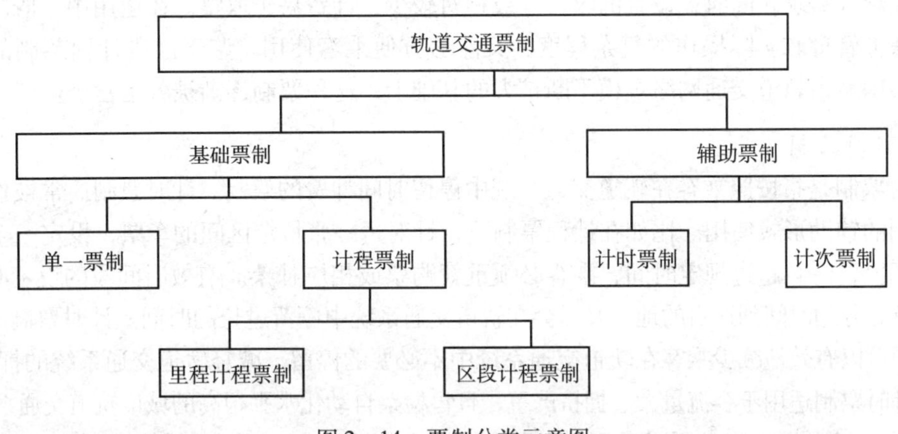

图2-14 票制分类示意图

1）单一票制

单一票制是指不论乘车的距离长短，全网发售单一票价车票的票制。目前莫斯科的轨道交通就采用此种票制，北京之前也属此种。单一票制是一种简单方便的票务管理方式。这种模式下售票窗口只需要卖一种价格的车票，车票设计可以做到简单、实用。如果采用人工售检票，对应采用的售检票工作也简便易行，检票工作只需要在进站口进行，确定进站的乘客都已经购票，而不需要在出站口再设置检票人员。单一票制的缺点同样是难以做到对客流信息的准确统计，在一定程度上不利于吸引短途客流。单一票制只能确定进入轨道交通系统的乘客数量，对于不同乘客的乘车区间以及轨道交通某一区段内的客流量无法统计。另外，在单一票制方式下，所有的乘客无论行程远近，票价是相同的，每个人的运价率存在明显的差别，具有一定的不公平性。

2）计程票制

计程票制又可分为里程计程票制和区段计程票制。

（1）里程计程票制

里程计程票制是以一公里作为基本计价单位，累计加价的计程票制。里程计程票制的优点是收费标准精确合理，在规模较大的交通网络中能够精确反映价值与价格的关系，有效地兼顾长、短途乘客的需求，实现客运量与运输能力之间的平衡。但是要保证收费标准精确合理，必然要制定多个收费等级，同时计费难以取整。因此，此种票制的系统复杂程度很高，必须依托高效的自动化设备。在实际应用中，轨道交通运营企业的票务管理和实际操作烦琐，乘客使用十分不便。

（2）区段计程票制

区段计程票制是以规定里程作为基本计价单位，累计加价的计程票制。区段计程票制有效地弥补了单一票制和里程计程票制的缺陷。这种票制基本上能够反映价值与价格的关系，兼顾长、短途乘客需求。同时，设置的收费等级相对较少，计费易于取整。在运用中，既减轻了运营企业票务管理和实际操作的复杂程度，又能够方便乘客使用。鉴于区段计程票制的多种优势，在各国城市轨道交通网络规模不断扩大的基础上，这种票制逐渐被各运营企业广泛应用。

3）计时票制

计时票制是指按照乘客在轨道交通系统中停留时间计费的票制。计时票制通常被作为上述几种票制的辅助形式使用。比如在计程票制下，针对每一张特定区间的车票，设定一个合理的有效时间段，一旦超过规定时间，乘客必须重新购票或相应补票。有效时间段的设定必须使乘客既能有充分的时间到达目的地，又不会在轨道交通系统中停留过长的时间。计时票制的优点是车票计时可以有效地减少乘客在轨道交通系统中不必要的停留，减轻轨道交通系统的拥挤状况。因此，计时票制适用于客流量大、拥挤严重，且售检票自动化水平很高的城市轨道交通系统。

此外，很多城市都是同时采用两种票制并用的混合票制。混合票制是指在轨道交通不同区域上分别使用单一票制和计程票制的票制形态。城市轨道交通的运营线路有可能存在很多条，不同线路的具体情况不同，差别较大的区域或线路使用不同票制就会更为合理。比如线路较短、站点较少的线路，比较适合使用单一票制；而运营线路很长、站点较多的线路，就比较适合使用计程票制。混合票制的优点就是可以使票制多样化，让每条线路拥有最合理的票制方式。混合票制的缺点是使同一座城市的轨道交通票制复杂化，对售检票技术水平的要求很高。

2. 城市轨道交通票价制定原则

借鉴国内外有关轨道交通票价的定价原则并结合特定轨道交通线路的实际情况，定价原则主要有以下4方面：合理性原则、相对稳定性原则、公开性原则和递远递减原则。

（1）合理性原则

该原则是对政府相关部门制定轨道交通的价格水平和其在执行时对各方面的经济利益的调节而言的。其中，合理性是指价格水平的高低要合理。其一，要能够消除或最大限度地减少这些商品和服务在不由政府制定价格的情况下，所产生的各种弊端，要有利于优化社会资源的配置和改善市场绩效；其二，轨道交通的定价目标，要能够兼顾乘客、国家、城市、所有者和运营者等多方面的经济利益；其三，要有利于轨道交通的供求平衡，尽可能反映价值规律的要求。

（2）相对稳定性原则

相对稳定性原则指的是，对已经制定执行的轨道交通价格方案，要使其保持相对稳定。

（3）公开性原则

公开性原则指的是定价程序要公开。政府相关部门在确定轨道交通票价制定方案时，要按照《价格法》的规定举行听证会，征求消费者、运营商和有关方面的意见，论证其必要性、可行性，保证价格的合理性。

（4）递远递减原则

轨道交通运价的结构通常表现为按距离区别的差别运价结构（里程运价结构），这是根据运输里程而制定的运价结构体系。按照运输作业过程可以把运输支出划分为始发到达作业费和运行作业费，随着运距的增加，运输总支出也在增加。然而随运距成比例增加的只是运行作业费，不管运距多长，始发到达作业费和管理费基本是不变的。由此，运距越长，分摊到单位运输里程的始发到达作业费和管理费就越少，运输成本也就越低。如按距离制定差别运价，轨道交通运价率与运输距离的关系有以下几种情况。第一，运价率随运输距离的延长一直递远递减，与运输成本的递远递减情况保持一致；第二，运价率在一定运距范围内递远递减，超过一定范围，则保持一定稳定水平；第三，运价率在一定运距范围内递远递减，超过一定范围，则递远递增；第四，运价率不随运距的变化而变化，始终保持同一水平，又称为纯里程运价。

知识小贴士：

北京地铁现行票制票价规定及优惠政策

北京市于2014年12月28日，调整了轨道交通（机场线除外）车票价格标准，将单一票制改为计程限时票制，具体规定如下：

- 6公里（含）内3元；

- 6公里至12公里（含）4元；
- 12公里至22公里（含）5元；
- 22公里至32公里（含）6元；
- 32公里以上部分，每增加1元可乘坐20公里；
- 票价不封顶。
- 乘客乘坐轨道交通一次行程在付费区内最多可停留4小时。超出4小时后在扣除里程票价基础上，须补交最低票价3元后持原票出站。

票价优惠政策：

- 使用市政交通一卡通刷卡乘坐轨道交通，每自然月内每张卡支出累计满100元以后（下次开始）的乘次，价格给予8折优惠；
- 满150元以后的乘次，价格给予5折优惠；
- 支出累计达到400元以后的乘次，不再享受打折优惠。

任务2.2　票卡库存和车票调配工作

子任务2.2.1　认识票卡库存管理

1. 库存分级

“一票通”票的库存建立指挥中心、AFC指挥中心、车站三级票卡库存。三级票卡库存的总量为全线单程票最高日售票量的5倍，其中：指挥中心保有1倍，AFC指挥中心保有1倍，全线各车站保有3倍。

“一卡通”卡的库存，分为站区、车站两级。站区库存由站区事务员负责，主管票务的站区领导负责监督检查；车站库存由AFC综合作业员负责，站区事务员负责监督检查。

2. 库存监控

营销部作为专业职能部门，负责指导、检查所辖线路各车站的车票库存管理工作，帮助各站区采用申领、调配、下发等手段确保“一卡通”卡的保有量能够满足运营需求，“一票通”票的库存量符合规定的安全阈值。

各站区必须密切监视运营票卡和储备票卡的库存水平，实时掌握票卡数量的动态变化信息，注意根据所辖各车站的票卡库存水平，适时发起站区内部调配以满足运营需要。

各站区应指定专人负责所辖各站的票卡库存数量的统计分析，发现账物不符情况应及时查明原因并上报营销部进行核查。

3. 库存存放

各车站的储备票卡必须按规定存放于车站 AFC 票务室（或储票室）。

各车站的 AFC 票务室（或储票室）必须加装防盗门（窗）、远红外报警器、视频监视系统等安保监控设施，人走必须按规定设防，以确保票、款安全。

票卡必须放入储票柜、票卡箱或专用的容器集中进行保管，禁止单张散放。

储票柜内的票卡码放应按介质种类、票种、赋值、批次进行分类，有序码放，禁止混乱堆叠。

为防止因重压造成票卡芯片损坏，缩短票卡生命周期，要求“一票通”票的库存票卡以“箱”作为包装单位时应保证垂直叠放数量不超过两箱，以“盒”作为包装单位时应保证垂直叠放数量不超过 3 盒。

4. 库存盘点

每月设一个固定的日期，各站区统一进行运营票卡和储备票卡的清查盘点，以便准确掌握本单位票卡库存总量，确保本单位的车票保有量能够持续满足运营要求。

库存盘点的第二天，以站区为单位将单程票盘点结果书面报营销部。

子任务 2.2.2 掌握车票调配

1. 票卡保有量

为满足运营需要，确保售票、发卡工作不间断，各车站票卡的保有总量应为：

“一票通”票：本站单程票最高日售票量 ×3。同时，兼顾车站售票类设备的总量，以提高终端设备服务率。

“一卡通”卡：本站日发卡量 ×14。

车站“一票通”票库存量的安全阈值为车站单程票库存基数（“一票通”票保有量）的 ±20%，即：当车站票卡库存量大于基数的 20% 时，涨出部分应当上缴；而当车站票卡库存量小于基数的 20% 时，不足部分应及时予以补充。

为确保车站票卡库存量达到安全库存阈值范围，公司所属各单位必须在实时掌握车站票卡库存变化信息的基础上，及时启动票卡调配工作。

2. 调配要求

在进行票卡调配作业时，要求必须使用公司配发的专门容器；同时，要求配送人员在进行票卡配送途中，严禁办理私事或与票务无关的业务。

出入库的双方均须对票卡进行认真清点，并如实在系统的“库存管理”中进行登记。

如在车票配送、接收的过程中发生车票损坏、遗失或数量不符的情况，应由双方当事人签名确认情况，同时根据情况分别报营销部和安质部。

车票调配共分为三个等级，当出现票卡流向不均衡的状况时，应由低到高依次启动票卡调配工作：

在站区内部各车站间进行的票卡调配称为“一级调配”。“一级调配”由各站区自行组织，车票的调配数量必须经过车票库存管理系统，并做好台账登记。

管辖线路内站区与站区间进行的票卡调配称为“二级调配”。当“一级调配”不能达到安全阈值范围时，站区应及时向分公司营销部提出申请，由分公司营销部负责发起票卡的“二级调配”。

与非管辖线路所属单位进行的票卡调配称为“三级调配”。如“二级调配”后，车票保有量仍不均衡，由 AFC 指挥中心负责发起票卡的“三级调配”。

如启动票卡的“三级调配”工作后，仍然不能彻底解决票卡流向不均衡状况或出现票务中心的票卡库存低于安全库存阈值的情况，由 AFC 指挥中心负责向 ACC 申请领用新票。

3. 调配流程

“一卡通”车票的调配仍遵循现行标准，由分公司营销部根据所辖线路内车票使用情况及保有量，向 AFC 指挥中心提出配票申请。

“一票通”车票的调配流程：车站 AFC 综合作业岗根据本站票卡实际使用情况、本站库存保有量，向所属站区提出票卡申领计划；站区汇总后根据所辖各站的实际库存情况组织“一级调配”；如“一级调配”后仍有车站不能达到安全阈值，站区事务员书面向分公司营销部提出票卡申领计划；分公司营销部经过整理汇总后，根据各线路的实际库存情况组织发起票卡的“二级调配”；如进行“二级调配”后仍不能达到安全阈值，分公司营销部书面向 AFC 指挥中心提出票卡申领计划，由 AFC 管理中心负责组织发起票卡的“三级调配”。

“一票通”车票的调配流程见图 2 – 15。

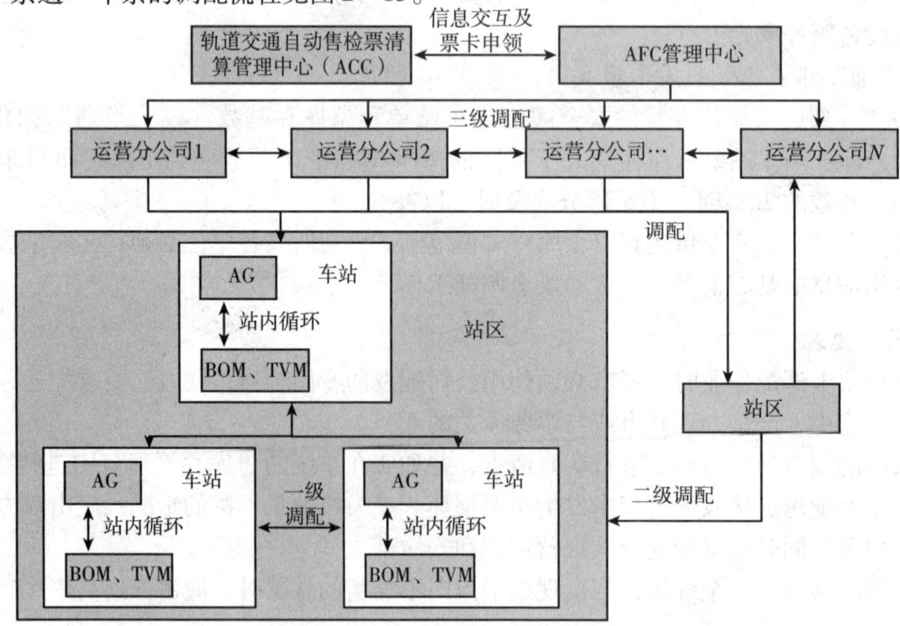

图 2 – 15　“一票通”车票的调配流程

任务 2.3 预赋值车票和应急纸票管理

子任务 2.3.1 预赋值车票管理

预赋值车票，一般情况下主要是纪念票种。为应对重大节日或重大活动（如体育比赛）的大客流冲击，也可对固定票价的单程票提前预赋值，从而节省乘客的购票时间，确保运营秩序与安全。

预赋值车票的发行与配送单位为 ACC，申领需提前计划使用日 7 天。

预赋值车票发售后的所得现金，与当日其他票款一并上缴，交款台账中应明确标注预赋值车票＊＊张，合计＊＊元。

对于剩余的预赋值车票，各车站应附清单与车票一并放进专门容器单独保管，并于 24 小时之内指派专人送交营销部；营销部负责联系 ACC 进行回收，剩余预赋值车票最终由 ACC 负责通过设备进行回退。

子任务 2.3.2 应急纸票管理

应急纸票仅限站区/车站接到 LC 关于启动人工售检票作业的指令时的车票发售，其他情况不能使用。应急纸票一经启用，应持续到当日运营结束；次日听候上级指令恢复 AFC 运营模式。

公司营销部负责应急纸票的配发及站区、车站应急纸票库存的抽查工作。针对地铁站点多、线路长的运营特点，建立站区、车站两级应急纸票库存，确保一旦启用应急纸票能够及时进行补充。

各车站的应急纸票及台账统一放置于各站储币柜底层，由各班 AFC 综合作业员负责对口交接，确保随时可用；站区事务员负责检查、抽查；各站区库存的应急纸票及台账统一存放于站区票务室，要求必须锁入票柜并由各站区事务员专人负责保管，站区主管领导负责检查、抽查。

各车站的应急纸票一经动用，立即由站区库存进行补充。站区库存不足时，站区事务员应及时向营销部申领，由营销部负责配送补充。

应急纸票的发售、撕检、相关台账的填记及票款收缴，执行人工售检票作业程序及管理要求。

应急纸票一经启用，必须在停用后的 24 小时内进行再次盘点；盘点结果须在盘点后的 24 小时内书面报营销部。

任务 2.4 车票回收和清洗

子任务 2.4.1 车票回收

车票回收可分为故障票的回收与正常车票的定期回收。

（1）故障票的回收

故障票是指对于无法正常发售的（含每日从设备清理出的废票）一票通票和一卡通卡的通称。

故障卡的回收程序：

① BOM 操作员先在 BOM 读卡器上进行“车票分析”，初步判定故障原因；

② BOM 操作员离岗（下班）时将故障卡交本班 AFC 综合作业岗；

③ AFC 综合作业岗每日交款时将全站故障卡一并交站区事务员；

④ 站区事务员进行登记汇总后定期将故障卡送交分公司营销部。

（2）正常车票的定期回收

正常车票的定期回收通常分为车票的定期回收清洗、到期停用的个性化车票回收、生命周期结束的一票通票回收等。

正常车票定期回收时间确定后，LC 负责监督下达新的设备参数，检票设备自动分拣需回收的车票。

各站区接到分公司营销部回收车票的指令后，需及时组织所辖各站按照规定期限，将设备自动分拣出的、符合回收清洗号段的车票按照 250 张/盒的规格进行打包封装。各站区在规定时间内指派专人将已封装好的车票运至规定的地点。

需要特别提示的是：车票回收期间，各站区要特别注意做好库存车票的申领与补充，确保运营票卡与储备票卡的保有量符合安全阈值。

子任务 2.4.2 车票清洗

票务中心接到票卡清洗指令后，负责组织对所辖线路的一票通票卡进行分批回收清洗。

票卡清洗作业需有完整的清洗记录和检验记录。记录内容应包括：时间、数量、操作人员、合格数量、不合格数量等重要信息。并将清洗记录至少存档 1 年。票卡清洗作业应确保票卡清洗的效果，清洗后的票卡经过检验合格方可再次投入使用。

票卡清洗检验标准为：票卡表面清洁，无明显附着物；票卡表面印刷图案清晰可辨；票卡表面无非印刷涂写图形、字体等。

在车票清洗过程中，遇到符合下列情形之一的票卡均需要需按照规定进行票卡报废：

① 票卡表面有无法去除的黏性附着物；

② 票卡表面所印图案磨损严重，不可辨别图案；

③ 票卡表面印刷部分脱落面积超过 1 平方厘米；

④ 票卡表面有不可去除涂写痕迹面积超过 2 平方厘米或涂写字体不满足精神文明要求。

思考与实训

1. 思考题

（1）简述城市轨道交通各类票卡的发售和使用规定。

（2）城市轨道交通票制制定的依据是什么？有哪些类型？

（3）简述“一卡通”卡与“一票通”票的调配流程。

（4）简述故障车票与正常车票的回收流程。

（5）票卡管理工作的具体内容有哪些？对票务管理工作有什么影响？

2. 实训任务

任务 1

（1）任务目标

强化学生掌握城市轨道交通票卡基本情况，为后续票务管理的学习做好基础储备。

（2）任务实施建议

将学生划分为若干小组，以小组为单位，将“票卡的种类”“车票使用情况”“各类票卡的发售和使用规定”和“票制”四个部分中的知识点挑选出来，建设小组自己的题库（题型自定，以准确趣味为主），然后小组之间挑选成员进行答题 PK，答题准确率较高的小组再次 PK。（知识竞赛具体细则可由教师来进行制定，以强化学生对票卡知识掌握为目的，又使活动不失趣味性）

（3）任务输出和评价

将参与知识竞赛的小组进行排名，并对不同名次的小组成员进行奖励（分数或物质奖励）。

任务 2

（1）任务目标

强化学生掌握城市轨道交通票卡管理的内容和具体方法，为后续票务管理的学习做好基础储备。

（2）任务实施建议

将学生划分为若干小组，以小组为单位，分别以“票卡库存管理”“车票调配”“预赋值车票管理”“应急纸票管理”“车票回收”和“车票清理”为题目，完成一份工作说明书，要求必须写出工作要点、注意事项等。

(3) 任务输出和评价

每个小组向全体同学展示自己的任务成果，其他小组给予评价，教师做最后点评。（学生和教师的点评主要从工作说明书的准确性、系统性、要点是否合适、理解是否深刻等方面进行）

项目 3

AFC 系统设备的操作、日常巡视及故障应急处理

项目导学

自动售检票系统作为城市轨道交通向公众提供服务的窗口，是城市轨道交通系统运营服务的核心子系统，它可以实现轨道交通售票、检票、计费、收费、统计、清分、管理等全过程的自动处理。大量采用自动售检票系统可以确保城市轨道交通系统安全、快捷、准点、有效地运营。

自动售检票系统的架构与城市轨道交通网络结构、售检票方式、清分需求和车票媒介密切相关，架构设置是否合理不仅影响 AFC 系统自身的发展，甚至会对城市轨道交通能否顺利实现多线路网络化高效运营起到决定性作用。

自动售检票系统以磁卡或者智能 IC 卡为车票介质，利用自动售检票机、半自动售票机、自动检票机、查询机等终端设备，通过计算机网络实现轨道交通运营中的自动售票、自动检票、自动收费和自动统计等票务管理工作。自动售检票系统的运用可以大大减少票务工作人员的劳动强度，使售检票秩序更加有序，减少逃票现象，提高城市轨道交通运营效率和收益。同时，还减少了现金流通，避免人工售检票过程中产生的各种漏洞和弊端；还可以对客流量、运营收入等综合业务信息进行汇总分析，为日后的客流分析预测和资源调配做好资料储备，从而提高运营企业的经营管理水平和服务质量。

教学目标

(1) 了解 AFC 系统的架构特点。

(2) 掌握车站 AFC 设备的配置和布局。

(3) 掌握自动检票机的结构和操作方法。

(4) 掌握自动检票机的日常巡视与基本故障处理。

(5) 掌握自动售票机的结构和操作方法。

(6) 掌握自动售票机的日常巡视与故障处理流程和工作要点。

(7) 掌握半自动售票机的结构和操作方法。

(8) 掌握半自动售票机的日常巡视与故障处理流程和工作要点。

(9) 了解 LC 线路中心设备的日常巡视工作内容。

(10) 了解 SC 车站中心设备的日常巡视工作内容。

建议学时

24 学时。

任务 3.1 认识 AFC 系统的架构

子任务 3.1.1 AFC 系统的基本架构和类型

城市轨道交通自动售检票（AFC）系统是基于计算机、通信、网络、自动控制等技术，实现售票、检票、计费、收费、统计、清分、票务管理等全过程的自动化系统。

我国城市轨道交通的建设经历了从单线建设阶段到多线建设阶段，再到网络化建设阶段的过程。与之相对应，AFC 系统的建设经历了启蒙阶段到实践阶段，再到调整阶段的发展历程。我国的 AFC 系统一般采用标准的五层架构体系，随着国内城市轨道交通的快速发展，智能化与网络化的运营时期已经到来。

随着乘客对城市轨道交通服务需求的改变和运营商运营管理复杂程度的增大，城市轨道交通对 AFC 系统的体系架构也有了新的要求，衍生出了一些 AFC 系统架构变体，包括北京多线共用 AFC 系统线路中心设计、南京 AFC 系统区域中心设计。因此，在 AFC 系统五层标准架构的基础上，应根据城市自身交通地理条件、线网标准、线路设置、运营管理需求、行政体系、政府政策等，对 AFC 系统进行灵活的设置，选择适合本地城市发展的 AFC 系统的架构体系。

下面首先介绍 AFC 系统的五层基本架构，然后从功能定位、组合模式、适用及改造条件角度详细介绍合并线路中心与清分中心、多线路中心、区域中心等系统层面的变体形式。

建设部在颁布的国家标准 GB/T 20907—2007《城市轨道交通自动售检票系统技术条件》中，提出 AFC 系统组成的最新定义，即采用标准的五层架构体系，其层次结构是采用全封闭的运行方式，以非接触式 IC 卡为车票介质，根据各层次设备和子系统各自的功能、管理职能和所处的位置进行划分。五层架构体系是根据我国国情和城市发展现状，综合考虑了轨道交通建设和运营的特点（如票种设置丰富、线路多而复杂、与城市一卡通兼容等），具有一定的可伸缩性。

城市轨道交通 AFC 系统五层标准架构体系由清分结算管理中心（ACC）、线路中心（LC）、车站中心（SC）、AFC 车站终端设备和票卡组成，其架构体系如图 3－1 所示。

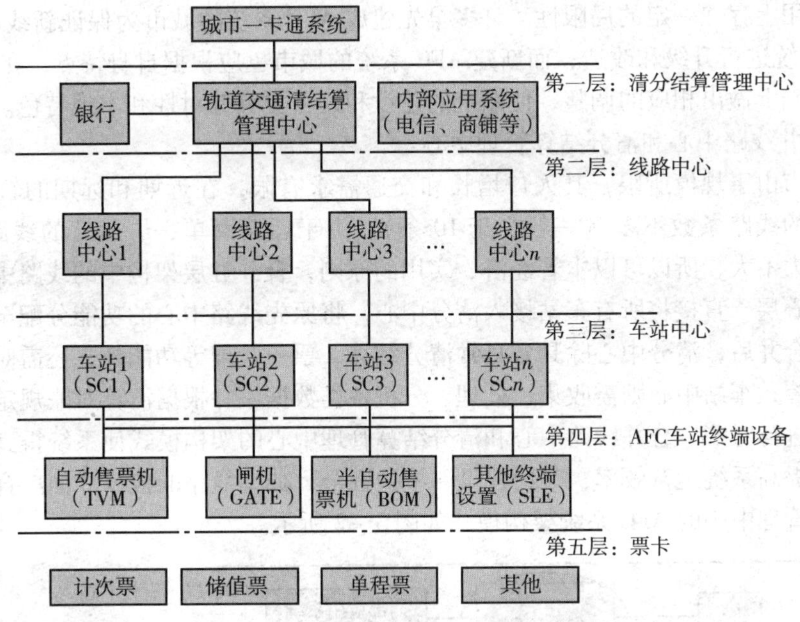

图 3－1　AFC 系统五层标准架构体系

① 清分结算管理中心（ACC）。清分结算管理中心作为整个 AFC 系统的顶层，主要是负责对城市轨道交通线路之间、城市轨道交通与城市一卡通系统之间的清分结算，对不同运营实体（或线路）进行管理，制定业务规程和票务规则，制作发行票卡，全面协调不同线路间的日常运营。

② 线路中心（LC）。线路中心管理线路内交易、客流、设备、票务等数据，负责本线路系统的 AFC 收费数据、设备状态数据、客流量数据的采集，生成报表及对账等。LC 将收集的本线路数据上传到清分结算管理中心，接受清分结算管理中心的命令与参数，并将其下发到各车站系统；同时，LC 也管理和下发线路级的命令及系统参数，完成本线路的票务管理，具备票卡的库存管理和调配等功能。

③ 车站中心（SC）。车站中心用来监控和配置车站本地设备，采集本地车站设备数据，对车站的每一台设备实施监督、控制、参数化、数据采集和审计。SC 接收 LC 的指令和参数，并下发到相应的设备。同时，SC 采集设备的交易、事件和审计数据，上传到 LC。

④ AFC 车站终端设备。AFC 车站终端设备层包括闸机、半自动售票机、自动售票机、自动充值机、银行圈存机、自助查询机、移动支付设备和其他设备等。

⑤ 票卡（Ticket）。五层架构体系的底层为票卡层，它是乘客所持的车费支付媒介，包括储值票、单程票、员工票和其他车票等。

随着轨道交通线路网络化的形成、新技术的引入以及国内 AFC 系统运营经验的积累，人们逐渐认识到 AFC 系统五层基本架构在不同运营商所辖线路互联互通、系统升级改造、资源高效利用上存在一定的局限性。许多早先建成 AFC 系统的城市为保证新线的顺利接入，需对 AFC 系统进行升级和改造；而新建 AFC 系统的城市也应根据自身特点，在 AFC 系统基本架构的基础上做出相应的调整，使系统的建设和运营更具针对性和本地特色。

（1）合并线路中心和清分结算管理中心

一些城市由于规模所限，其人口增长和交通需求有限，在近期和远期的轨道交通规划中，所规划的线路条数不多（一般少于 10 条）。由于运营商单一、运营的线路车站较少，清分结算压力不大，所以可以本着经济、实用的原则，合并五层架构中的线路中心层和清分结算管理中心层，直接将所有车站接入清分中心，将原先线路中心的功能分配至清分中心和车站中心。合并后，清分中心除具备日常清分结算、票务管理等功能外，还需对所有车站进行管理和监控；车站中心则需收集、处理、分析各类数据，并根据清算对账规定和原则直接与清分中心进行对账。合并线路中心和清分结算管理中心的架构模式使系统得到精简，可在一定程度上提高系统运营效率，节约建设、维护资金，减少线路的接口界面。合并线路中心和清分结算管理中心的 AFC 系统架构模式如图 3－2 所示。

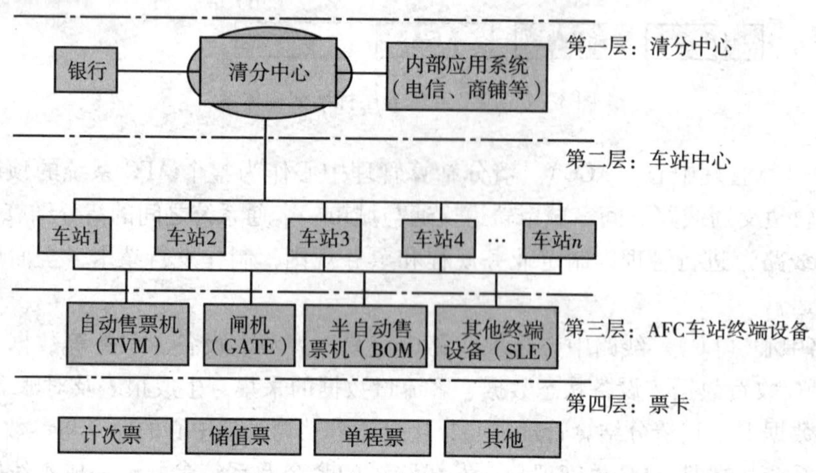

图 3－2　合并线路中心和清分结算管理中心的 AFC 系统架构模式

（2）设置多线路中心

随着轨道交通线网的不断扩大及运营经验的积累，许多城市轨道交通线路呈现多而复杂的特点，不少运营商意识到如果在每条线路均设置 LC，会造成投资和资源的较大浪费。对于同一运营商所辖的线路，可以为这几条线路设置多线路中心（MLC）而不再单独为每条线路设置线路中心，这几条线路的 AFC 数据可直接上传至多线路中心。

设置多线路中心的特点是实现了相同运营商所辖线路的资源共享，使线路间的信息在 ACC 层以下得到处理。基于各个运营商所辖多条线路构成的 MLC 可以看成是一个小清分中心，能够完成所辖线路内运营、票务、数据、清分、报表等管理，节约资源，提高效率，节省项目建设投资，并提高系统的经济效益与安全性。

同时，ACC面对的是不同的运营商，不再面对具体的线路，因此简化了清分模型，减轻了清分负担，有效缓解了ACC的工作压力。为确保MLC所辖各自线路数据、责任的独立性，需在SC层与MLC层之间为各线路设置AFC系统线路数据汇集节点。

在线网中，设置多线路中心的AFC系统架构如图3-3所示。

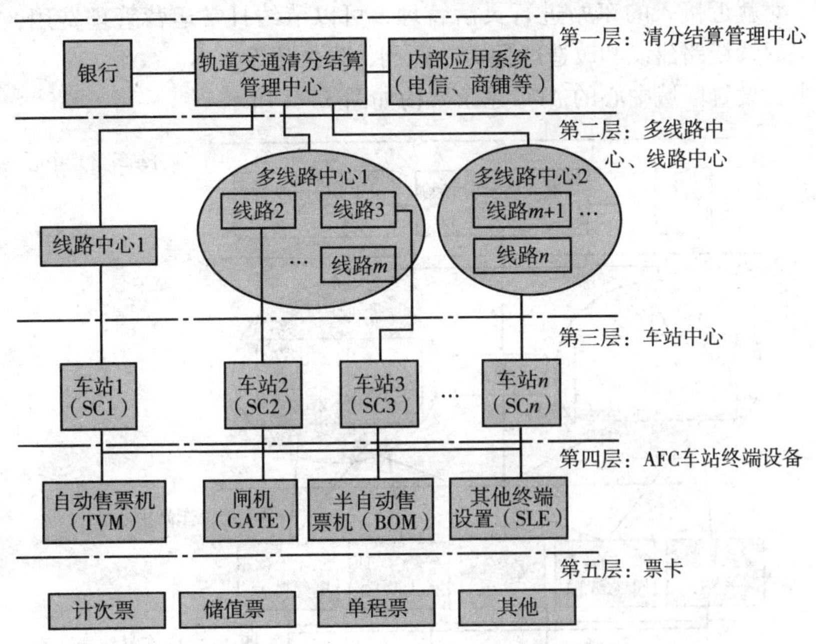

图3-3 多线路中心的AFC系统架构

(3) 设置区域中心

区域中心（ZLC）是为面向轨道交通线网的区域化管理而提出的，旨在解决一定规模的线网内相关线路独立运营所带来的管理复杂、维修调配不便的问题，避免线网建设发展带来的线路升级改造对运营产生的影响，克服新老线路间接口不统一带来的麻烦。

区域中心通过统一并标准化车站与中心的接口，允许不同线路和车站根据区域管理需求进行接入，并预留一定的接入能力来满足未来线路建设、改造的需求。在区域中心建设完成后，新建线路一般不再设置线路中心。区域中心的接入分为两种情况：一种为线路层面的接入，属于同一运营商的线路接入共同的区域中心，区域中心对所属线路车站进行数据管理、报表统计及线路间的清分等，涉及数据层面的管理功能，类似于MLC；另一种为车站层面的接入，对于车站，区域中心按照区域管理的需求，通过合理整合资源，对就近接入的车站进行应用层面的灵活管理，如票务管理、日常运营管理、维修管理等，而车站产生的各类数据需传输至所属线路对应区域中心的数据汇集节点，便于不同运营商间的清分、ACC的对账及责任的追查。

区域中心的设置使得原先的运营管理模式向区域管理模式过渡，与之相对应，原有的清分管理、运营管理、票务管理、收益管理、维修管理、数据管理、报表管理等的功能定义、数据格式、管理主体都需做出相应变动，因此该演变模式还需要统一并标准化车站与中心的接口，同时设置数据汇集节点。值得注意的是，如果城市轨道交通线网在最初规划时没有考虑设置区域中心，在未统一技术标准的情况下，当后期不同线路接入区域中心时，调整难度就会较大。

在线网高速扩张的形势下，根据线网规划，选择合理的地点建设区域中心，通过实现接口的标准化，对就近接入的车站进行灵活管理，可以节约日常运营管理费用，提高运营效率，并保证了后续线路建设和改造的便捷、顺利，降低建设成本。

在线网中，设置区域中心的 AFC 系统架构如图 3－4 所示。

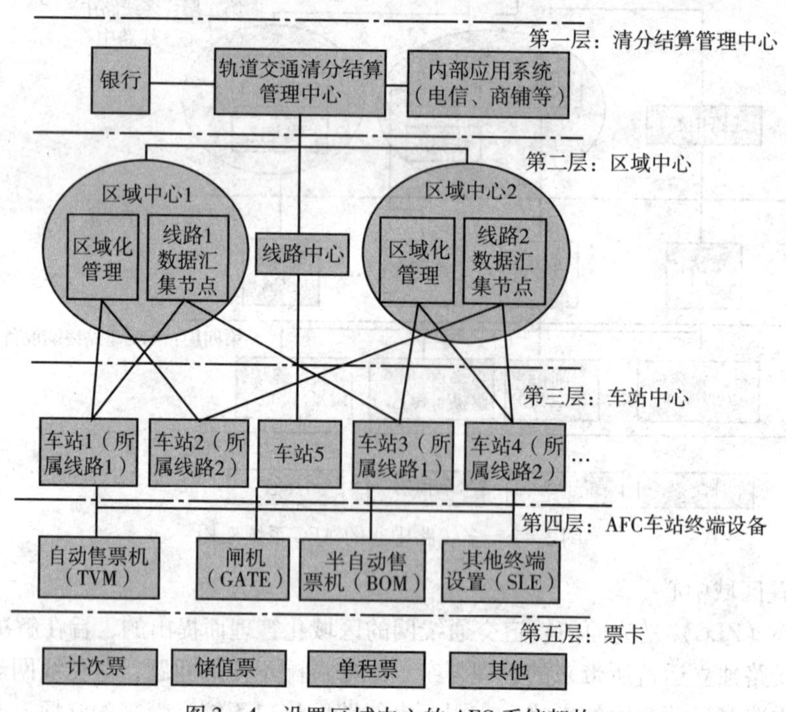

图 3－4　设置区域中心的 AFC 系统架构

AFC 系统标准五层架构体系及上述几种演变形式具有较好的伸缩性，可根据各个城市轨道交通功能需求、运营状况以及行政体系的不同而做相应的组合，满足不同城市轨道交通运营的特殊需求。总体而言，上述的 AFC 系统架构体系都属于系统层面的变体形式。

子任务 3.1.2　认识 AFC 系统的车站终端设备

AFC 系统的车站终端设备安装于城市轨道交通线路车站，是进行车票发售、进站检票、出站检票、充值、验票分析等读写交易处理的终端设备，主要有自动检票机、自动售票机、半自动售票机、自动查询机等设备，下面对这些设备的功能进行一一介绍。

（1）自动检票机的功能

自动检票机作为检票设备，主要对乘客手持票卡进行验证，验证通过则允许进站、出站，同时在出站时扣费。通过图形化界面引导乘客，并将票卡的金额信息显示给乘客。表3－1分别从乘客和工作人员两个角度对自动检票机的功能进行了细化。

表3－1　自动检票机功能

功能分类	功能点	功能点细分
乘客功能	进站通行	
	出站通行	
站员和维护人员功能	系统设置	本机设置： ① 本站编码； ② 设备编码； ③ 机器类型； ④ 通信设置； ⑤ 模式设置； ⑥ 日期设置； ⑦ 配置文件内容显示
	数据管理/硬件测试/功能设置	
	显示错误/版本/参数信息	
	运营模式设定	① 正常模式； ② 进站免检； ③ 出站免检； ④ 紧急模式； ⑤ 列车故障； ⑥ 日期免检； ⑦ 车费免检； ⑧ 时间免检
	服务模式设定	① 正常服务； ② 暂停服务
	更换票箱	
	通道方向设置	① 进站方向自动检票机； ② 出站方向自动检票机； ③ 双向自动检票机
	运营控制/系统状态查询	
	错误交易查询/数据打包上传查询	
	运营/交易数据查询	
	错误清除	
	关机	
	重启	

（2）自动售票机的功能

自动售票机属于车站级终端设备，能自动完成售票、充值工作，可以减少售票人员的工作量，减少购票、充值排队现象，为乘客出行提供了方便。

自动售票机支持乘客使用纸币、硬币进行自助式购买单程票，购买单程票可持1元硬币、5元纸币和10元纸币。当乘客投入纸币金额大于应付金额时，以1元硬币、1元纸币或5元纸币形式找零。

自动售票机支持一卡通自助充值，乘客在自动售票机上自助充值可投入的面额为10、20、50和100元。

表3－2分别从乘客和工作人员两个角度对自动售票机的功能进行了细化。

表3－2　自动售票机功能

功能分类	功能点	功能点细分
乘客功能	充值功能	
	售票功能（纸币找零、硬币找零、混合找零）	
	招援	
	打印故障单	
站员和维护人员功能	显示交易、异常信息	
	显示销售、现金信息	
	设备状态及数量显示	
	运行模式设定	
	打开安全门	
	更换钱箱、票箱	
	硬币清空	
	查看操作日志	
	结算处理	
	辅助设置	ACC管理卡认证
		清除故障
		版本信息显示
		异常与故障显示
		一卡通认证信息查询
		查询卡交易信息： 一卡通/一票通等数据上传情况查询
		交易数据上传查询
		打印机打印测试页
		系统关机
		运营开始
		运营结束
		时间同步

续表

功能分类	功能点	功能点细分
站员和维护人员功能	辅助设置	设置24小时运营模式
		设置延长运营模式
		SAM 卡功能设置
		数据文件管理： ① 重新打包； ② 重新上传； ③ 检查 TVM 文件； ④ 清除纸币单元记录； ⑤ 清除票卡单元记录； ⑥ 清除硬币单元记录； ⑦ 清除交易明细； ⑧ 检查数据库
		网络连接测试
	系统设置	设置系统参数： ① 车票售票； ② 车票充值； ③ 接受纸币； ④ 接受硬币； ⑤ 无找零模式
		一般参数设置： ① 设置设备编码； ② 设置设备分组编码； ③ 设置设备供应商编码； ④ 设置车站编码等
		设置网络参数： ① IP 地址； ② 子网掩码； ③ 网关地址
		时间和日期设置
	数据管理	
	硬件设置与测试	单程票发行单元 ① 纸币识别单元； ② 纸币找零单元； ③ 硬币单元； ④ 读卡器； ⑤ 运营状态显示器； ⑥ 数字输入输出； ⑦ 维修打印机； ⑧ 乘客打印机
	查询系统状态	

(3) 半自动售票机的功能

半自动售票机主要实现以下功能：售票、补票、充值、更新、替换、退票、车票挂失、车票分析、车票处理、车票查询、收益管理、设备操作等。

(4) 自动查询机的功能

自动查询机具有车票查询和乘客服务信息查询等功能。车票查询是读取票卡信息，不具备写票功能，乘客或工作人员将车票在阅读器/天线出示后 1 秒内，能显示车票的以下信息：

① 车票逻辑卡号；

② 车票类型；

③ 余额/使用次数：显示该车票当前所剩余额及使用次数；

④ 车票有效期：显示该车票的有效期限；

⑤ 车票无效原因（如安全性检查、出入顺序检查、黑名单票检查、超乘、超时，等等）；

⑥ 交易历史等。

任务 3.2　车站 AFC 设备的配置与布局

城市轨道交通车站 AFC 终端设备的主要作用是单程票的出售、储值卡的充值、对车票的有效性进行检验，并能处理一些日常的票务工作等。在完成这些基本工作的基础上，合理设置车站上 AFC 终端设备，还可以对站内的客流流向起到引导和疏散作用。

(1) 车站客流特点分析

乘客在车站的行走速度及设施设备的通行能力可以反映出城市轨道交通车站客流的基本特点：

① 乘客在城市轨道交通车站中行走，路径相对单一且按固定规律行进，总是倾向于选择直接指向目标的路线，即选择最近的通道进入或离开城市轨道交通车站，且使用相关的设备。

② 在正常情况下，乘客在行进或使用设备的过程中，总会刻意和其他乘客保持距离，这样导致人员密度均匀分布，在紧急情况下，有些乘客的行动会失去理智，缺乏应有的判断力，呈现一定的混乱状态。此时乘客之间的作用力（推、挤等）会变得强烈起来，在通过瓶颈通道时，会发生混乱，出现堵塞等现象。

③ 不同年龄层次、知识结构的乘客对设备使用的熟练程度不同。另外，城市常住居民的乘客大多使用储值卡，能提高出行效率。

综上可知，乘客在城市轨道交通车站内按照一定规律、一定行走速度，且保持一定的距离规则前进，城市轨道交通车站是乘客集散的场所。因此，合理设置车站及与乘客相关的设备会对客流有显著的引导作用。

（2）合理设置城市轨道交通车站 AFC 终端设备的措施

AFC 终端设备在配置时，应根据预测的客流量的大小，计算出设备的数量，满足乘客的需求。

① 自动售票机、半自动售票机数量：

$$N_1 = M_1 \frac{K}{m_1}$$

式中：N_1 为自动售票机、半自动售票机数量；M_1 为使用售票机的人数和上、下行车上的客流总数（按照高峰小时计算）；K 为超高峰系数，通常选用 1.2 ~ 1.4；m_1 为自动售票机或半自动售票机每小时售票能力。

根据预测的客流量与自动售票机或半自动售票机的售票能力，分别计算自动售票机和半自动售票机的数量。但在客流正常时，半自动售票机的使用频率较低，并且半自动售票机设置在票亭内，设置位置受限，计算出的半自动售票机数量要远高于实际所需的数量。因此，在确定半自动售票机的数量时，在计算数值的基础上再乘以 30%，是一个相对合理的数值。

② 闸机数量：

$$N_2 = M_2 \frac{K}{m_2}$$

式中：N_2 为闸机数量；M_2 为高峰小时进站客流（含上、下行）或出站客流总量；K 为超高峰系数，通常选用 1.2 ~ 1.4；m_2 为闸机高峰每小时通过能力。

（3）设备位置合理布局

设备的布局对客流有着直接的影响。合理的布局，能节省乘客在站内行走的距离，减少进站客流与出站客流之间的交叉，避免乘客在车站内拥堵。以某车站为例，车站 AFC 终端设备布局如图 3 – 5 所示。

由图 3 – 5 可知，车站 AFC 设备的合理布局，对客流有很好的引导作用，进站客流与出站客流间交叉较少，不会造成车站内客流拥堵的情况发生，有利于车站的客流组织工作。虽然部分需要使用半自动售票机的进站乘客与出站客流有交叉，但这部分客流量较少，对车站正常的客流组织工作不会造成太大的影响。

（4）提高设备的稳定性

设备在运营时能否正常运行直接影响客流组织工作，因此，提高城市轨道交通车站 AFC 终端设备的稳定性是非常有必要的，应做好以下几方面的工作。

① 在正常运营期间尽可能减少对设备的维修。在运营期间，客流量大，如果对设备进行维修，则会造成客流拥堵。

② 加强设备的检修。在非运营期间加强对设备的检修、排查问题，对出现的故障及时清除，从而保证设备在运营期间的正常使用。

③ 引导督促乘客正确使用设备。乘客正确使用城市轨道交通车站 AFC 终端设备，一方

面能缩短乘客使用设备的时间，另外一方面对提高设备的稳定性也是非常有必要的。例如，持单程票的乘客在出站时要将单程票投入回收卡槽进行回收，但是乘客如果投入有误，就会出现卡票的情况，导致整个出站闸机无法正常使用，影响其他乘客的出站。

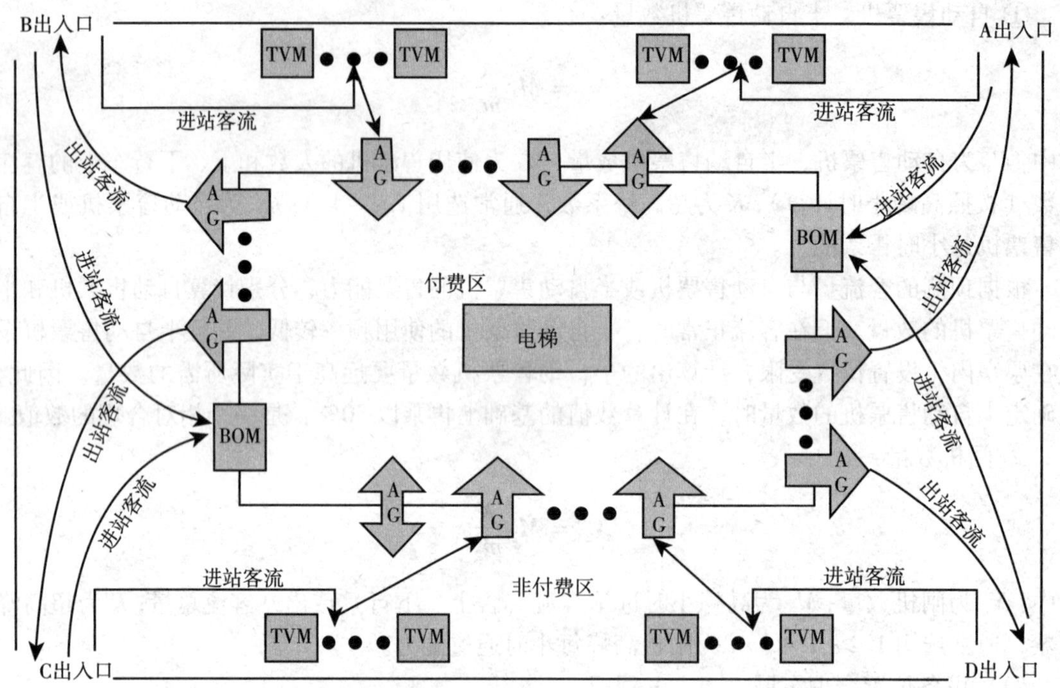

图 3－5 某车站 AFC 终端设备布局图

（5）提高乘客使用设备的效率

乘客正确使用 AFC 系统的终端设备，能提高设备的使用效率，减少乘客的等待时间。但是，乘客对设备的使用情况存在很多不确定性，乘客的年龄、知识结构等都会对此有影响。因此，为了减少这种不确定性，车站可以增设岗位，在自动售票机和闸机处安排工作人员对乘客进行引导使用，但是这种方法会增加人力成本，不符合大多数城市轨道交通公司的用人机制。

采用使用视频、音频、文字说明、图片指示等方法对乘客正确引导，可以提高乘客使用设备熟练程度，从而对客流进行正确引导。

城市轨道交通车站是客流集散的场所，客流通过建筑设置、导向标识等进行引导，设备的合理布置也能很好地引导客流。因此，车站 AFC 终端设备通过合理配置，提高设备自身使用的稳定性，督促乘客正确使用，提高乘客使用设备的效率等方式，对客流会有显著的引导作用，可缩短乘客在车站停留的时间，提高乘客出行效率，有利于车站组织运营工作。

任务3.3 自动检票机的认知与操作

子任务3.3.1 自动检票机的认知

自动检票机，简称闸机（Automatic Gate），是对乘客使用的车票（IC卡）中所记录的信息（期间、区段）进行读取，与判定部记忆内容进行对比判定，对通过的乘客进行光学测知后，根据对车票和乘客的判断来判定可否通行、门的开关、显示等。

自动检票机安装于车站付费区与非付费区的交界处，用于实现自动进出站检票。自动检票机应能适应地铁车站的强磁干扰、尘土、高温、振动等恶劣工作环境，具有防滑、防火、防酸的功能。

1. 自动检票机的分类

① 按闸门阻挡装置的类型不同：分为扇门式检票机（见图3-6）、三杆式检票机（见图3-7）和拍打门式检票机（见图3-8）。

② 按功能不同：分为进站检票机、出站检票机、双向检票机。进站检票机用于完成进站检票，检票端在非付费区；出站检票机用于完成出站检票，检票端在付费区；双向检票机既可以完成进站检票也可以完成出站检票，在非付费区和付费区可分别按照进站和出站的处理规则完成检票功能。

③ 按闸门规格不同：分为普通通道检票机、宽通道检票机。

④ 按闸门状态不同：分为常开式通道、常闭式通道。

图3-6 扇门式检票机

图3-7 三杆式检票机

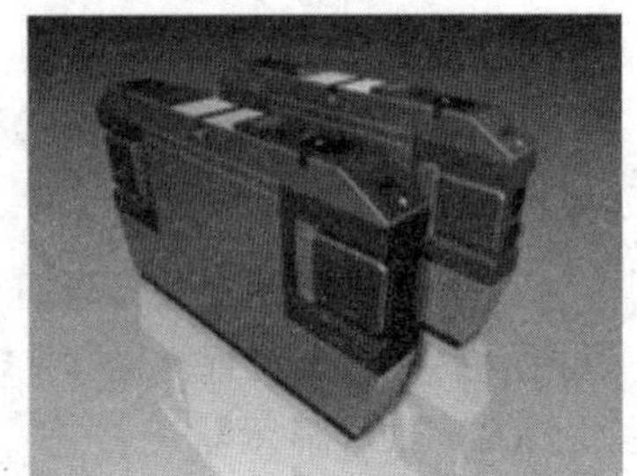

图3-8 拍打门式检票机

2. 自动检票机的结构组成

自动检票机由主控单元、阻挡装置、车票处理装置、声光提示装置等模块组成，其中以主控单元为核心。图3-9为自动检票机布局图。

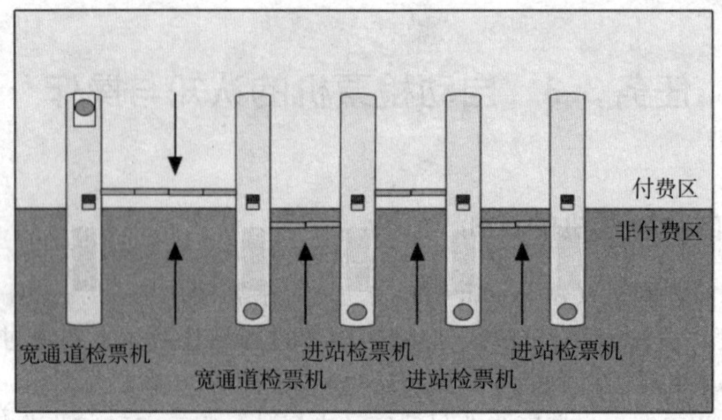

图 3－9　自动检票机布局图

下面从自动检票机的上部、立面和侧向三个方向对自动检票机的结构进行全面的介绍。

1）自动检票机的上部结构

从自动检票机的上部可以看到票卡读写器、乘客显示器和优惠票指示灯。图 3－10 为自动检票机上部外观结构。

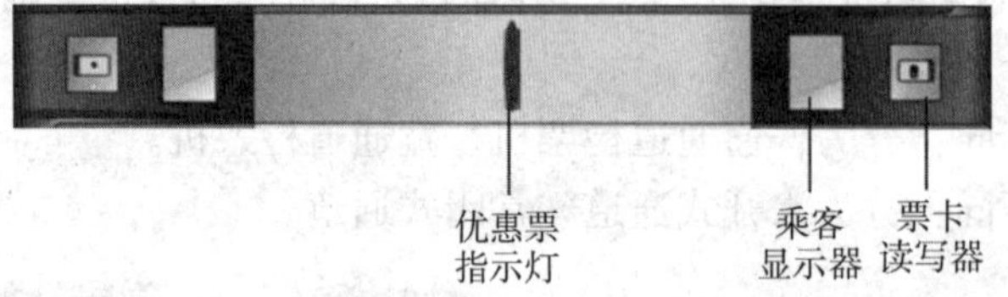

图 3－10　自动检票机上部外观结构

（1）票卡读写器

票卡读写器的安装位置符合乘客右手持票习惯，在检票机安装读卡器的位置有醒目的标识指示乘客刷卡位置。图 3－11 为自动检票机上票卡读写器刷卡区。

（2）乘客显示器

乘客显示器能够显示中文、英文、数字及图形等信息，信息内容可变，主要目的是引导乘客正确使用检票机。图 3－12 为自动检票机上的乘客显示器。

图3－11　自动检票机上票卡读写器刷卡区

图3－12　自动检票机上的乘客显示器

乘客显示器的显示内容和表示的意义如表3－3所示。

表3－3　乘客显示器的显示内容和表示的意义

显示内容	表示的意义
关闭 (Closed)	该自动检票机处于关闭状态
正在初始化 (Initialize)	设备处于初始化状态，正在检测设备所有模块的工作
请使用车票 (Use Ticket)	设备处于正常运营状态，可接受单程票和储值票
请使用储值票 (Use SVT)	设备处于正常运营状态，可接受储值票，但无法接受单程票
请使用单程票 (Use SJT)	设备处于正常运营状态，可接受单程票，但无法接受储值票
请进站 (Enter Station)	设备处于正常运营状态，并判定车票有效，允许乘客进入闸机通道
请出站 (Exit Station)	设备处于正常运营状态，并判定车票有效，允许乘客通过闸机通道
请再试一次 (Try again)	设备处于正常运营状态，并在判定车票有效性时，乘客已将车票移出天线感应区
请稍后再使用 (Try later)	只有双向检票机会出现这种情况。设备处于正常运营状态，当乘客在一端检票处理时，在设备的另一端则显示该内容，以提示另一端的乘客。等待另一端的乘客通过后再使用，避免两端的乘客在通道内产生疑问
车票过期 (Ticket Expired)	设备处于正常运营状态，并判定车票已过有效期
余额不足 (Deficit)	设备处于正常运营状态，并判定车票为储值票或单程票。进站时，单程票的票额小于最小费率区的金额，储值票的余额小于或等于0。出站时，单程票的票额小于费率区的金额，储值票的票额小于允许最后的透支额
车票类型错误 (Type Error)	设备处于正常运营状态，并判定车票为暂不允许的车票
紧急模式 (Emergency Mode)	设备处于紧急模式

续表

显示内容	表示的意义
故障诊断（Diagnostic Model）	设备处于维护状态
请使用测试票（Use Test Ticket）	设备处于维护状态，仅允许接受测试票
错码（Error Code）	设备处于维护状态，在维护面板上键入了设备不存在的测试码
余额	设备处于正常运营状态，判定车票为储值票且有效，在允许乘客进入的同时，显示票卡的余额
请到客服中心（Go to CSC）	设备处于正常运营状态，在进站检票机上判定车票为无效时显示该内容，引导乘客去客服中心
暂停服务（Out of Service）	设备处于非运营状态
请插入车票（Insert Ticket）	设备处于正常运营状态，在出站检票机上，乘客将需回收的车票放在外置天线上，设备提示乘客投入该车票

（3）优惠票指示灯

当乘客所持车票为优惠票种，刷卡经过该闸机时，优惠票指示灯显示闪烁状态。

2）自动检票机立面结构

自动检票机立面外观结构如图3－13所示。

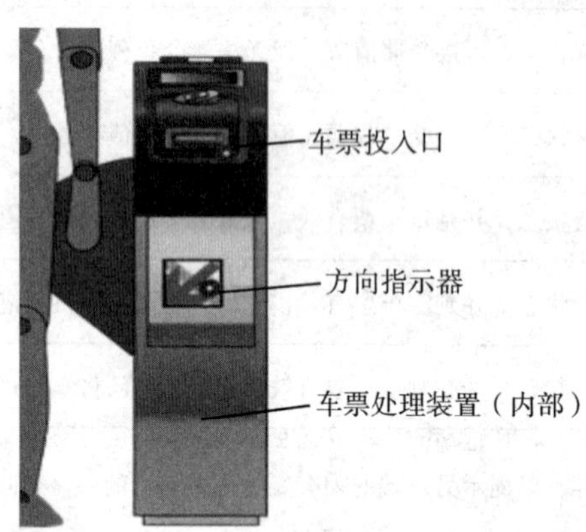

图3－13　自动检票机立面结构图

自动检票机立面方向可见车票投入口、方向指示器和车票处理装置。

（1）车票投入口

对于需要回收才可出站的车票，将票卡投入该入口以后，才能由自动检票机进行验证，确认为有效票卡后，扇门打开放行。

（2）方向指示器

方向指示器在检票机面向乘客的前面板上，显示该检票通道的通行方向或通行状态的标志，远距离指示乘客通道的通行状态，方向指示器的设计需要确保乘客在30米外的距离可以明辨标志的内容和含义。通常显示关于“通行”和“禁止通行”等内容，采用国际通用的标志，且配有中文说明文字，以图形加文字的形式提示乘客。

（3）车票处理装置

车票处理装置是自动检票机的一个关键部件，车票处理装置负责完成车票读写、传送及回收处理。车票处理装置主要包括两大部分：车票读写设备和车票传送装置。

对于IC车票，目前使用的大多是非接触式IC卡，只要车票停留在天线感应的范围内都可以对其进行读写。所以，对于进站交易而言，只需要使用车票读写器就可以完成进站处理而不需要配置传动装置。由于出站时，单程票等需要回收的票卡必须投入车票处理装置中，票卡通过车票传送装置到达天线感应区，经过读写确定有效性，交易成功的车票继续经过车票传送装置送入回收票箱中，无效或交易失败的车票通过车票传送装置由车票投入口返回给乘客，乘客到车站票务中心进行票卡查询或更新。对于不需要回收的IC车票，与进站类似处理，仅使用车票读写器就可以完成出站处理。

带有票箱的车票处理装置通常需要配置两个票箱，并实时监控票箱的状态，在票箱未安装、票箱将满或票箱已满时，需要向主控单元发送相关信息，主控单元将相关信息上传到车站计算机系统SC。票箱通常还需要具有计数功能，或由主控单元进行计数。车票处理装置应可以根据主控单元的命令将车票回收到指定的票箱中，图3－14所示为自动检票机车票回收模块。

3）自动检票机侧向结构

自动检票机侧向外观结构如图3－15所示。

图3－14　自动检票机车票回收模块

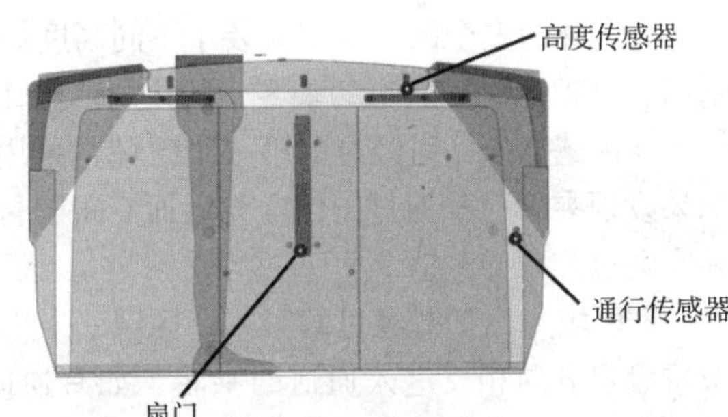

图3－15　自动检票机侧向外观结构

（1）通行传感器

通行传感器能够监控乘客通过自动检票机的整个过程及监测通过自动检票机的人数。自动检票机一般采用透过型传感器和反射型传感器两种。

每对（个）传感器都不是单独使用的，通过控制单元对一组或者所有传感器的检测反馈信息进行分析处理，保证通行控制的准确性和安全性。自动检票机通行传感器分布如

图 3－16所示。

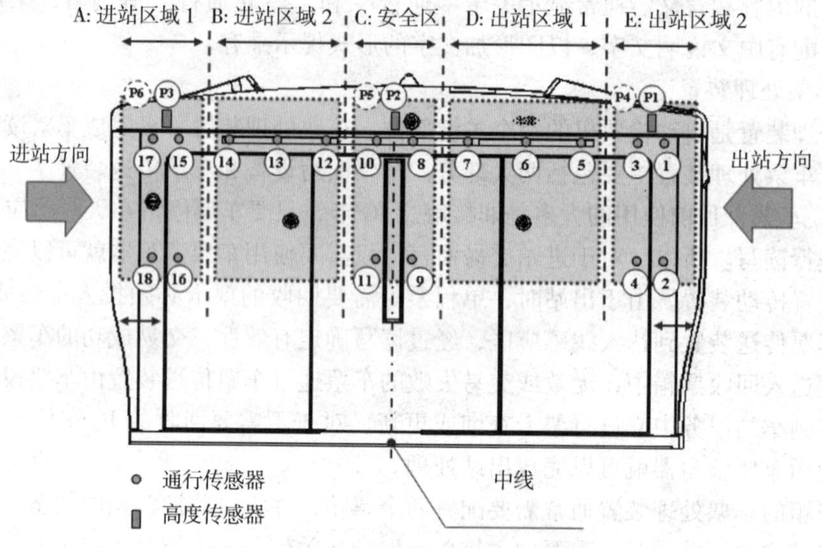

图 3－16　自动检票机通行传感器分布

将自动检票机覆盖的区域分为 A、B、C、D、E 五个区域。

A 区域为进站时经过的第一个区域，采用透过型传感器，主要检测是否有乘客进入该通道。

B 区域为进站时经过的第二个区域，采用透过型传感器和反射型传感器组合使用，判断是否有乘客无票闯入。

C 区域为安全区，采用安装于不同高度的透过型传感器，检测通行情况，反馈信号控制闸门，保护已进入通道的乘客，防止闸门夹住乘客。

D 区域为出站时经过的第一个区域，采用透过型传感器，检测乘客是否已经通过闸门。如果发现乘客已经通过闸门，如后面有跟随行为，反馈信号控制闸门立即关闭，防止第二个乘客通过。

E 区域为出站时经过的第二个区域，采用透过型和反射型传感器的组合，检测与自动检票机设定方向相反进入通道的乘客，如有逆向通行行为，检票机将关闭闸门，并给出声音报警。

（2）高度传感器

自动检票机上装有检测身高的反射型传感器，用于检测通过的乘客是否身高为免票规定高度以下的儿童（通常免票高度各城市有所差别，一般为 1.2～1.4 米）。这个传感器可以检测到 1.2～1.4 米以上位置的物体，对于规定高度以下的物体，即使通过也检测不到。所以，身高为免票规定以下的儿童乘客可以安全通行。

知识小贴士：

北京地铁关于携带儿童乘坐地铁的规定

在2014年12月28日北京地铁票制票价改革实施之前规定：1.2米以下的儿童免费乘车，但必须由成人带领，同行成人须按规定支付乘车费用；两名及以上儿童也无须支付乘车费用。

考虑到北京市儿童身高普遍提高的实际状况，在2014年12月28日北京地铁票制票价改革实施中提出：将儿童乘车免票身高由1.2米提高至1.3米。成人带领一名身高不满1.3米儿童乘车时，儿童免票。按照“儿童在前，成人在后”的顺序刷卡通过闸机。

子任务3.3.2　自动检票机的操作

1. 登录与登出

自动检票机启动后，维修屏显示登录界面，输入操作员和密码，点击“确认”键，显示功能菜单界面。

操作员在维修界面操作完成后，一定要登出并关上后维修门后，自动检票机才能正常服务。否则自动检票机不能正常服务。登出模式分为自动登出和手动登出两种。

操作员在一定时间内没有任何操作，则自动登出，自动登出时间统一由LC下发参数设定。在自动检票机维修界面，操作菜单结束后，按维修键盘上的“返回”键，直到界面返回到操作员登录界面，则手动登出成功。

2. 运营开始操作

运营开始是使设备通过约定的程序进入到可以正常运营状态的功能，主要包括与时钟源时钟同步、参数/软件同步、发送设备状态等功能。

自动检票机运营开始有三种操作方法。

方法1：自动检票机在每个运营日依据“设备运行时间表”参数自动完成运营开始。

方法2：在SC工作站上手动执行设备运营开始，自动检票机在开机联网的情况下，可以自动接收工作站下发的运营开始指令。

方法3：在自动检票机维修界面手动执行设备运营开始。

自动检票机运营开始一般选择方法1、方法2进行。在自动检票机脱机或参数失效情况下才选择方法3。

3. 更换票箱

自动检票机的票箱分为2个票箱和1个废票箱，分别称为票箱1、票箱2和废票箱。靠近废票箱位置的为票箱1，其次为票箱2。票箱单程票最大容量为1 000张，废票箱单程票最大容量为300张。

票箱状态有4种，分别如下。

① 在库里：是指在库存中未做领用的票箱，设备更换回来后归还到库存里的票箱。此状态将票箱直接安装到设备上将会非法，相关模块无法正常工作。

② 在操作员手中：是指从库存中领用，但未安装到设备上的中间状态，或刚从设备上取下，但是未归还到库存中，此状态下可以合法地将票箱安装到设备上。

③ 在设备上：是指票箱安装到设备上之后的状态，非正常更换下来的票箱无法安装到其他设备上。非正常更换的票箱是指没有选择更换票箱菜单里的选项，直接用钥匙开锁将票箱拆卸下来。

④ 非法：是指票箱非正常更换，再次安装到设备上会显示FFFFFFFF。非法的票箱是不能直接使用的，需要重新领用后才可以正常使用。

票箱更换包括安装票箱和卸下票箱，在票箱更换界面中，操作员可以查看票箱安装状态、数量状态、票箱RFID及回收数量。票箱和废票箱在安装到发行单元之前，需要在SC工作站上进行领用操作，否则安装到发行单元后，设备不能正常工作。

（1）安装票箱

票箱和废票箱安装步骤类似，下面以安装票箱为例进行说明。

① 将已经领用的票箱直接安装到设备上；

② 票箱安装完成后，可在票箱更换界面查看票箱安装状态，关闭维修门，回收单元自动初始化，维修界面自动跳转到乘客刷卡界面。

安装票箱如图3－17所示。

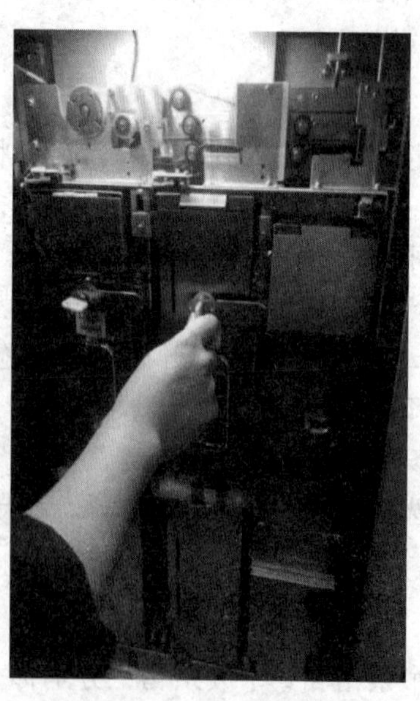

图3－17 安装票箱

（2）卸下票箱

① 在“站员权限管理”界面，选择“票箱更换”，显示界面如图3－18所示。

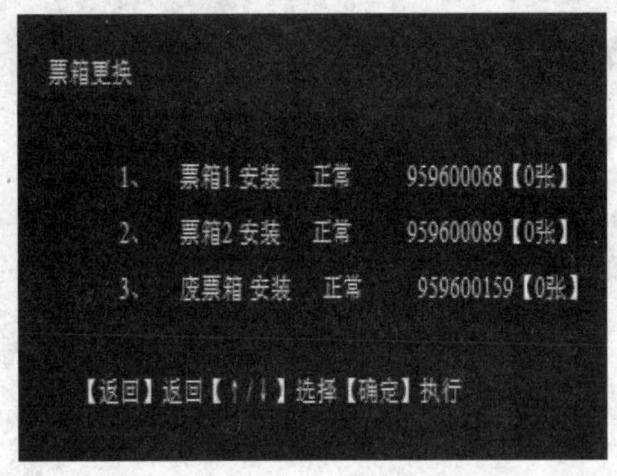

图3－18　票箱更换显示界面

② 首先把档锁划到一边，合上票箱上盖，选择“1”，按“确定”键，维修界面显示票箱解锁成功后，并用钥匙解锁票箱，然后马上卸下票箱。票箱卸下后，票箱更换界面显示该票箱“未安装”。

4. 设备维修界面设置运营模式操作

① 在“站员权限管理”界面，选择“运营模式设定”，如图3－19所示。

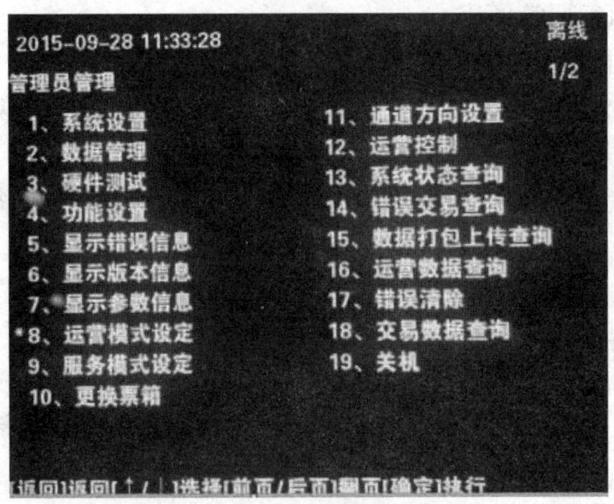

图3－19　管理员管理界面

② 按数字键选择模式，按“确定”键，进入模式设定界面，选择“1：［有效］”后按“确定”按钮，设置成功，如图3－20所示。

图 3－20 运营模式设定

5. 日常运营操作流程

自动检票机的日常运营操作可总结为如下流程：

① 在 SC 工作站执行运营开始，同时选择发送设备唤醒指令，如果自动检票机未被唤醒，则手动开机 。

② 在 SC 工作站执行票箱领用。

③ 在自动检票机上分别安装票箱和废票箱。

④ 在自动检票机维修界面“票箱更换”项检查票箱状态是否正常。

⑤ 关上自动检票机所有维修门，设备进入正常服务中。

⑥ 如果票箱或废票箱将满，则更换对应票箱，否则自动检票机将降级服务，不能回收票卡。

⑦ 一天运营结束，卸下票箱和废票箱，在 SC 工作站归还。

⑧ 在 SC 工作站界面执行票箱归还，更新票箱状态为“在库”（如果未登记或者不属于本站票箱，则执行强制归还），归还时如果票箱 RFID 中的票卡数与实际清点数不一致，则修改实际归还票卡数。

⑨ 在 SC 工作站执行自动检票机运营结束，设备处于暂停服务。

⑩ 在设备监控或者群组控制中，执行自动检票机关机。

自动检票机日常运营操作流程图如图 3－21 所示。

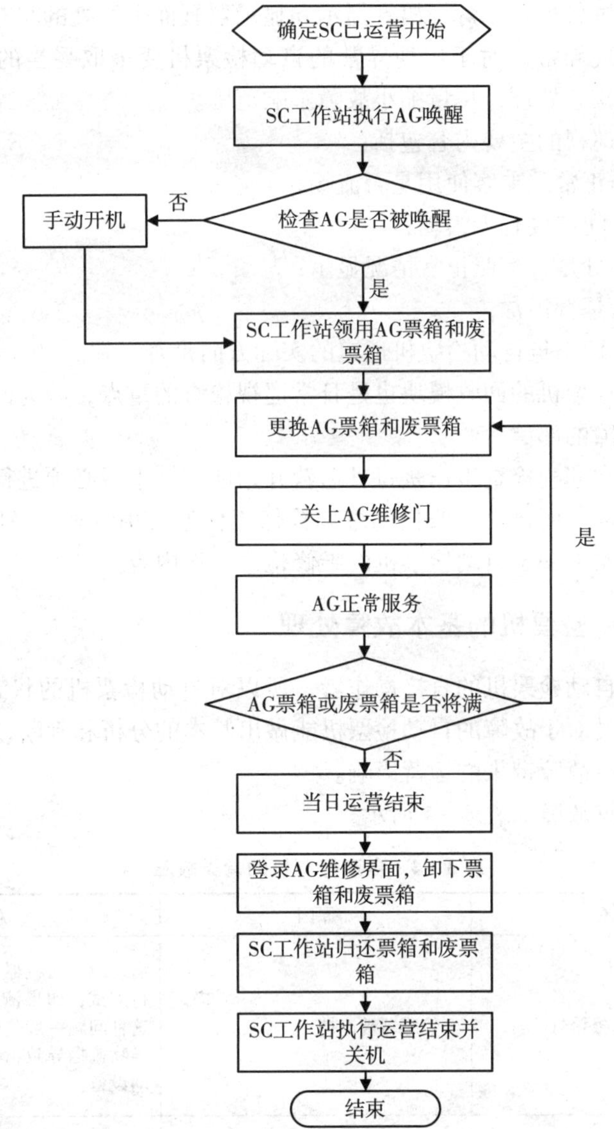

图 3－21　自动检票机日常运营操作流程图

任务 3. 4　自动检票机日常巡视与基本故障处理

子任务 3. 4. 1　自动检票机的日常巡视

自动检票机的日常巡视就是在设备正常运行时间内，通过机器表象来观察设备的运行状态。工作人员需要通过各种指示灯、语音提示和显示器画面等所处的状态和表现的含义来判断自动检票机是否出现异常。对于出现异常的自动检票机要采取妥当的应急解决思路或方案，合理有效地进行应急处理，尽量缩小故障影响范围。

自动检票机日常巡视的主要内容包括：

① 设备是否工作正常及乘客使用是否流畅；

② 设备各模块之间连接有无松动；

③ 设备各个指示灯是否按照正常情况显示；

④ 设备语音提示是否正常；

⑤ 顶棚向导指示标志与自动检票机通道的实际方向是否一致。

除此之外，自动检票机的回收模块也是日常巡视检查的重点，因为回收模块是自动检票机中非常容易发生故障的部位。

自动检票机的日常巡视检查工作是每日运营开始前和结束后必须进行的工作，所以通常由车站工作人员来完成，而自动检票机的维修检修工作通常由专业的 AFC 维修检修工作人员来完成，所以在此略去关于自动检票机的维修检修工作内容。

子任务 3.4.2 自动检票机的基本故障处理

车站工作人员是自动检票机的直接操作者，所以对自动检票机的状态能第一时间掌握。因此要求车站工作人员对于故障的自动检票机能做出基本的分析和判断，以及采取基本的故障处理措施，尽量减少故障带来的运营影响。

自动检票机的常见故障如表 3 -4 所示。

表 3 -4 自动检票机的常见故障

序号	现象	原因	解决办法
1	启动 AG 后亮起报警灯	有传感器被遮挡	启动设备后机器内部逻辑会对传感器进行测试，如果测试失败会亮起报警灯，这种问题一般是传感器的透窗被灰尘或异物遮挡导致，请清洁传感器并重新启动设备
2	自动检票机屏幕显示“网络连接失败”	网络出现故障	① 检查检票机和服务器之间的网络连接是否正常 ② 检查系统服务器软件是否正常运行
3	自动检票机启动后显示“暂停服务”，不能进入工作状态	维修门没有关上或维修面板未注销	① 检查维修门并将维修门全部关紧上锁 ② 检查维修面板是否已注销
4	自动检票机启动后乘客显示器没有显示	自动检票机内部工控机没有开机或显示器处于关闭状态	打开工控机电源或打开显示器电源

将图3－22所示的自动检票机车票回收模块中的维修门打开，可以看到维修面板，在维修面板显示屏上会显示故障代码，根据故障代码可以得知故障类型，从而进行故障分析和处理。

图3－22　自动检票机车票回收模块

表3－5为自动检票机设备部分故障代码与处理方式。

表3－5　自动检票机设备部分故障代码与处理方式

故障代码	描述	故障分析与处理
02	车票处理器通信故障（单程票读写器通信故障）	与传输机构读写器通信故障，检查设备与读写器通信线是否脱落，关机重启
04	机器未初始化	设备上电正在初始化
07	LV2通信故障（与SNC链路层故障）	与SNC链路层故障，检查设备与SNC通信链路是否脱落，或通信板是否正常工作
08	连续通信故障（与SNC应用层故障）	与SNC应用层故障，检查设备的地址码与通道是否配置正确，可打测试码52进行验证，如果不正确，检查7023板的地址码是否设置正确
12	车票在传输机构中阻塞	车票在读写器传输机构中，或票插入入票口一定时间后，或票被返回但乘客长期未取走。取出该票即可解决
13	车票在回收区域中卡住	车票卡在回收机构中，取出该票即可解决
21	票盒1升降机卡住	回收机构票盒1不能使用，可能是票盒1被取出、票盒已满、票盒内回收的票发生了堆叠混乱
22	票盒2升降机卡住	回收机构票盒2不能使用，可能是票盒2被取出、票盒已满、票盒内回收的票发生了堆叠混乱
23	状态同步	接收到正确的数据
35	PIM1通信失败	与7019板通信故障，检查该板工作是否正常，通信线是否脱落
36	PIM2通信失败	在双向机时有效，与7019板通信故障，检查该板工作是否正常，通信线是否脱落

续表

故障代码	描述	故障分析与处理
37	障碍杆传感器 1 堵塞	三杆的光电管工作不正常
49	磁盘错	NVRAM 工作异常，更换该板上的 NVRAM 或整个板卡
55	关闭	设备被关闭
56	进/出站免检	设备被设置成进/出站免检模式
57	日期/时间免检	设备被设置成日期/时间免检模式
58	测试模式	设备被设置成测试模式
61	票箱 1 将满	票箱 1 内的票将满，更换回收的车票
62	紧急开	设备被设置成紧急模式
64	障碍杆被卡住	三杆的光电管工作不正常

任务 3.5　自动售票机的认知与操作

子任务 3.5.1　自动售票机的认知

自动售票机（Ticket Vending Machine，TVM），通常设于车站非付费区，用于乘客自助式购买单程票和对储值票进行充值。

自动售票机的外观结构如图 3－23 所示。

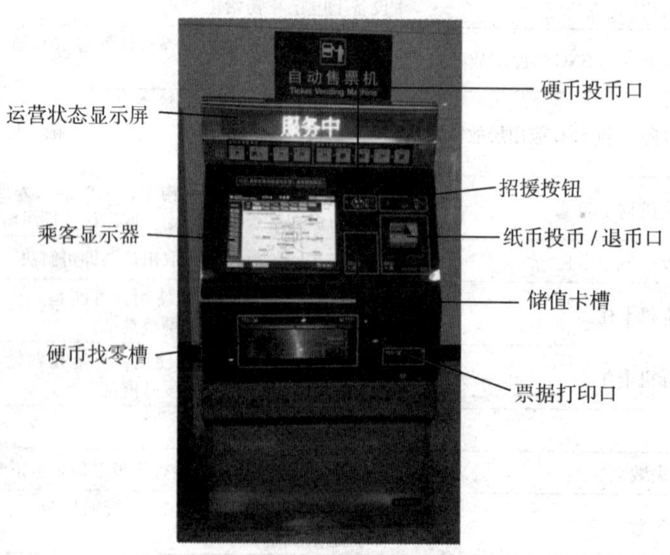

图 3－23　自动售票机的外观结构

自动售票机的内部结构如图3－24所示。

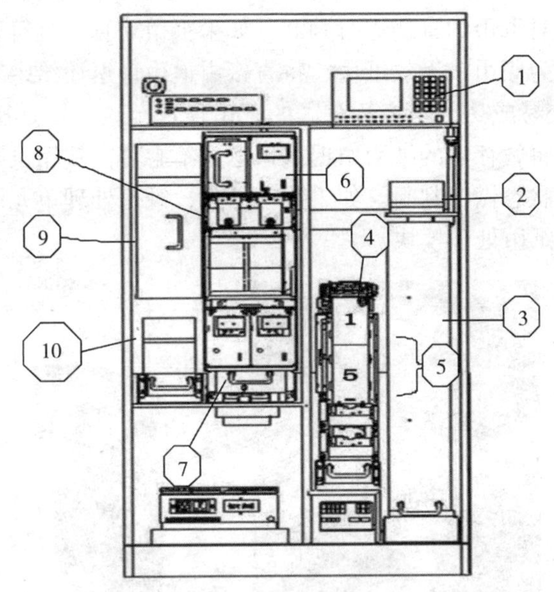

图3－24 自动售票机的内部结构

①—站员管理界面；②—员工用打印机；③—发行单元；④—纸币废钞箱；⑤—纸币找零箱（1元、5元）；⑥—硬币补充箱；⑦—硬币回收箱；⑧—硬币找零器；⑨—纸币回收箱；⑩—乘客用打印机

自动售票机主要由主控单元、现金处理装置、车票处理装置、乘客显示器、电源、打印机等模块组成。下面对自动售票机的主要部件进行介绍。

1）主控单元

自动售票机的主控单元是一台工控机，采用32位工业微处理器，阻抗电磁噪声性能良好，能一天24小时连续工作，即使由于不可抗原因电源中断，数据也不会丢失。主控单元负责运行控制软件，实现车票处理、现金处理显示、数据通信和状态监控等功能。

2）现金处理装置

自动售票机内的现金处理装置关系到发售资金的安全，是自动售票机安全管理的最重要的部件。现金处理装置按照功能划分，可以分为现金识别设备和现金找零设备两大类；按照现金的类型划分，可以分为硬币识别设备、纸币识别设备、硬币找零设备和纸币找零设备。

（1）纸币处理模块

纸币处理模块处理过程如下：

① 纸币处理器收到纸币插入的指令，点亮进币口绿色指示灯，提示机器正常工作，可以插入纸币。

② 乘客将符合要求的纸币平整地插入进币口，纸币机芯模块对插入物进行初步判断，如

认定为纸币则打开进币口电动机，吸入纸币，对于没有垂直插入的纸币可以自动进行纠正。

③ 吸入的纸币进入传送通道，在纸币识别区经传感器识别纸币合法性及面额特征，采用先进的纸币识别方法对纸币的真伪进行判断。如果纸币是真币且符合接受要求，将会被存放在纸币暂存区；如果为假币或无效纸币，将直接由退币口退还给乘客。

④ 如果本次购票交易成功，则将暂存区的纸币传送至缓冲区，压入钱箱存储；如果交易失败或取消交易，则将暂存区的纸币由退币口退还给乘客。钱箱设有位置检测传感器，可以对钱箱已满或将满的状态做出判断。如果钱箱已满，纸币处理单元关闭进币口，停止接收纸币。图 3 – 25 所示为纸币处理模块。

图 3 – 25 纸币处理模块

（2）硬币处理模块

硬币处理模块包括硬币识别设备和硬币找零设备。硬币找零设备比较复杂，一般需要包括循环找零机构、补充找零机构、清币机构及硬币回收机构。通常硬币找零设备与硬币识别设备一体化集成，这样可以优化硬币处理模块的机构，提高处理速度。

硬币处理模块的处理过程如下：

乘客投入 1 元硬币，经过硬币识别模块识别后，进入暂存区，等待下一步处理；读取不合理的硬币直接通过出币口返还给乘客。当乘客取消交易时，硬币分拣机构将投入的硬币原币返还给乘客。

当交易成功后，硬币分拣机构自动将硬币投入储币箱或找零箱中。找零机构及找零箱构成硬币循环机构，可以将乘客投入的硬币用作找零。循环式找零箱中的硬币总是保持在设定好的数量，如果进入的硬币超过这个数量将进入下面的储币箱，如果找零箱中硬币数量低于设定值，可由找零补充箱补充。硬币找零箱可分别存储 1 元硬币 1 500 个以上，找零出币速度可达每秒 5 个。储币箱和补币箱可以互换，两者都具有电子 ID，主机可通过指令查询票箱状态和身份。当钱箱从自动售票机的存放座上取走时，钱箱的入币口会自动关闭，可防止更换钱箱的操作人员接触到钱币。

图 3 – 26 所示为自动售票机的硬币处理模块。

图 3 – 26　自动售票机的硬币处理模块

3）维护面板

维护面板的作用可以供车站工作人员对设备进行维护、故障诊断和参数设置等操作。工作人员根据需要，通过输入密码，进入维修面板的操作系统，进行维护工作。其操作界面设计采用菜单式或者指令式，操作难度较低。

维护面板通常包含以下信息：

① 设备运营状态信息；

② 设备时钟显示和设置；

③ 设备运行版本信息；

④ 部件运行状态信息；

⑤ 硬币清零菜单或指令；

⑥ 更换钱箱菜单或指令；

⑦ 打印账单菜单或指令；

⑧ 设备部件测试菜单或指令；

⑨ 设备关机、复位菜单或指令。

图 3 – 27 所示为自动售票机维护面板。

图 3-27 自动售票机维护面板

4）乘客显示器

乘客显示器是自动售票机人机界面操作的主要部分，乘客可以根据界面显示内容，通过触摸屏选择进行相应的购票、充值操作。乘客显示器安装在自动售票机前面板乘客操作范围内，用于显示有关购票操作信息。乘客显示器显示的语言有中文、英文两种可选。

乘客在购票或充值的过程中，乘客显示器能显示乘客可以选择的目的地线路、车站、票种、单价、张数、付费总金额和已投币金额等信息。在交易过程中，乘客显示器能指示乘客下一步的操作，并能提示其操作是否有效。在设备故障、关闭或暂停服务时，乘客显示器能显示相关信息。乘客显示器还可以显示当前设备的运行模式和操作模式，比如：只售票模式、只充值模式、暂停服务模式、无找零模式、关闭模式、只收硬币模式、只收纸币模式、只找硬币模式、只找纸币模式等信息。

子任务 3.5.2 乘客对自动售票机的操作

自动售票机通常具有购买单程票和充值一卡通两个功能，下面对这两个功能的操作分别介绍。

1. 自动售票机的购票操作

乘客可以通过自动售票机购买单程票，自动售票机可以接收 1 元硬币、5 元纸币和 10 元纸币。具体操作流程大致为：

（1）选择目的线路

请通过信息触摸屏，点击选择您要前往的目的线。

（2）选择到达车站

依据屏幕显示内容，点击触摸屏选择您将到达的车站。

（3）确认购买张数

请通过信息触摸屏，点击选择您要购买的单程票张数。

（4）投入硬币或纸币

在确认购票数量、应付金额之后，请您从硬币入口逐枚投入1元硬币，或从纸币入口逐张插入八成新的纸币，纸币面额仅限于5元、10元。

（5）确认付款

投入硬币或纸币后，屏幕上会显示出投入金额等信息，请点击确认键。

（6）取票和找零

请从车票及找零出口内取出车票及找您的零钱。

图3-28为自动售票机购单程票的过程。

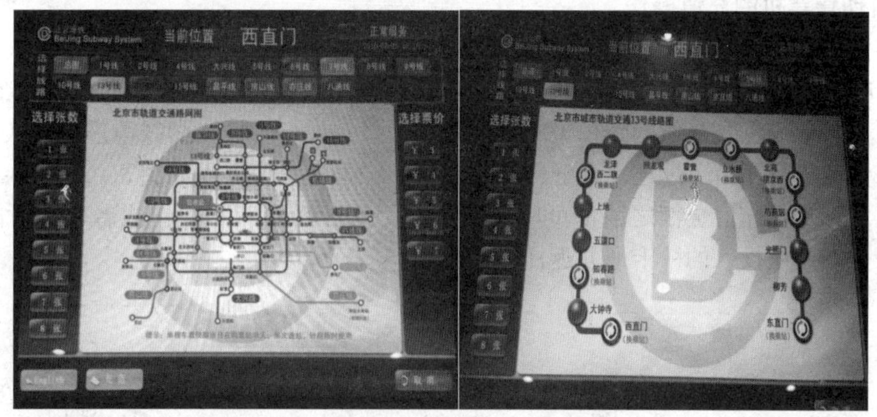

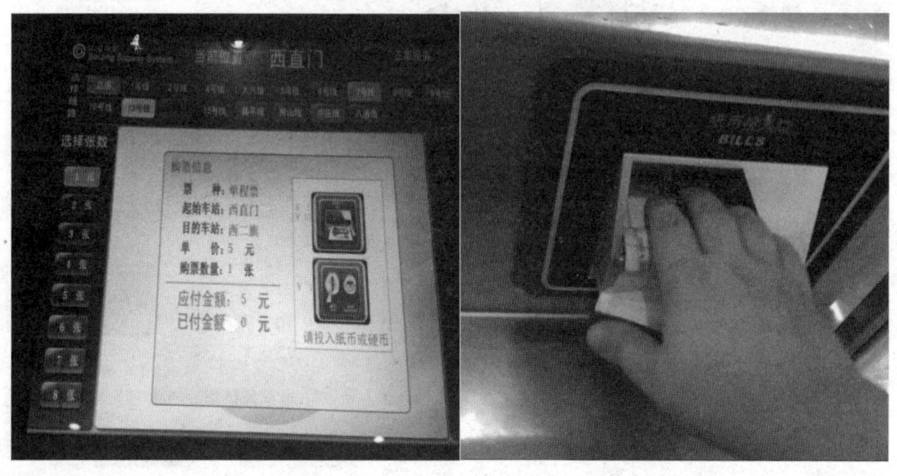

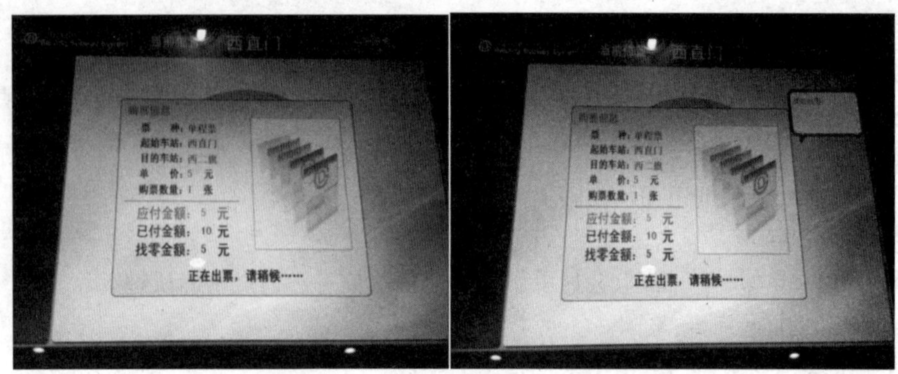

图 3 – 28　自动售票机购单程票的过程

2. 自动售票机的充值操作

乘客使用现金在自动售票机上为一卡通充值时，自动售票机通常可以接收第五版 10 元、20 元、50 元和 100 元人民币币种充值。具体操作流程大致为：在主界面选择“充值”按钮→插入一卡通→将要充值的钱币平整地插入投币口→设备对插入的钱币进行确认→确认无误后对一卡通进行充值→返还一卡通等几个步骤，一卡通充值界面如图 3 – 29 所示。乘客从开始充值后到支付充值金额之前都可以取消交易，点击“取消”按钮或者一定时间内不进行任何操作则返还投入的一卡通并返回初始界面。

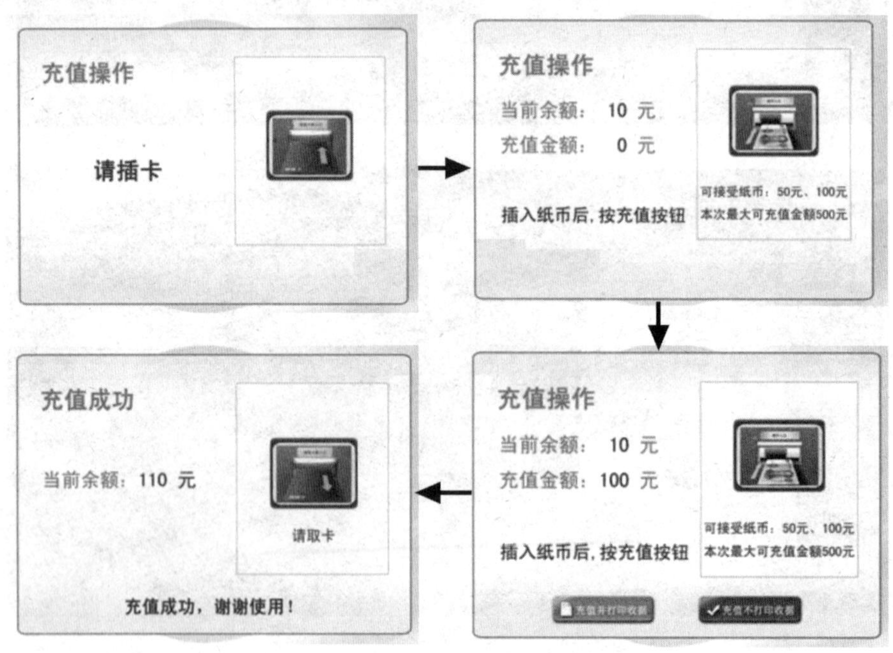

图 3 – 29　一卡通充值流程界面

（1）选择充值服务

点击屏幕上的“充值”按钮，选择充值服务。确认一卡通储值卡内的当前余额。

（2）插入一卡通

先将一卡通储值卡插入储值卡插槽，并将卡片推到底。

（3）插入纸币

从纸币入口逐张、平整地插入八成新纸币，并确认本次充值金额。

（4）对一卡通进行充值

在确认本次充值金额后，请点击“充值”按钮，对一卡通储值卡进行充值。若放弃充值，请直接点击“取消”按钮，已投入的金额将退回。

（5）取回一卡通

在充值后，选择是否留取凭条，请选择“是”或“否”。充值后，取回一卡通储值卡。

子任务3.5.3 工作人员对自动售票机的操作

自动售票机的登录与退出、运营开始和更换票箱操作同自动检票机类似，故在此不再赘述，下面仅介绍更换纸币钱箱、更换硬币钱箱、服务模式设置和结算处理等操作。

1. 更换纸币钱箱

（1）更换纸币回收箱

自动售票机的纸币回收箱有3种状态，分别如下：

① 在操作员手中：纸币回收箱无须装钱，操作员可以直接领用，在未安装到设备上时，状态即为“在操作员手中”。

② 在设备上：当纸币回收箱安装到设备上后，显示为“在设备上”。

③ 非法：没有选择更换纸币回收箱菜单里的选项，直接用钥匙开锁将纸币回收箱拆卸下来，然后再将纸币回收箱进行更换，显示状态为“非法”。非正常更换下来的纸币回收钱箱无法安装到其他设备上。

更换纸币回收箱需按照如下步骤进行：

① 握住纸币识别单元把手，同时摁住纸币识别单元把手旁边到位开关按钮，拉出纸币单元；

② 操作员登录成功，在全权限管理菜单界面，选择菜单“更换钱箱、票箱”，按“确定”键；

③ 在显示的“更换钱箱、票箱”界面，选择“更换纸币钱箱”，按“确定”键，显示如图3-30所示界面。

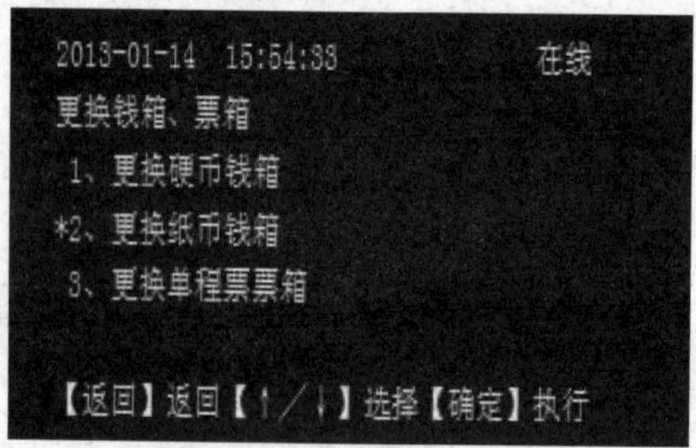

图 3－30 更换纸币钱箱

④ 在显示的“更换纸币钱箱”界面，选择“更换纸币回收箱”，按“确定”键，显示如图 3－31 所示界面。

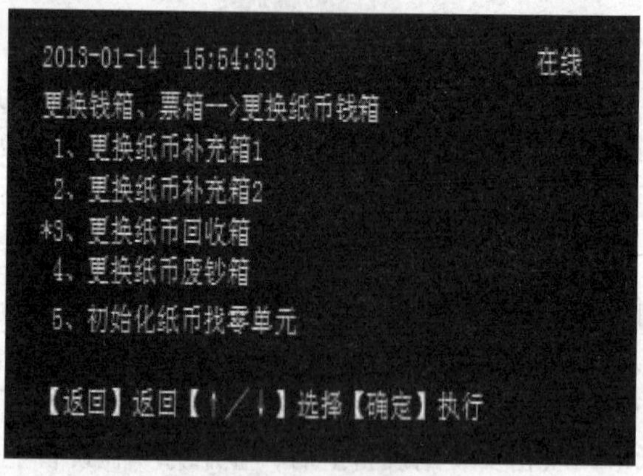

图 3－31 更换纸币回收箱

⑤ 在更换纸币回收箱界面，选择“更换纸币回收箱”，按“确定”键，维修界面显示内容为“读取纸币钱箱 RFID 中，请稍候。”随后界面跳转为如图 3－32 所示，提示可以进行更换纸币回收箱的操作。

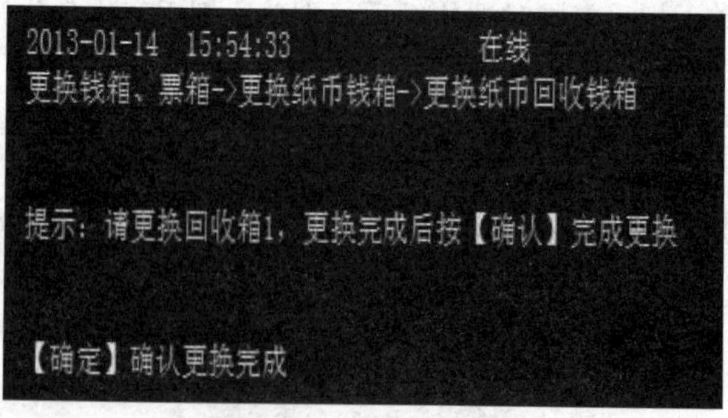

图 3－32 提示更换纸币回收箱

⑥ 用钥匙将纸币回收箱正面右下角的锁打开，取下纸币回收箱。

⑦ 将需要换上的纸币回收箱安装到纸币回收箱位置上，用钥匙将正面右下角的锁锁好。

⑧ 在图 3－32“提示更换纸币回收箱”界面按“确定”键，维修界面显示读取到 RFID 后，自动跳转到图 3－33“更换纸币回收箱成功”所示界面。

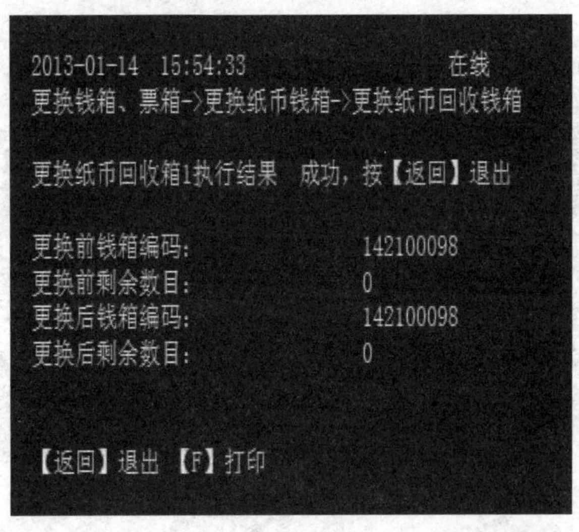

图 3－33　更换纸币回收箱成功

⑨ 纸币回收箱更换成功后，自动打印更换纸币回收箱单据。此时应将纸币回收模块推回原位，锁好现金安全门。

更换纸币回收箱时需要注意：①在更换纸币回收箱时，应先检查纸币回收箱上的指示灯是否显示为绿色。若为红色，应先用钥匙将钱箱左侧的锁打开，然后再锁上，确保灯变为绿色，再执行安装。②在换上纸币回收箱时，待纸币回收箱初始化完成后，再按“确定”键，否则会出现读 RFID 信息错误。

（2）更换纸币找零箱

纸币找零箱包括 1 元找零箱、5 元找零箱和废钞箱。其中 1 元找零箱和 5 元找零箱容量为 1 000 张，废钞箱容量为 50 张。纸币找零箱的结构图如图 3－34 所示。

图 3－34　纸币找零箱的结构图

纸币找零箱有 4 种状态，分别是：在库里、在操作员手中、在设备上和非法。各种状态的含义与自动检票机票箱状态相同，在此不再赘述。

1元和5元纸币找零箱在安装到设备前需要在SC工作站上进行领用，否则不能正常工作。纸币废钞箱则无需领用、归还。下面分别介绍纸币废钞箱和纸币找零箱的更换方法。

更换纸币废钞箱步骤如下：

① 操作员登录维修界面成功后，在全权限管理界面，选择“更换钱箱、票箱”，按“确定”键后，在显示的界面中选择“更换纸币钱箱”，按“确定”键后，在下级界面中选择“更换纸币废钞箱”。

② 在“更换纸币废钞箱”所示界面，按“确定”键，提示如图3－35所示。

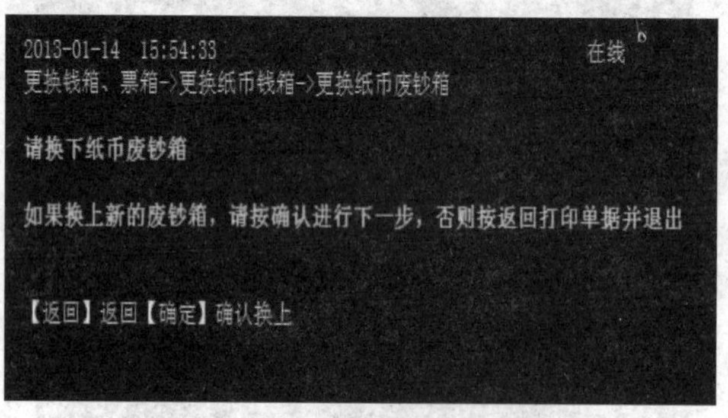

图3－35 确认更换废钞箱

③ 在“确认更换废钞箱”所示界面，按“确认”键，打印卸下废钞箱单据，并显示如图3－36所示界面。

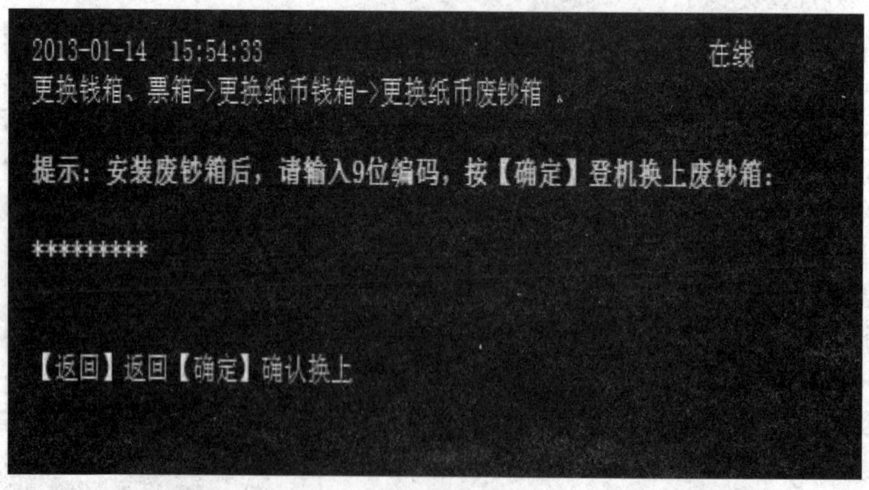

图3－36 输入废钞箱编码

④ 将废钞箱推入纸币找零模块，并在“输入废钞箱编码”所示界面，输入废钞箱编码，按“确认”键，提示界面如图3－37所示，登记废钞箱成功。

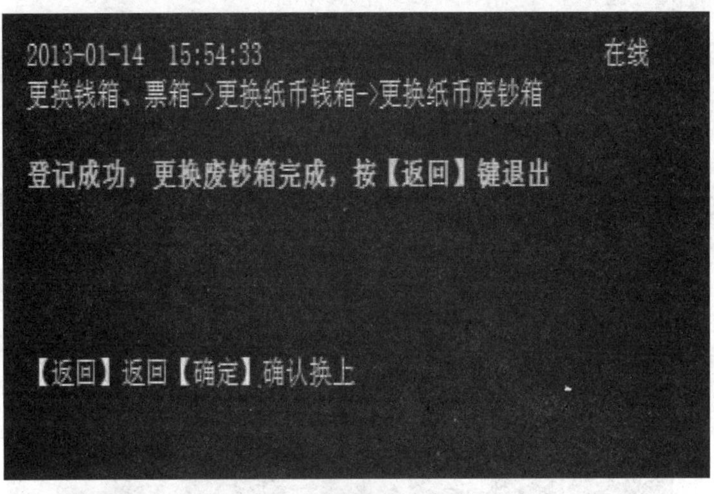

图3－37　登记废钞箱成功

⑤ 登记废钞箱成功，并打印安装纸币废钞箱单据。

更换纸币找零箱步骤如下：

由于更换1元找零箱和5元找零箱的操作步骤完全相同，此处以更换1元纸币找零箱为例进行说明。

① 操作员登录维修界面成功后，在“全权限管理”界面，选择“更换钱箱、票箱”，按“确定”键后，在显示的界面中选择“更换纸币钱箱”，按“确定”键后，在下级界面中选择“更换纸币补充箱1”（更换纸币补充箱1即为1元纸币找零箱）。

② 在“更换纸币补充箱1”所示界面按“确定”键，显示如图3－38所示界面。

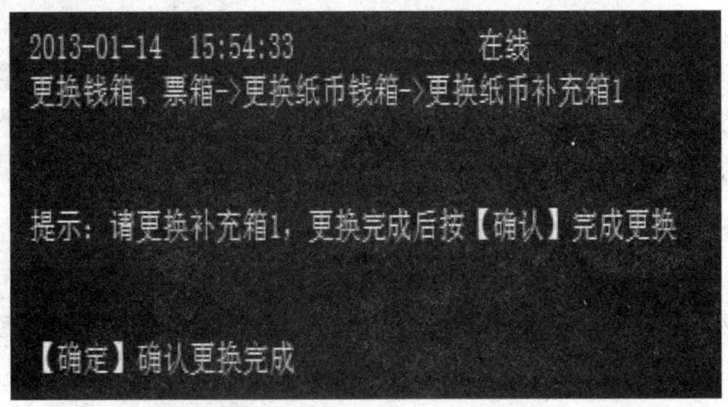

图3－38　确认更换补充箱1

③ 将要换上的补充箱 1 推入纸币找零模块的补充箱 1 位置，在“确认更换补充箱 1”所示界面，按“确认”键，显示如图 3－39 所示界面。

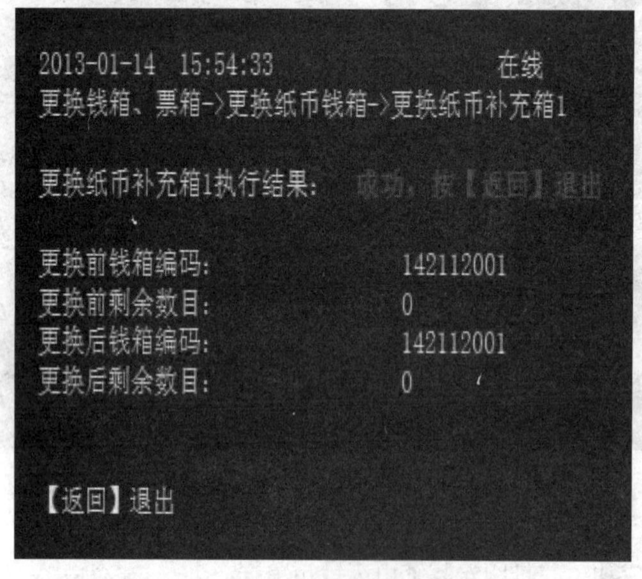

图 3－39　更换 1 元纸币钱箱成功

提示更换补充箱 1 成功，自动初始化补充箱 1，并打印更换纸币补充箱 1 单据。

更换纸币找零钱箱时需要注意：

① 确保 1 元钱箱和 5 元钱箱安装位置正确，上面是位置 1，安装 1 元纸币钱箱，下面是位置 2，安装 5 元纸币钱箱。如果安装错误会出现将 5 元纸币当作 1 元找零给乘客，给运营公司带来损失。

② 安装纸币找零箱和废钞箱时，确保钱箱推到位，处于锁住状态。更换 1 元和 5 元找零箱时不分先后顺序，但更换废钞箱时有先后顺序。安装顺序为先废钞箱再找零箱，卸下顺序为先找零箱再废钞箱。否则找零箱将非法，不能使用。这是因为纸币找零单元默认必须得有废钞箱，否则视为纸币找零单元不完整。平时运营中，如果未发现纸币有长短款的现象，则不需要取下废钞箱。

2. 更换硬币钱箱

硬币单元是由左右两个完全对称的结构组成。每一边都有硬币补充箱、Hopper 和硬币回收箱。任何一边达到工作条件，硬币单元都能正常工作。如图 3－40 所示为硬币单元结构图。

图3－40　硬币单元结构图

硬币补充箱用来将硬币补充到 Hopper 中，用于找零；Hopper 用于接受乘客购票时投入的硬币，同时支持找零两种功能；硬币回收箱用来将 Hopper 中的硬币回收出来，一般当 Hopper 中的硬币满了或运营结束后，需要回收设备中的硬币。硬币补充箱和硬币回收箱可以通用。

运营开始前，需要将装有硬币的补充钱箱安装到 TVM 上，安装后补充一定量的硬币到 Hopper 中，用于找零，并装上一个空的回收箱。在运营过程中，如果 Hopper 中的硬币将空或已空时，必须更换硬币补充箱补充硬币，否则 TVM 将降级服务，切换到无硬币找零模式。反之当 Hopper 中的硬币将满或已满时，硬币自动回收到硬币回收箱中，否则如果未装回收箱，则切换到不接收硬币模式。运营结束时，需要将 TVM 中的硬币清空到硬币回收箱中。

硬币钱箱有 4 种状态，分别是：在库里、在操作员手中、在设备上和非法。各种状态的含义与自动售票机的纸币钱箱状态一样，在此不再赘述。

硬币钱箱在安装到设备前，需要在 SC 车站工作站上进行装钱、领用操作，否则安装后设备不能正常服务。

由于硬币单元由左右两个完全对称的结构组成，两边的钱箱更换操作步骤相同，下面以更换硬币补充箱 1 为例介绍硬币钱箱的安装步骤。

① 操作员登录维修界面成功后，在“全权限管理”界面，选择“更换钱箱、票箱”，按“确定”键。

② 在显示的界面中选择“更换硬币钱箱”，按“确定”键后，界面如图 3－41 所示。

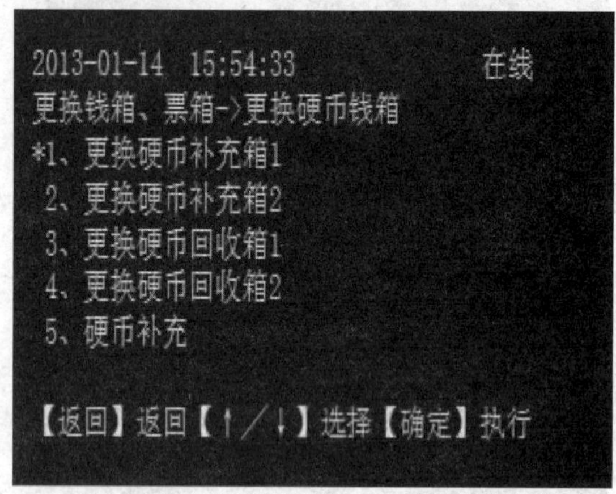

图 3－41 更换硬币补充箱 1

③ 在图 3－41 所示界面，选择“更换硬币补充箱 1”，按“确定”键，系统提示如图 3－42所示。

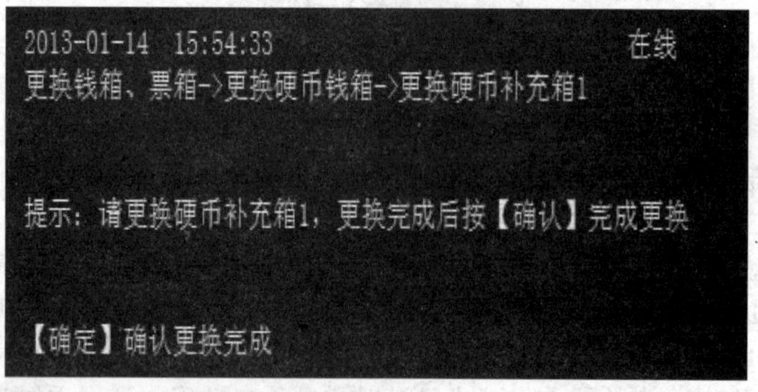

图 3－42 确认更换硬币补充箱 1

④ 将要换上的硬币钱箱装入硬币补充箱 1，并推到位，在“确认更换硬币补充箱 1”所示界面，按“确定”按钮，系统提示更换成功，如图 3－43 所示。

⑤ 更换成功后，自动打印更换硬币补充箱 1 单据。

硬币补充箱安装完成后，需要将补充箱中的硬币补充到 Hopper 中，这样在 TVM 正常服务后，硬币才可正常找零。这就涉及硬币补币工作。

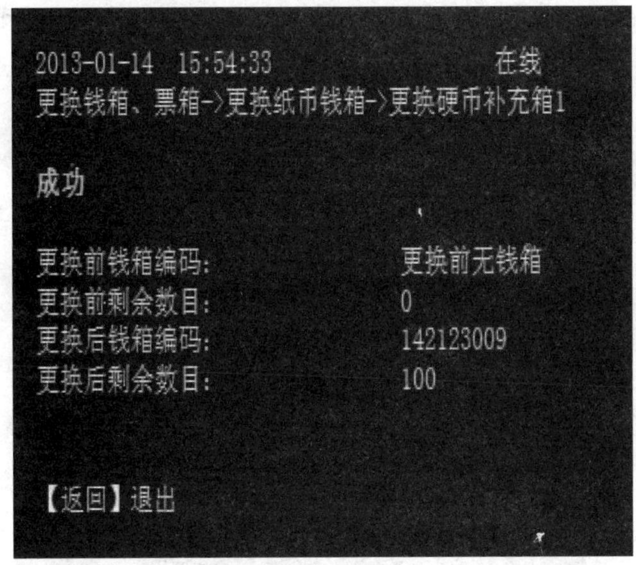

图 3－43　更换成功

(1) 硬币补币

硬币补充有两种方式，每种补充方式都分为两次补充。第一种方式是物理补充＋程序自动补充；第二种方式是物理补充＋人工控制补充。大多数情况下，选择第一种补充方式。

硬币单元是由左右两个完全对称的结构组成，补充时可以只补充硬币补充箱 1 或硬币补充箱 2 中的硬币，也可以选择全部补充（即 2 个箱子均补充）。下面以硬币补充箱 1 补充为例进行操作说明，硬币补充箱 2 操作方式相同。

方式 1：物理补充＋程序自动补充

先手动将已经安装到硬币补充箱 1 位置的硬币补充箱锁住，然后将硬币补充箱 1 下面的 Hopper1 安全门打开（见图 3－44），硬币补充箱 1 右仓中的硬币自由下落到 Hopper1 中，实现物理补充。在运营过程中，如果 Hopper1 中的硬币找零至将空后，补充箱 1 左仓中的硬币将自动补充到 Hopper1 中，不需要人工操作。Hopper1 安全门打开后不要关上，直到硬币补充箱卸下时再关上，否则无法完成第二次补充。当 Hopper 将满时，Hopper 中的硬币自动回收到硬币回收箱中。如未安装硬币回收箱，TVM 将降级服务，切换到不接收硬币模式。

方式 2：物理补充＋手动补充

这种方式适宜硬币钱箱中的硬币不多的情况，在物理补充完成后，接着选择手动将钱箱的另一个储存仓中的硬币也补充到 Hopper 中，而不必等到 Hopper 报将空后再补充。另外在运营结束，需要回收 TVM 中所有硬币时，如果补充箱中还有未补充的硬币，也需要手动将硬币全部补充到 Hopper 中，然后再进行硬币清空。

① 物理补充完成后，操作员登录维修界面，在“全权限管理”界面，选择“更换钱

箱、票箱”，按“确定”键，在显示的下一个界面中，选择“更换硬币钱箱”后，按“确定”按钮。

图 3－44 打开 Hopper 安全门

② 在“更换硬币钱箱”界面，选择“硬币补充”，按“确认”键。

③ 在“执行硬币补充”界面，选择“硬币补充箱 1 补充”，按“确认”键，开始执行补充，补充完成后，系统提示“成功”，如图 3－45 所示。

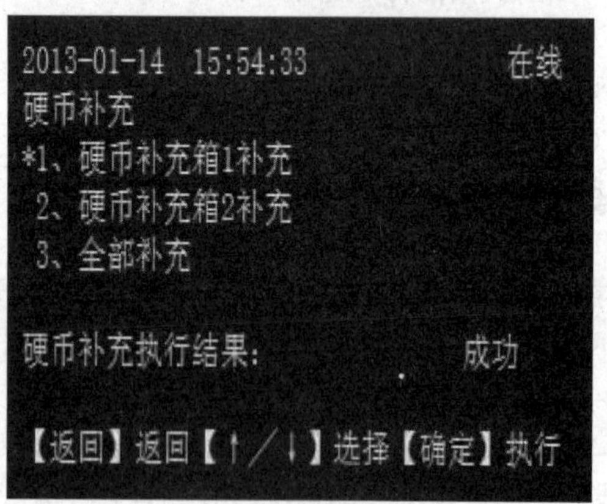

图 3－45 硬币补充箱 1 补充

卸下硬币补充箱，首先从“设备状态及数量显示”检查硬币补充状态。如硬币已正常补充，则可直接执行硬币钱箱更换操作。如未补充，则需先进行硬币补充，然后再执行钱箱更换操作卸下箱子。否则硬币补充箱无法卸下。

① 操作员登录维修界面成功后，进入“设备状态及数量显示”检查硬币补充箱当前状态，若为“正常未补”则需要进行执行“硬币补充”操作，若为“正常已补”则可进行正常卸下操作。

② 在“正常已补”情况下，选择“更换钱箱、票箱”，按“确定”键。

③ 选择“更换硬币钱箱”，按“确定”键。

④ 关闭Hopper和补充箱的补充仓门。

⑤ 选择“更换硬币补充箱1”，按“确定”键

⑥ 卸下补充箱1，按“确定”键。

⑦ 更换成功后，自动打印更换硬币补充箱1单据。

（2）硬币清空

硬币清空需要按照如下步骤进行：

① 当硬币回收箱已经安装到位，用钥匙打开硬币回收箱把手旁边的锁，将硬币钱箱固定；

② 操作员在维修界面登录成功后，在“全权限管理”界面，选择“硬币清空”，按“确定”按钮；

③ 在“硬币清空确认”界面，按“确定”按钮，显示如图3－46所示的界面；

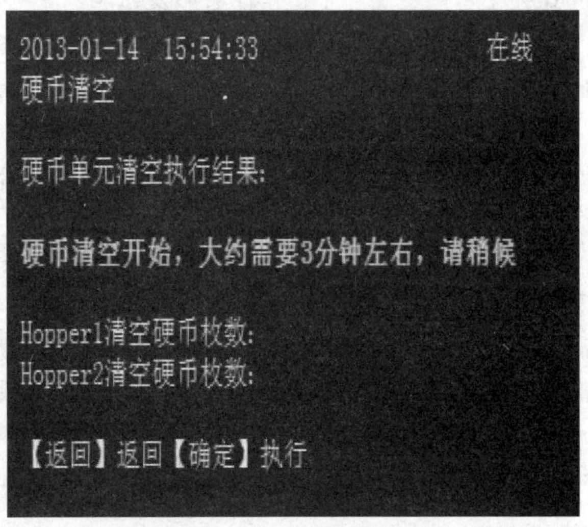

图3－46　执行硬币清空

④ 在“执行硬币清空”界面，设备开始将Hopper中的硬币清空到硬币回收箱中，经过一段时间，清空完毕，系统提示如图3－47所示，并打印单据。

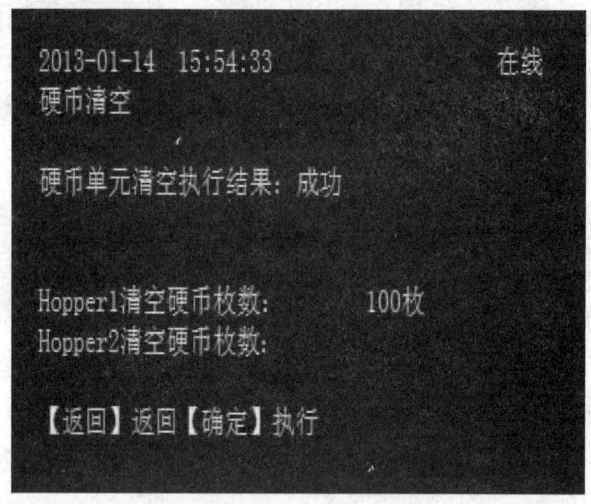

图3－47 硬币清空结果

3. 服务模式设置

TVM 可以根据维修界面参数设置，或者根据设备部件运行情况，或接受 SC 命令在不同的服务模式下运行。当故障恢复或者受限条件解除时自动恢复到正常服务模式。

服务模式包括：

正常服务模式：TVM 在正常服务模式下提供所有服务功能。

受限服务模式：TVM 根据部件运行情况或者系统指定只能提供部分业务功能。

暂停服务模式：TVM 发生故障不能正常运行或打开维修门时，自动进入暂停服务模式。

受限服务模式又分为以下几种：

无找零模式：提供等额交易，不找零。当 Hopper 硬币存量不足时，TVM 自动转换为无找零模式。

只接收硬币模式：当纸币回收单元故障或纸币回收箱满时，TVM 自动切换为只接收硬币模式。在只接收硬币模式下，也不能提供充值功能。

只接收纸币模式：当硬币单元故障或硬币 Hopper 满时，TVM 自动切换为只接收纸币模式。在只接收纸币模式下，乘客投入的硬币将直接从找零口退出。只接收纸币模式可以售票，也可以充值。

只售票模式：当充值单元故障，或纸币回收单元故障，或纸币回收箱满时，TVM 自动切换到只售票模式。

只充值模式：当发行单元故障，或两个票箱都空，或废票箱满时，TVM 自动切换为只充值模式。

4. 结算处理

运营结束后对该台设备一天内产生的交易数量和收益款项进行结算。一个运营日内，一般只执行一次结算，但也允许多次结算，只是每个时间段内的交易只能执行一次结算。比如 TVM 在 12 点时执行过一次结算，那么第二次结算时就不会包含 12 点之前的交易了。

一般在 TVM 运营结束前手动执行结算，并打印结算单据。如果未手动执行结算，则 TVM 在运营结束时会自动进行结算，但不会自动打印结算单，需要站员在 TVM 补打结算单。

操作员登录维修界面成功后，在“全权限管理”界面，选择“结算处理”，出现的界面如图 3－48 所示。选择相应的项目，可以进行相应的操作。结算单据丢失，或 TVM 在运营结束时自动执行结算而未打结算单据等，可事后补打结算单据。结算单据可重复多次补打。

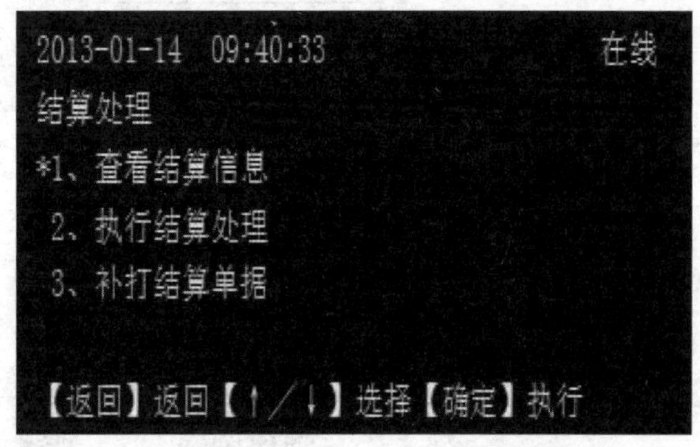

图 3－48　结算处理

5. 日常运营操作流程

① SC 运营开始后，在 SCWS 执行 TVM 唤醒。如果 TVM 未被唤醒，则手动开机。

② 在 SCWS 执行票箱/废票箱压票和领用，硬币补充箱压钱和领用，纸币找零箱压钱和领用，纸币回收箱领用。

③ 在 TVM 上分别安装钱箱和票箱，不限顺序，但必须保证先装废钞箱然后再装找零箱，硬币补充箱安装完成要确认硬币已经落入 Hopper。

④ 安装维修打印纸和乘客打印纸。

⑤ 在 TVM 维修界面第 3 项中检查设备状态是否正常，并根据提示排除故障。

⑥ 关上现金安全门和维修门后，设备进入正常服务中。如未正常服务，则按 E 键查询故障，并根据提示排除故障。

自动售票机日常运营操作流程图如图 3－49 所示。

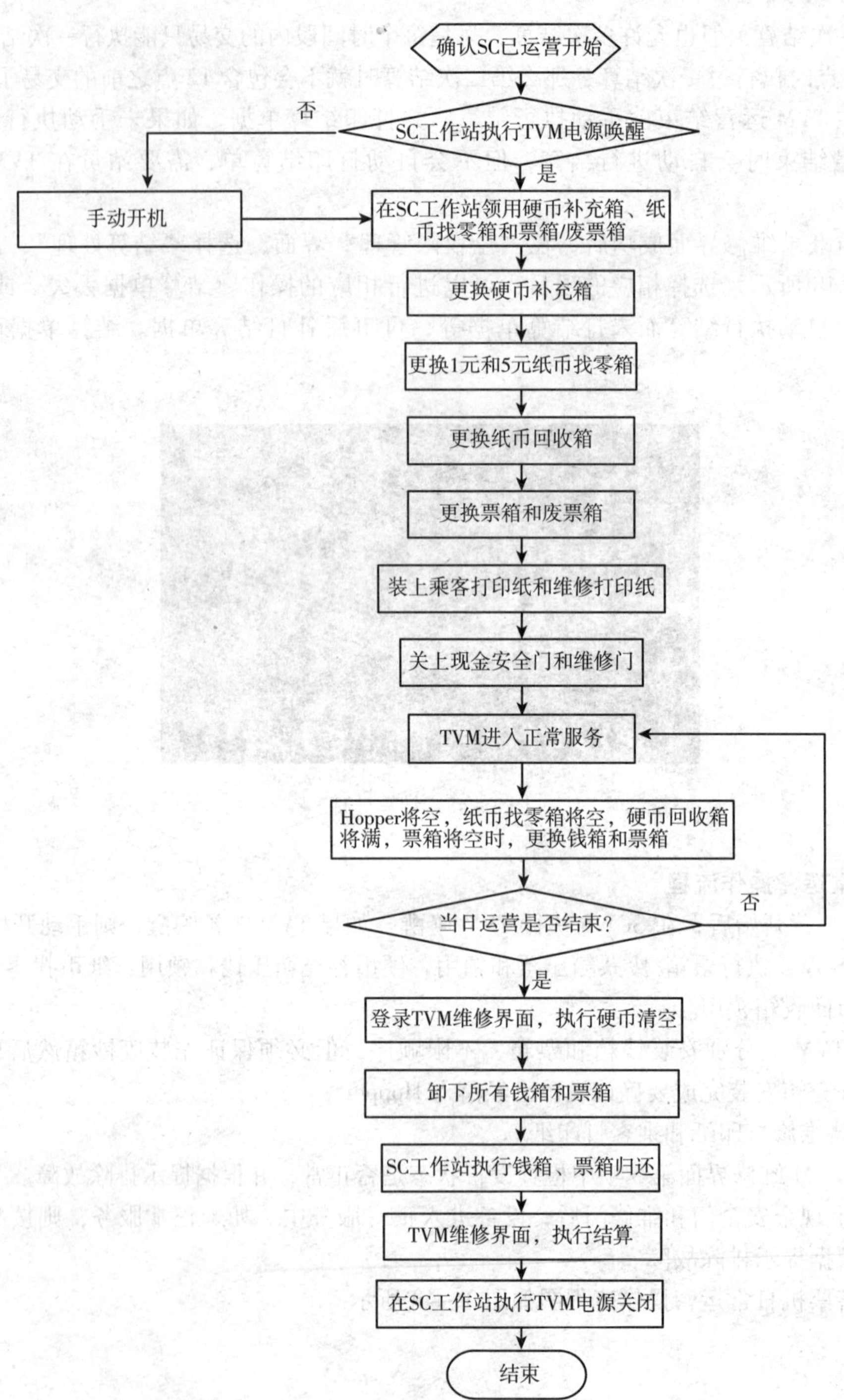

图3－49　自动售票机的日常运营操作流程

任务 3.6　自动售票机的日常巡视与故障处理

子任务 3.6.1　自动售票机的日常巡视

自动售票机的日常巡视是在正常运行时间内，通过自动售票机的表象来观察自动售票机的运行状态。工作人员需要通过各种指示灯、语音提示和显示器画面等所处的状态和表示的含义来判断自动售票机是否出现异常。对于出现异常的自动售票机要采取妥当的应急解决思路或方案，合理有效地进行应急处理，尽量缩小故障影响范围。

自动售票机日常巡视的主要内容包括：

① 巡视设备是否工作正常及乘客和客运人员使用情况；

② 检查设备各内部模块之间的连接情况；

③ 检查设备各指示灯显示情况。

自动售票机在日常巡视中需要注意以下内容：

① 发售模块和纸币模块是自动售票机中容易发生故障的部位，也是平时维护工作的重点。

② 判断降级运行的自动售票机是由于人为设置还是由于某些模块故障导致的运行模式降级，如果是模块故障导致的应及时处理。

③ 如在巡视过程中发现故障，应及时处理，如当时不能处理的应及时上报，有条件时应将现场情况照相记录，以便分析。

同自动检票机的情况类似，自动售票机的日常巡视检查工作是每日运营开始和结束必须进行的工作，所以通常由车站工作人员来完成，而自动售票机的维修检修工作通常由专业的 AFC 维修检修工作人员来完成，所以在此略去关于自动售票机的维修检修工作内容。

子任务 3.6.2　自动售票机的基本故障处理

乘客和车站工作人员是自动售票机的直接操作者，但是乘客如果在使用中遇到问题，会第一时间求助车站工作人员，所以车站工作人员必须对自动售票机的状态能第一时间掌握。这就要求车站工作人员对于故障的自动售票机需要做出基本的分析和判断，以及基本的故障处理措施，尽量减少故障带来的运营影响。

自动售票机的常见故障如表 3－6 所示。

表 3-6 自动售票机的常见故障

序号	现象	原因	解决办法
1	自动售票机启动后，屏幕显示“只收纸币”	硬币处理模块有卡币、硬币箱没有正确安装或硬币箱硬币数量不足	① 启动设备后机器内部逻辑会对硬币模块进行测试，如果测试失败会进入“只收纸币”状态，这种问题一般是由硬币识别模块被硬币或其他异物堵塞所致，请检查硬币识别模块并重新启动设备 ② 正确安装硬币箱或者进行补币操作
2	自动售票机屏幕显示“网络连接失败”	网络出现故障造成	① 检查自动售票机和服务器之间的网络连接是否正常 ② 检查系统服务软件是否正常运行
3	自动售票机启动后，屏幕显示“只收硬币”	纸币识别模块卡币或纸币钱箱没有正确安装	① 由纸币识别模块被纸币或其他异物堵塞所致，检查纸币识别模块并重新启动设备 ② 正确安装纸币钱箱
4	自动售票机屏幕显示“无找零”	硬币识别模块内没有放入足够找零硬币或者硬币找零钱箱没有正确安装	① 放入找零硬币 ② 正确安装硬币找零钱箱
5	自动售票机屏幕显示“只充值”	单程票发售模块内没有放入车票或者票箱没有正确安装	① 放入发售车票 ② 正确安装票箱
6	自动售票机启动后显示“暂停服务”，不能进入工作状态	由于维修门没有关上，或者维修面板故障	① 检查维修面板，若故障需联系厂家 ② 关紧维修门并将维修门全部关紧上锁
7	自动售票机屏幕显示“只发售”	储值票读卡器有故障或连接错误	① 检查连接线缆 ② 联系厂家更换储值票读卡器
8	自动售票机启动后乘客显示器没有显示	自动售票机内部工控机没有开机或显示器处于关闭状态	① 打开工控机电源 ② 检查显示器连接线路

任务 3.7 半自动售票机的认知与操作

子任务 3.7.1 半自动售票机的认知

半自动售票机（Booking Office Machine，BOM），一般安装在售/补票房或车站服务中心内。工作人员可以利用半自动售票机进行票务处理、车票发售、充值、车票分析（验票）、退票及其他票务服务，因此，BOM 机又称为票房售/补票机或者人工售/补票机。BOM 机主要可以进行售票和补票两种业务。图 3-50 所示为半自动售票机外观。

图 3－50 半自动售票机外观

半自动售票机的结构主要如下。

半自动售票机是由主控单元 MCU、IC 卡发售模块、乘客显示器、操作员触摸屏显示器、票据打印机和 IC 卡读写器等部件组成。其中主控单元是核心部件，通常选用高档的商用计算机或者高可靠性的工业计算机，需要提供丰富的外部结构进行连接，还需要为将来拓展其他外部设备提供接口。半自动售票机通过网络与车站计算机连接，可以接收车站计算机下达的各种参数和指令，也可以向车站计算机及线路中心上传各种数据。

(1) 主控单元 MCU

主控单元 MCU 采用模块化设计，主要负责运行半自动售票机上的售票、补票软件，完成人工售票、补票、车票处理、状态监控、数据通信和故障检测等功能。图 3－51 所示为半自动售票机的主机结构图。

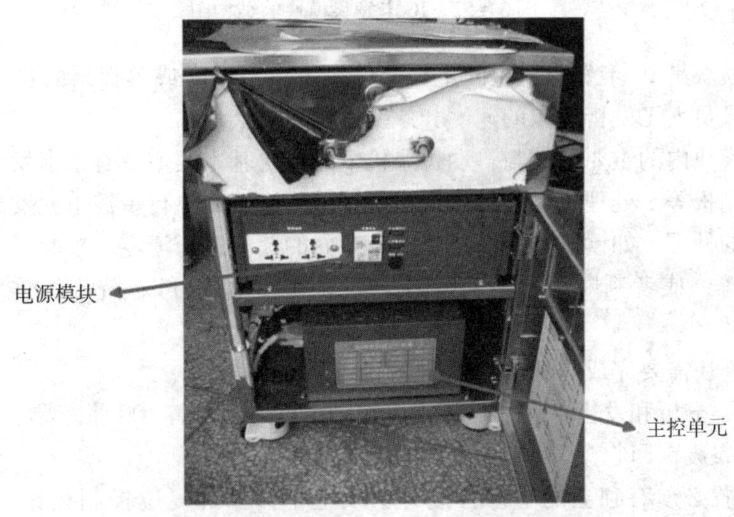

图 3－51 半自动售票机的主机结构图

作为半自动售票机的核心部件，主控单元需要有高可靠性，对工作条件具有很强的适应性，并且数据传输效率较高，电池具有故障保护功能，以免在电源故障情况下数据丢失。

（2）IC 卡发售模块

IC 卡发售模块由两部分组成：对车票进行读写的票卡读写器和用于发售 IC 卡的车票处理模块。图 3－52 所示为 IC 卡发售模块的结构图。

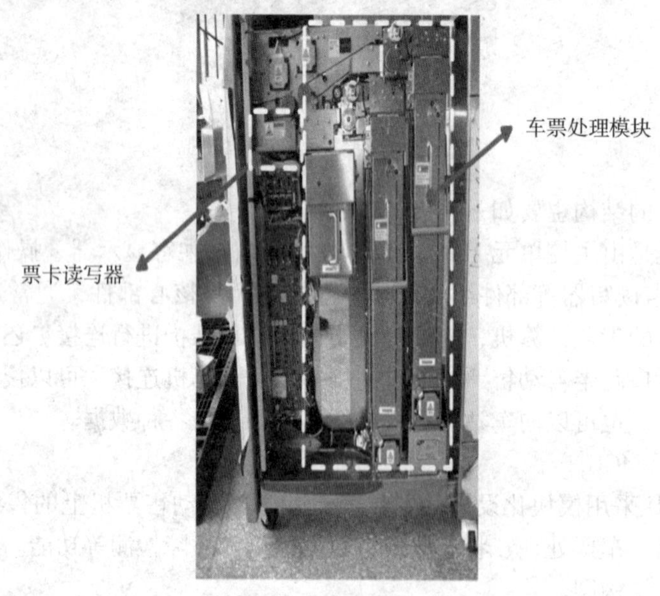

图 3－52　IC 卡发售模块的结构图

车票处理模块是 IC 卡发售模块的重要部件，主要用来完成单程票的自动发售工作，可大大提高票务人员人工发售车票的速度和效率。

车票处理模块内的主要部件与自动售票机中的模块基本类似，有票卡发卡装置、票卡读写器、出票控制板等。处理机构通过串口与主控单元连接，执行主控单元发出的指令，对单程票进行相应的处理，如读取车票信息、对车票内的储值进行清零、校验、赋值、更新、出票和废票回收等，或者判断车票的有效性。车票处理模块可以一次发售多张同一类型的车票。

车票处理模块需要完成的基本功能如下：

① 具有车票分析和发售单程票功能，并且一次可连续发售 100 张车票。

② 必须配置废票回收盒，且废票回收盒容量≥50 张。

③ 发票装置必须有独立的电源控制开关及电子器件的复位控制按钮，且发票装置与 BOM 主机的通信连接应该采用通用的接口方式。

④ 发票装置连续发票速度须（从票箱至出票口）≤1 张/秒，单次发票速度≥30 张/分。

⑤ 具有能够输送车票的传输马达，车票传输有指定路径和控制传感器。

⑥ 可预留发售测试票功能。

⑦ 具有独立的维修诊断程序，能对发票装置所有传输控制器件进行检测，方便故障的鉴别和诊断，如发票装置的通信。

⑧ 自动发票要求计数准确，能统计记录废票盒中的废票数量，可打印自动发票装置班次操作记录并汇总。

⑨ 在自动发售模式下，对发票过程具有显示、监控作用，实时将运行数据和机器状态信息通过显示屏向操作人员提供显示。

⑩ 当发票装置发生故障或报警时，在 BOM 显示屏有相应的信息提示出现，停止自动发票，等待操作人员做相应处理。若报警消失，则继续工作；若报警继续，则切换进入手动发售模式。

⑪ 当发票装置在自动发票过程中出现连续三次发票失败，则停止自动发票，显示屏上显示发票失败的信息提示，可切换进入手动发售模式。

⑫ 能自动检测票盒中票的位置，当输入票盒中票“空”或废票盒票“满”，显示屏应提示告警信息，停止自动发票，操作人员做相应处理确认后，消除告警，恢复运行。

⑬ 可靠性：工作环境温度 -10 ~45℃；平均故障间隔次数（MCBF）≤20 000。

（3）乘客显示器

每套半自动售票机都会配置 1 ~2 个乘客显示器，分别安装在付费区、非付费区的窗口处，方便乘客读取卡内的信息进行确认。为乘客提供的信息可以以中文或英文的方式显示，并且通常带有语音提示。图 3 -53 所示为乘客显示器。

（4）操作员触摸屏显示器

操作员触摸屏显示器为操作员提供人机对话的界面显示，带有红外触摸屏。图 3 -54 所示为操作员触摸屏显示器。

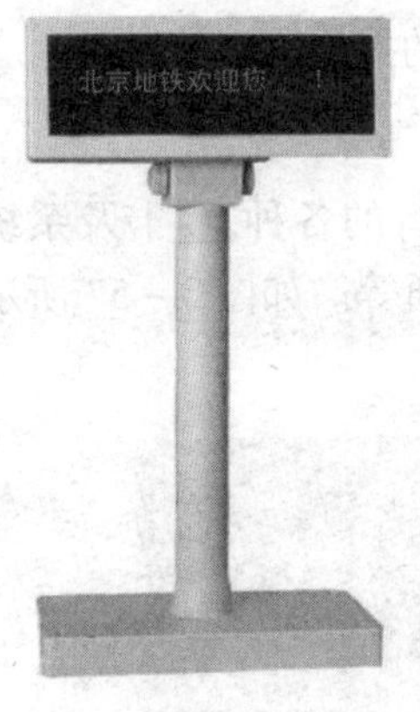

图 3 -53　乘客显示器

图 3 -54　操作员触摸屏显示器

(5) 票据打印机

票据打印机用于车票发售、充值的单据打印，也用于打印班次报表或其他有关信息。可以通过设定选择每完成一次交易，打印机就打印一次，给出运行号、系列号、截止日期等。

BOM 一般采用小型针式打印机，也可采用小型热敏打印机。热敏打印机具有使用寿命长、故障率低的优点，但打印后的单据不能长期保留，经过一段时间后票据上的字迹开始褪色。图 3－55 所示为小型热敏票据打印机。

(6) IC 卡读写器

IC 卡读写器平时放置在桌面，可支持对 ISO 14443 A/B 标准卡片的读写操作，完成相应的充值和消费功能。读写器有效读写距离为 10 cm，交易速度在 200～1 000 ms 之间。IC 卡读写器如图 3－56 所示。

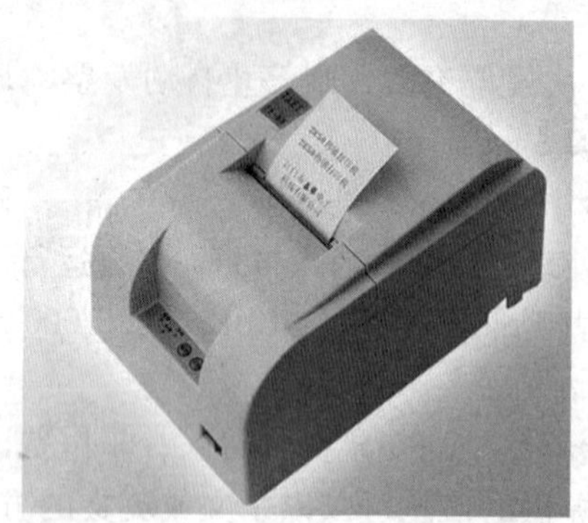

图 3－55 小型热敏票据打印机

图 3－56 IC 卡读写器

子任务 3.7.2 半自动售票机的操作

半自动售票机的功能主要有：售票、充值、补票修复、查询分析、预售抵消、退卡退票、激活和辅助功能等。下面按照以上功能来介绍半自动售票机的操作。

1. 售票

半自动售票机上可以发售地铁公司和市政交通一卡通公司发行的各种 IC 卡及系统许可的各种票卡，包括单程票、福利票、出站票、区段计次票和一卡通等。如图 3－57 所示为半自动售票机的售票界面。

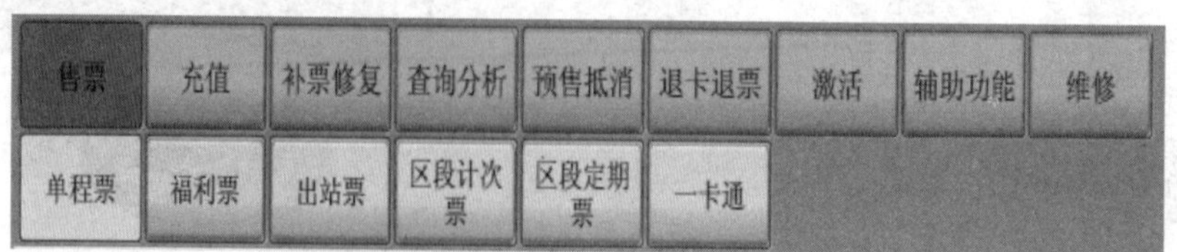

图 3－57 半自动售票机的售票界面

2. 充值

在半自动售票机上，无论是地铁公司还是一卡通公司发行的区段计次票、区段定期票、员工票、一卡通，都可以进行充值/追加次数/延长时间。图 3－58 所示为储值卡充值界面。

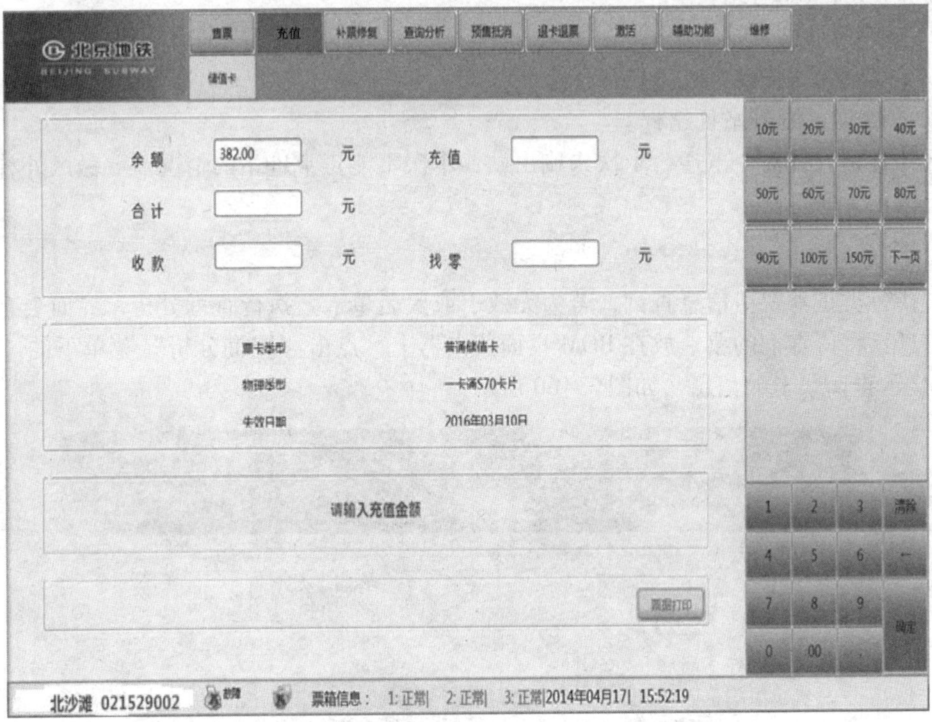

图 3－58　储值卡充值界面

票务员需要将一卡通储值卡放在桌面读卡器上，点击“充值”菜单下的“储值卡”菜单，显示界面如图 3－58 所示；显示卡内余额，在右侧充值金额快捷菜单中选择充值金额，用软（硬）数字键盘输入收款金额，点击“确定”按钮，充值成功并打印单据。

3. 补票修复

“补票修复”菜单下的子菜单包括区外补票和区内补票，如图 3－59 所示。

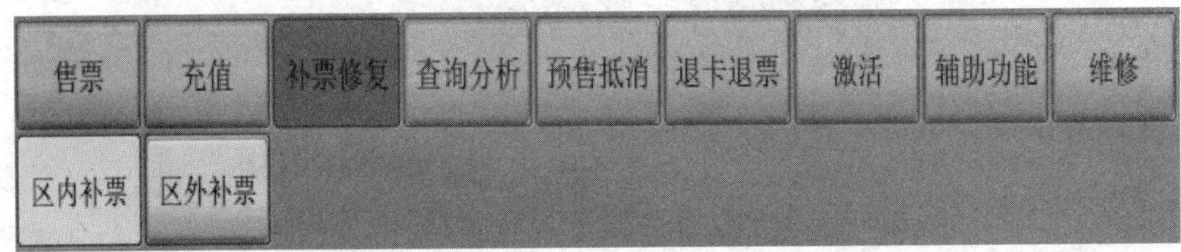

图 3－59　补票修复界面

区内补票的情况包括：

① 一卡通未刷进站；

② 一卡通已刷进站且超时；

③ 一票通未刷进站；

④ 一票通已刷进站且超时；

⑤ 一票通已刷进站且超时超程；

⑥ 一票通已刷进站且超程。

区外补票仅针对一卡通，上次未刷出站，本次不能正常进站的情况需要做区外补票，使乘客可以正常通行。

4. 查询分析

支持各类正常票卡信息查询，若为无效卡或黑名单卡，执行查询分析，界面会有相应的提示信息。将待查询的票卡放在 BOM 桌面读卡器上，点击“查询分析”菜单下的“查询分析”，显示查询票卡的信息，如图 3－60 所示。

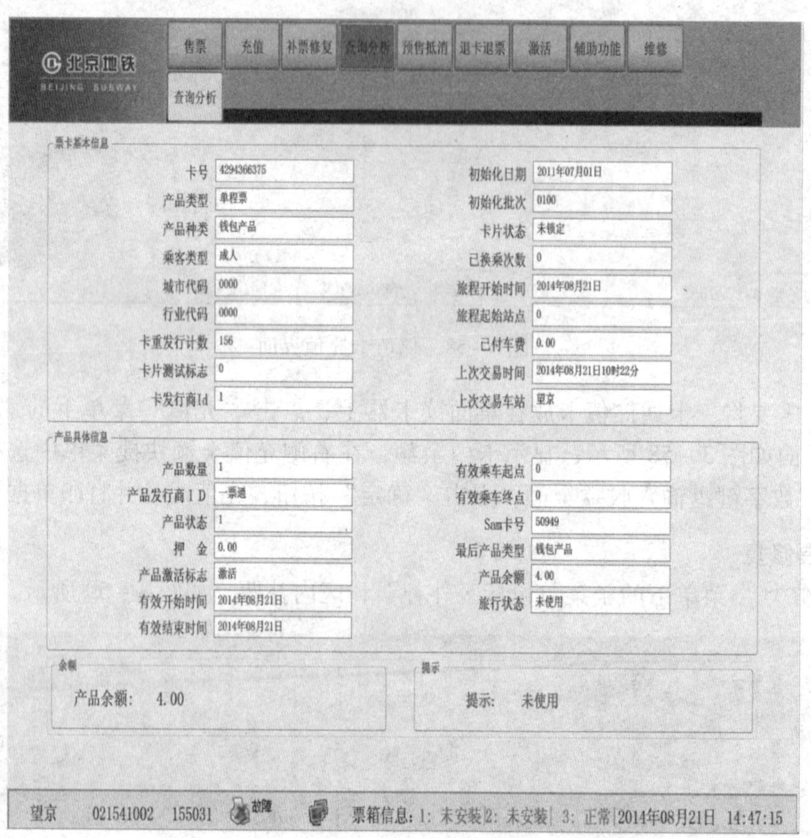

图 3－60 单程票查询分析

5. 预售抵消

在应对大客流时，车票紧张，以免耽误乘客时间，可以提前批量发售单程票卡，供乘客使用，未销售的车票可以抵消。“预售抵消”菜单下的子菜单包括预销售和抵消，如图 3 - 61 所示。

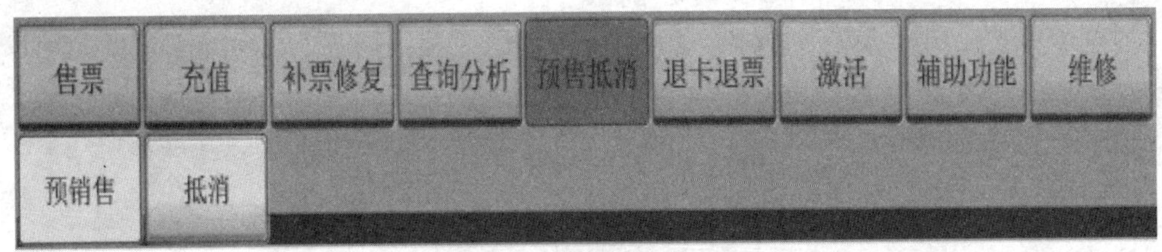

图 3 - 61　预售抵消界面

6. 退卡退票

“退卡退票“菜单下的子菜单包括故障退款、即时退卡/票、即时退资/款、申退、申退确认、申退撤销，如图 3 - 62 所示。

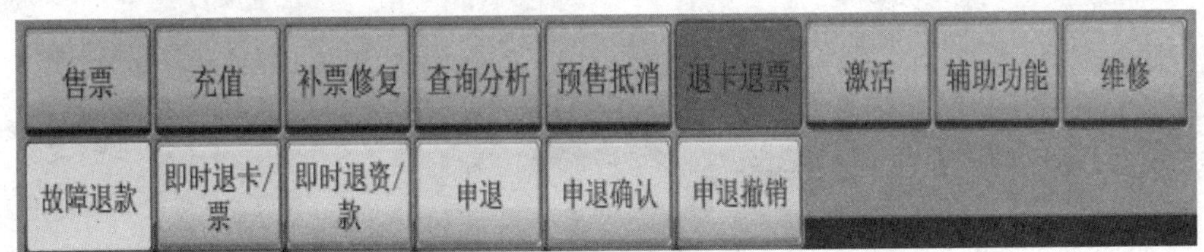

图 3 - 62　退卡退票界面

7. 激活

激活是针对已过有效日期的卡，使其重新生效。主要是对一卡通进行激活操作，前提是一卡通的参数允许顺延有效日期并且顺延的天数不为零。

售票员将待激活的一卡通放在 BOM 桌面读卡器上；点击“激活”菜单下的“激活”子菜单，显示激活界面，点击“确定“按钮，显示卡票信息，并提示激活成功，如图 3 - 63 所示。

8. 辅助功能

“辅助功能”菜单下的子菜单包括密码修改、登出、结算、运营结束、更换票箱、关机、系统查询和日结，如图 3 - 64 所示，点击对应的按钮可以执行相关的操作。

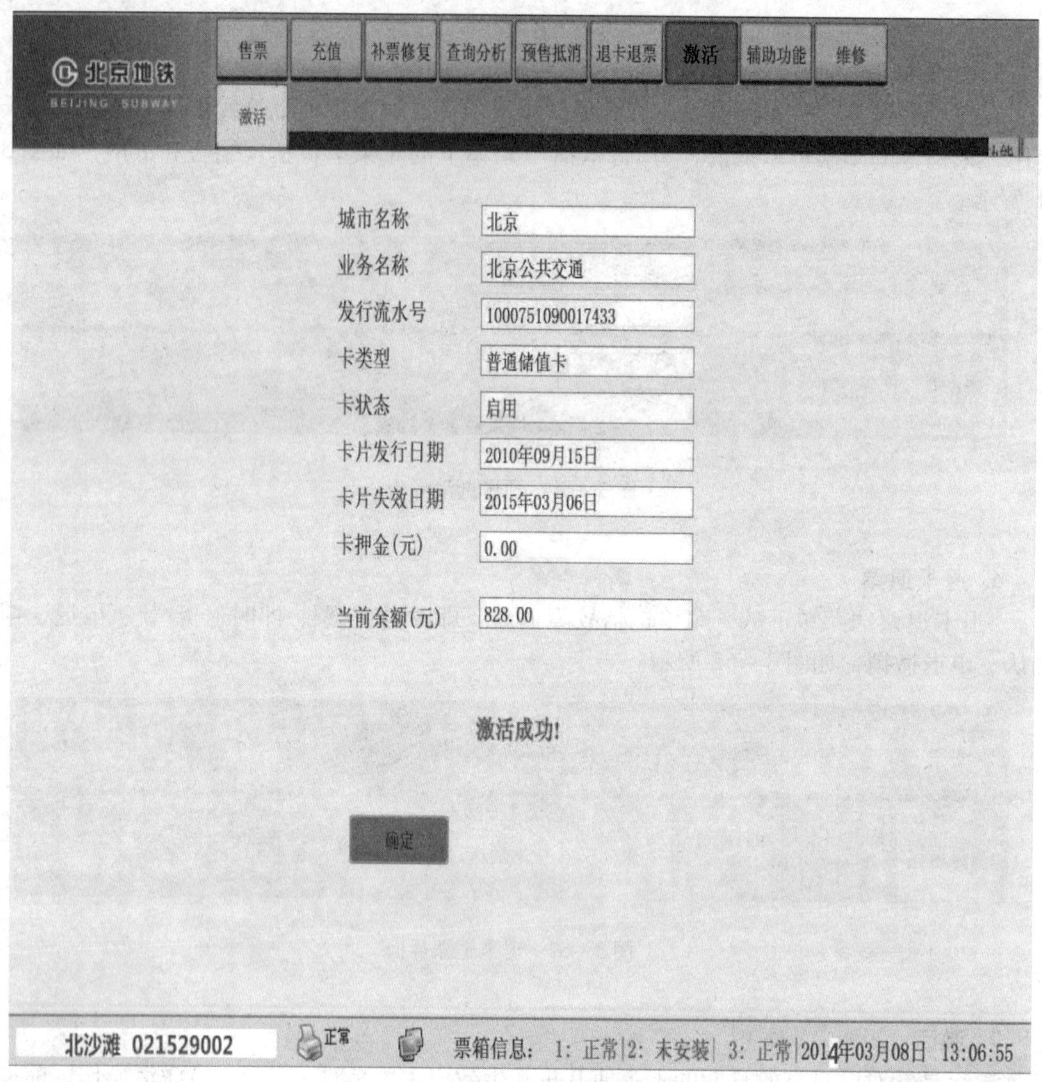

图 3－63　激活成功界面

售票 充值 补票修复 查询分析 预售抵消 退卡退票 激活 辅助功能 维修
密码修改 登出 结算 运营结束 更换票箱 关机 系统查询 日结

图 3－64　辅助功能界面

任务 3.8　半自动售票机的日常巡视与故障处理

子任务 3.8.1　半自动售票机的日常巡视

半自动售票机的日常巡视是在正常运行时间内，通过半自动售票机的表象来观察半自动售票机的运行状态。工作人员需要通过各种指示灯、语音提示和显示器画面等所处的状态和表示的含义来判断半自动售票机是否出现异常。对于出现异常的半自动售票机，要采取妥当的应急解决思路或方案，合理有效地进行应急处理，尽量缩小故障影响范围。

半自动售票机日常巡视的主要内容包括：

① 巡视设备是否工作正常及乘客和客运人员使用情况；

② 检查设备各内部模块之间的连接情况；

③ 检查设备各指示灯显示情况。

半自动售票机在日常巡视中需要注意以下内容：

① 车票处理模块是自动售票机中容易发生故障的部位，也是平时巡视的重点。

② 如在巡视过程中发现故障，应及时处理；如有当时不能处理的，应及时上报，如有条件应将现场情况照相记录，以便分析。

同自动售票机的情况类似，半自动售票机的日常巡视检查工作是每日运营开始前和结束后必须进行的工作，所以通常由票务人员来完成。而半自动售票机的维修检修工作通常由专业的 AFC 维修检修工作人员来完成，所以在此略去关于半自动售票机的维修检修工作内容。

子任务 3.8.2　半自动售票机的基本故障处理

车站票务人员是半自动售票机的直接操作者，所以车站票务人员必须对半自动售票机的状态能第一时间掌握。这就要求车站票务人员能对故障的半自动售票机做出基本的分析和判断，并能采取基本的故障处理措施，尽量减少故障带来的运营影响。

半自动售票机常见故障如表 3－7 所示。

表 3－7　半自动售票机常见故障

序号	现象	原因	解决办法
1	半自动售票机无法充值	储值一卡通读卡器没有正确连接	正确连接储值一卡通读卡器
2	半自动售票机屏幕显示“网络连接失败”	网络出现故障	① 检查半自动售票机和服务器之间网络连接是否正常 ② 检查系统服务器软件是否正常运行

续表

序号	现象	原因	解决办法
3	半自动售票机乘客显示器没有显示	乘客显示器电源没有打开或连接错误	打开乘客显示器电源或者检查线缆连接
4	半自动售票机不能打印凭条	可能是由于打印机电源没有打开或者打印纸已经用尽	检查打印机电源或者正确安装打印纸
5	半自动售票机无法发售单程票	单程票发售模块内没有放入车票或者票箱没有正确安装	① 放入发售用车票 ② 正确安装票箱
6	半自动售票机启动后显示“暂停服务”，不能进入工作状态	维修门可能未关上	检查维修门并将维修门全部关紧上锁
7	半自动售票机打印的凭条没有内容	打印机色带没有安装或者已经用尽	正确安装色带或更换色带
8	半自动售票机启动后操作员显示器没有显示	半自动售票机内部工控机没有开机或显示器处于关闭状态	打开工控机电源或打开显示器电源

任务 3.9　线路中心系统的认知与日常巡视

子任务 3.9.1　线路中心系统的认知

1. 线路中心系统的结构

AFC 车站终端设备（SLE）、车站中心系统（SC）、线路中心系统（LC）、自动售检票清算管理中心（ACC）之间的关系由下至上层层相扣。AFC 车站终端设备是最底层系统，产生系统内的原始数据；自动售检票清算管理中心控制所有线路中心系统的运行；线路中心系统控制所有站内系统的运行；车站中心系统控制站内所有终端设备的运行。

线路中心系统（Line Center，LC）为 AFC 系统的核心部分，它可以完成对线路系统中所有设备的监视，同时对全线路的数据进行收集、处理，对运营、票务、财务、维修进行集中管理，线路中心系统还可以制定、维护系统各类参数，接收/下达系统各类命令，同时还可以为 AFC 系统提供严格的操作规程和高度的安全机制，并通过 ACC 实现本线与路网之间的结算。图 3－65 所示为 LC 系统架构图。

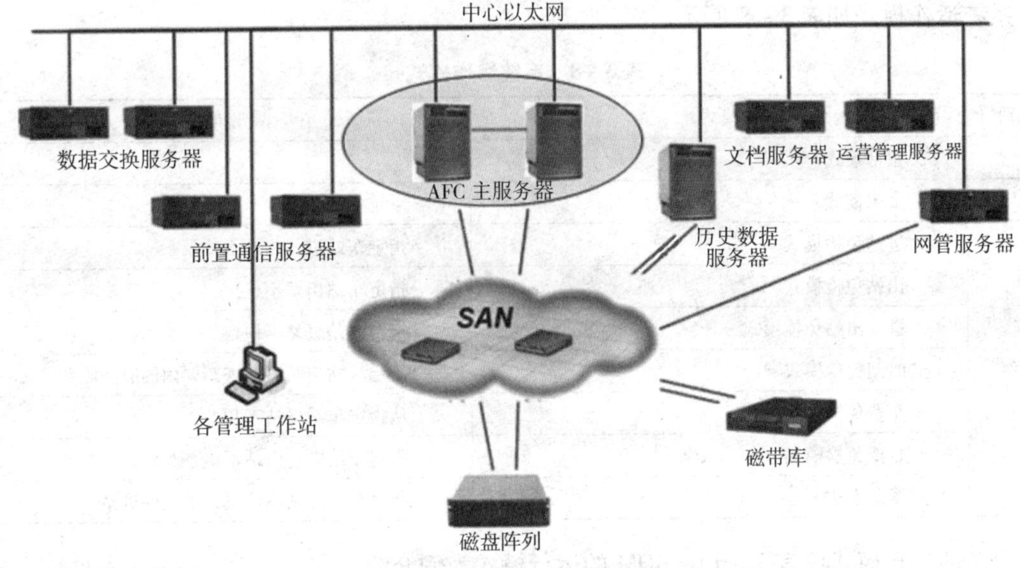

图 3－65　LC 系统架构图

由图 3－65 可见，LC 系统由两台热备的主服务器和磁盘阵列构成系统核心处理部分，还包括数据交换服务器（完成与 SC 之间的数据交换）、前置通信服务器（完成与 ACC 之间的数据交换）、历史数据服务器（完成历史数据处理）、文档服务器、网管服务器、运营管理服务器及各种管理工作站和附属打印机等设备。

2. 线路中心系统的功能

线路中心系统的主体功能全部部署在 LC 系统中的主服务器上，实现了包括权限管理、运营管理、收益管理、参数管理、数据管理、后台监控等功能，并可根据设计要求出具报表。

1）权限管理

控制运营人员对系统的访问：有权限的用户才能够访问指定的系统功能。权限管理的内容主要有：权限定义、角色定义、权限配置、用户定义功能。

权限管理中可增加、减少、修改用户信息，并支持修改密码，记录所有权限数据，并及时与各终端设备进行权限数据同步，保障系统中各节点具有相同的权限信息。

2）运营管理

主要起到监控整个系统运营，针对系统运行模式、设备各种运营状态、客流情况进行管理。

（1）运行模式管理

整个 AFC 的运作模式，主要分为系统的运行模式和设备的运行模式两大类。LC 提供各种模式的定义及设置功能。

系统运作模式如表 3 – 8 所示。

表 3 –8　系统运作模式

类别	模式	说明
正常	正常模式	
关闭	关闭模式	系统关闭
降级	进站免检模式	指定车站进、出站不检票
	出站免检模式	指定车站出站不检票
	进、出站免检模式	指定车站进站不检票
	时间免检模式	指定车站出站不检查车票内的时间限制
	车费免检模式	从指定车站出站不扣费
	日期免检模式	指定车站进、出站不检查车票的有效期
	紧急模式	指定车站出站不检票，不允许进站

设备的运行模式以表 3 –9 中 BOM 的运行模式为例介绍。

表 3 –9　BOM 的运行模式

类别	模式	说明
正常	正常模式	
	暂停模式	
	维修模式	机器故障，处于维修检测时
关闭	关闭模式	BOM 关闭
降级	售票模式	只允许售票
	补票模式	只允许补票
	售/补票模式	

（2）设备管理

AFC 系统可对系统中的各专用设备进行设备监控及控制，主要内容如下。

① 设备添加、修改

记录所有系统内的设备，操作人员可添加和修改设备信息。

② 设备监控

在 SC 处，SC 定时收到各终端设备上传的当前设备的状态信息，然后将这些信息打包上传给 LC。LC 监控整个线路内所有设备的状态，这些设备主要包括 E/S、BOM、车站计算机、TVM、AG 等。

③ 设备控制

系统可控制终端设备的运行模式。表 3 – 10 所示为 TVM 模式，表 3 – 11 所示为 AG 模式。

表 3-10 TVM 模式

类别	模式	说明
正常	正常模式	
	暂停模式	
	维修模式	机器故障，处于维修检测时
关闭	关闭模式	BOM 关闭
降级	只收纸币模式	硬币箱满
	只收硬币模式	纸币箱满
	无找零模式	硬币箱空

表 3-11 AG 模式

类别	模式	说明
正常	正常模式	
	暂停模式	
	维修模式	机器故障，处于维修检测时
关闭	关闭模式	BOM 关闭
降级	紧急模式	需要紧急放行乘客的时候，闸机闸门敞开

（3）客流监控

用户在各终端设备上消费产生的数据，通过 SC 上传给 LC 后，LC 通过图形化的形式展现各站的客流情况。

3）收益管理

TVM 更换钱箱时，会将钱箱内的金额等数据通过 SC 上传给 LC；BOM 班次交班时，当前操作人员的收益金额数据也会通过 SC 上传给 LC；车站运营结束后，BOM、TVM 会自动清点当日的现金，并将收益统计信息上传给 SC，SC 再上传给 LC。

LC 将收到的原始交易数据等信息上传给 ACC，ACC 收到后，对各线路进行清分结算。

4）参数管理

LC 以参数的形式控制整个系统。它从 ACC 上下载各类参数，并将这些参数下传到 SC 上；SC 收到参数后，将这些参数下传到站内各终端设备上。参数的类型如表 3-12 所示。

表 3－12　参数的类型

类型	内容
车票类参数	乘车站超过提醒时间允许售票参数、黑名单、车票种类的明确定义和车票种类的编码、退票延缓约定期限、车票充值金额上限、无票补票金额设定等
安全类参数	操作员等级设定、操作员组别设定、操作员权限设定、操作员编码设定、操作员使用位置定义等
收益类参数	票价表、收费时间表定义、预赋值车票的定义、积分优惠参数设定等
运行类参数	运营结算时间、运营开始时间、线路各类车票库存最小报警值、线路各类车票库存最大报警值、SC 各票种库存量最小报警值、SC 各票种库存量最大报警值、设备自动终止服务时间、统计报告自动生成时间、允许交班时间、接收 ACC 参数时间、允许输错密码的次数、机器构成数据、监视内容设置、故障定义编码等

5）数据管理

从终端设备上通过 SC 收集所有的交易数据（售票数据、消费数据、补票数据、充值数据等）、管理数据（设备运营模式、黑名单、设备状态等）、票务数据（各站车票库存大小、车票配送情况等）、网络数据（时钟数据、SLE－SC 通信数据等）到 LC。

SC 与 LC 之间的数据传输采用 MQ（消息中间件）技术，保证数据传输的可靠性。同时对于上传的数据，LC 还要进行数据完整性及连续性的检查。

6）后台监控

系统实现了日志管理、数据库监控的功能，保证系统的可靠性。

日志管理：系统对用户登录、操作、设备间通信状态、设备故障等均有记录。对用户登录、操作、设备连接状况作为操作和通信日志进行管理，可供用户实时查询。

数据库监控：数据库监控业务包括对数据库后台统计数据存储过程的监控，可监视到统计存储过程是否执行，执行是否成功等状态，该监控过程通过任务管理功能实现。另外数据库监控还包括对数据库性能的监控，该监控通过数据库监控工具来实现。

7）报表

线路中心系统对本线各站的数据进行汇总统计分析，根据统计分析的数据形成中心计算机系统的运营、财务、维修、同比等报表，利用这些报表来指导线路地铁运营，服务于地铁运营。

LC 的报表分为如下几类：运营类报表、财务类报表、维修类报表和同比报表。

运营类报表针对客流数据分析，包括进出站量、售票量、断面流量、满载率、乘车分布数据、乘车站数、运营综合日报、车票分析综合报表等类报表。

财务类报表对线路的收益管理分类分析，包括闸机消费金额、售票金额和清算对账数据三类报表。

维修类报表报告设备管理及设备维修数据，包括设备管理、维修备件管理、维修作业管理和机器构成管理四类报表。

子任务 3.9.2　线路中心设备的日常巡视

线路中心设备的日常巡视内容如表 3－13 所示。

表 3－13　线路中心设备的日常巡视内容

序号	巡视对象	巡视内容	巡视项目
1	服务器	服务器工作状态	双机工作正常，处于双机热备状态
		显示灯显示情况	各指示灯显示正确
		线缆连接情况	线缆连接紧固，完好无破损
		其他	风扇运行正常，通风良好，无异响、异味，设备无其他异常
2	路由器	路由器工作状态	主备路由器双机工作正常，处于双机热备状态
		各端口指示灯显示情况	各端口指示灯显示正确
		线缆连接情况	线缆连接正确、紧固，完好无破损
		其他	风扇运行正常，通风良好，无异响、异味，设备无其他异常
3	工作站	工作站工作状态	各工作站运行正常
		线缆连接情况	线缆连接正确、紧固，完好无破损
		其他	无异响、异味，设备无其他异常
4	交换机	交换机工作状态	主备交换机双机工作正常，处于双机热备状态
		各端口指示灯	各端口指示灯显示正确
		线缆连接情况	线缆连接紧固，完好无破损
		其他	风扇运行正常，通风良好，无异响、异味，设备无其他异常
5	磁带机	磁带机工作状态	磁带机工作正常
		线缆连接情况	线缆连接正确、紧固，完好无破损
		其他	无异响、异味，设备无其他异常
6	UPS	电池	是否漏液，闻是否有焦煳味，感觉温度是否正常，听设备有无异响
		UPS 指示灯	指示灯显示正确
		UPS 操作界面	UPS 当前是否工作在市电供电、电池充电的状态
		其他	UPS 是否有历史报警记录
7	票务室	编码分拣机	检查编码分拣机是否完好
		票务工作站	票务工作站是否正常
		其他	闻房间内是否有焦煳味，感觉温度是否正常，听设备有无异响

任务 3.10 车站中心设备的认知与日常巡视

子任务 3.10.1 车站中心设备的认知

1. 车站中心设备的架构和构成

车站中心设备 SC 由车站服务器及监控工作站、票务工作站、打印机及各种车站终端设备、紧急按钮构成。图 3－66 所示为 SC 系统架构图。

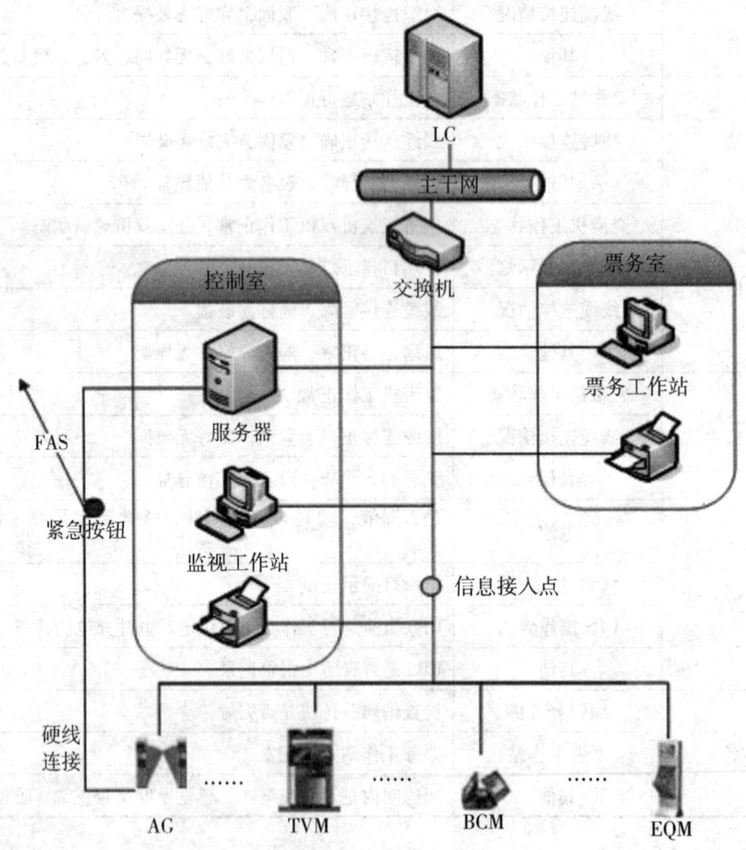

图 3－66 SC 系统架构图

SC系统由车站服务器及监控工作站、票务工作站和打印机及各种车站终端设备、紧急按钮构成。

2. 车站中心设备的功能

（1）运营管理

主要是对站内的设备管理及客流进行监控。LC中定义了当前线路内所有的设备配置表，以参数的形式下传到SC上。SC根据此表，对站内的设备进行监控。

（2）收益管理

TVM更换钱箱时，会将钱箱内的金额等数据通过SC上传给LC；BOM班次交班时，当前操作人员的收益金额数据也会通过SC上传给LC；车站运营结束后，BOM、TVM会自动清点当日的现金，并将收益统计信息上传给SC，SC再上传给LC。

LC将收到的原始交易数据等信息上传给ACC，ACC收到后，对各线路进行清分结算。

（3）参数管理

SC接收从LC上、下传得到的各类参数，一部分应用于本系统，一部分下传给站内各终端设备。

（4）数据管理

SC接收各终端设备产生的交易数据、管理数据、票务数据、网络数据。这些数据不仅保存在本地，还要上传给LC。

子任务3.10.2　车站中心设备的日常巡视

（1）车站中心设备日常巡视

车站中心设备日常巡视的重点是：车站中心设备在正常运行时间内，通过表象来观察车站中心设备的运行状态。

车站中心设备日常巡视的主要内容有：

① 巡视车站中心设备工作状态是否正常和客运人员使用情况；

② 检查各指示灯显示是否正确；

③ 线缆是否连接正确，有无破损情况。

（2）巡视的关键步骤与方法

巡视过程中可按一问、二听、三看、四记录、五交接的作业方法。表3－14所示为巡视过程的作业方法。

表 3－14　巡视过程的作业方法

巡检步骤	作业方法
一问	问现场客运值班人员关于车站设备使用情况，使自己对该设备的运行情况做到心中有数
二听	听运行的设备声音是否正常
三看	看设备表面、指示灯及各模块网络传输是否正常
四记录	将巡视的情况记录在车站巡视记录本及交接班本上
五交接	对接班人员交代设备当天的运行情况

思考与实训

1. 思考题

（1）AFC 系统的基本架构经过了哪些演变？这个演变的过程对 AFC 系统的发展具有什么意义？

（2）AFC 系统的车站终端设备有哪些？分别有什么功能？

（3）自动检票机的主要结构由哪几部分组成？

（4）车站工作人员需要对自动检票机进行哪些操作？

（5）自动检票机有哪些常见的基本故障？如何处理？

（6）如何用自动售票机购票和充值？

（7）自动售票机有哪些常见的基本故障？如何处理？

（8）半自动售票机如何操作？

（9）半自动售票机有哪些常见的基本故障？如何处理？

（10）线路中心设备的架构如何？日常巡视工作有哪些？

（11）车站中心设备的架构如何？日常巡视工作有哪些？

2. 实训任务

任务 1

（1）任务目标

掌握自动检票机的结构，并对自动检票机基本故障具有分析、判断处理能力。

（2）任务实施建议

为自动检票机设置故障，例如：启动 AG 后亮起报警灯，自动检票机屏幕显示“网络连接失败”，自动检票机启动后显示“暂停服务”而不能进入工作状态，自动检票机启动后乘客显示器没有显示等情境。请学生对故障进行原因分析，并进行处理。

(3) 任务输出和评价

各小组对以上情境进行演练并展示，由教师和学生进行评定故障处理的准确性、规范性、合理性和完成时间，对于表现优秀的小组给予一定形式的鼓励。

任务2

(1) 任务目标

掌握自动售票机的结构，并对自动售票机基本故障具有分析、判断处理能力。

(2) 任务实施建议

为自动售票机设置故障，例如：自动售票启动后而屏幕显示“只收纸币”，自动售票机屏幕显示“网络连接失败”，自动售票启动后屏幕显示“只收硬币”，自动售票机屏幕显示“无找零”，自动售票机屏幕显示“只充值”，自动售票机启动后显示“暂停服务”而不能进入工作状态，自动售票机屏幕显示“只发售”，自动售票机启动后乘客显示器没有显示等情境。请学生对故障进行原因分析，并进行处理。

(3) 任务输出和评价

各小组对以上情境进行演练并展示，由教师和学生进行评定故障处理的准确性、规范性、合理性和完成时间，对于表现优秀的小组给予一定形式的鼓励。

任务3

(1) 任务目标

掌握半自动售票机的结构，并对半自动售票机基本故障具有分析、判断处理能力。

(2) 任务实施建议

为半自动售票机设置故障，例如：半自动售票机无法充值，半自动售票机屏幕显示“网络连接失败”，半自动售票机乘客显示器没有显示，半自动售票机不能打印凭条，半自动售票机无法发售单程票，半自动售票机启动后显示“暂停服务”，不能进入工作状态，半自动售票机打印的凭条没有内容，半自动售票机启动后操作员显示器没有显示等情境。请学生对故障进行原因分析，并进行处理。

(3) 任务输出和评价

各小组对以上情境进行演练并展示，由教师和学生进行评定故障处理的准确性、规范性、合理性和完成时间，对于表现优秀的小组给予一定形式的鼓励。

任务4

(1) 任务目标

掌握线路中心系统日常巡视工作重点。

(2) 任务实施建议

每个小组完成一个线路中心日常巡视工作清单，要求明确工作内容、工作重点和注意事项。

(3) 任务输出和评价

各小组展示并讲解自己完成的工作清单，由教师和学生进行评定其准确性、规范性、合理性和完成时间，对于表现优秀的小组给予一定形式的鼓励。

任务5

（1）任务目标

掌握车站中心系统日常巡视工作重点。

（2）任务实施建议

每个小组完成一个车站中心日常巡视工作清单，要求明确工作内容、工作重点和注意事项。

（3）任务输出和评价

各小组展示并讲解自己完成的工作清单，由教师和学生进行评定其准确性、规范性、合理性和完成时间，对于表现优秀的小组给予一定形式的鼓励。

项目 4

票务作业管理

项目导学

票务作业作为车站日常工作的重要组成部分，是城市轨道交通运营企业向乘客提供售检票服务、完成收益结算及实现财务管理的重要环节，也是企业管理工作的组成部分。

车站的票务作业包括：售票、监票、退票、钱箱操作、乘客事务处理、票务备品备件管理等工作内容。票务作业开始于车站运营之前，贯穿整个运营过程，在运营结束之后也仍需要进行票款清点汇总、钱箱拆卸等工作。

为了保证城市轨道交通运营企业票款收入的完整，车站工作人员必须保质保量完成票务作业，这就需要工作人员能全面、扎实地掌握票务政策、票务管理规范等基础知识，熟练运用 AFC 系统的车站终端设备进行票务操作。

在本项目中，主要介绍每个运营日票务作业岗位的工作流程、具体的售票、监票、钱箱作业内容和流程以及备品备件的管理，最后通过案例讲述了乘客在车站的常见票务问题的分析方法和解决办法，希望在能保证票款收入完整的同时，为乘客提供满意的服务。

教学目标

(1) 掌握各岗位在一个运营日中票务工作的工作流程。

(2) 掌握人工售/补票作业的工作内容和工作纪律。

(3) 掌握监票作业的工作流程和工作要求。

(4) 掌握退票作业的作业内容和作业流程。

(5) 掌握钱箱更换、TVM 加币的时机和作业要求。

(6) 掌握钱箱内现金清点的作业要求。

(7) 了解操作员号管理的意义。

(8) 掌握车站备品备件管理方法和要求。

(9) 掌握乘客票务问题的分析方法和解决办法。

建议学时

12 学时。

任务 4.1 票务作业岗位工作流程

子任务 4.1.1 车站运营开始前各岗位工作内容

（1）值班站长

① 组织全班人员做好运营前的各项准备；

② 接到各岗完成各项准备工作的报告后，进行全面检查；

③ 用本人的 ID 及密码登录一台 BOM，专人负责发售福利票；

④ 签退 BOM。向当天第一个班次的 BOM 操作员发放福利票，并由 BOM 操作员在《福利票领用交接台账》上进行登记。

（2）综控员

① 开门前 30 分钟打开 SC 服务器，用本人的 ID 及密码登录进入车站计算机；

② 检查系统参数版本并通过 SC 远程开启车站各种终端设备（BOM、AG、TVM/AVM、TCM/EQM），检查车站是否处于“正常模式”；

③ 检查车站计算机与各终端设备的网络连接状况，确认一切正常后报告值班站长。

（3）AFC 综合作业员

① 为票务员发放车票、IC 卡；

② 将前日收车后准备好的运营所需现金及票卡装入专用推车内，运至 TVM 前；

③ 设备正常启动后，将票卡箱及钱箱逐一加入 TVM，确认 TVM 处于“正常服务”模式；

④ 所有准备工作完成后报告值班站长。

（4）售/补票岗

① 找 AFC 综合作业员领取车票、IC 卡；

② 提前 20 分钟开启所有售/补票设备；

③ 确认打印纸数量充足；

④ 具备工作条件后向值班站长报告。

（5）监/补票岗

① 向 AFC 综合作业员领取车票；

② 提前 20 分钟开启所有补票设备，确认打印纸数量充足；

③ 确认 AG 处于开启状态；

④ 具备工作条件后向值班站长报告。

（6）监票岗

① 提前 20 分钟确认 AG 处于开启状态；

② 找值班站长领取福利票并做好福利票领用记录；
③ 具备工作条件后报告值班站长。

子任务4.1.2 运营过程中各岗位工作内容

(1) 值班站长
① 检查、指导、督促各岗位票务作业情况，确保本班的票务运作规范、顺畅；
② 监督 TVM/AVM 钱箱的更换及现金清点；
③ 必要时，负责处理与乘客相关的票务纠纷；
④ 进行班组票务巡查工作，跟踪掌握 AFC 设备运转情况；
⑤ 遇紧急情况指挥各岗应变。
(2) 综控员
① 通过 SC 监控车站终端设备的运转情况；
② 发现报警、警告及时通知相关人员；
③ 落实值班站长的临时指令，负责信息的上传下达。
(3) AFC 综合作业员
① 巡视车站各类 AFC 终端设备运转情况；
② 负责全部自动售票机具钱箱、票箱的更换及现金清点；
③ 给售/补票岗发放车票及其他票务备品；
④ 通过票务工作站（或 SC）监控车站车票库存情况，根据站区命令进行站区内车票调配；
⑤ 处理乘客招援事宜（有乘客按动 TVM 的招援按钮）。
(4) 售/补票岗
① 进行单程票的发售，IC 卡的发卡充值作业；
② 为需要补票的乘客进行补票服务；
③ 更换 BOM 票箱及打印纸。
(5) 监/补票岗
① 进行闸机群的巡视，疏导进出站秩序；
② 引导乘客正确使用售检票设备；
③ 闸机回收票箱满后进行票箱的更换；
④ 为需要补票的乘客进行补票作业；
⑤ 更换补票 BOM 票箱及打印纸。
(6) 监票岗
① 进行闸机群的巡视，疏导乘客进、出站秩序；
② 按规定为符合免票条件的乘客换发福利票；
③ 引导乘客正确使用售检票设备；
④ 闸机回收票箱满后进行票箱的更换。

子任务 4.1.3　交接班时各岗位工作内容

（1）值班站长

① 交接终端设备的运转情况及各类耗材的储备情况；

② 交接本岗位保管的相关台账、票务备品及钥匙；

③ 交接本站各类票卡、发票及备用金的准备情况（其中各类票卡含“一票通”票、“一卡通”卡及应急纸票）；

④ 交接传达上级指示命令及本班未尽事宜；

⑤ 监督各岗位做好交接，确认本班所有岗位作业已结束。

（2）综控员

① 交接终端设备的运转情况、设备故障的报修及处置情况；

② 交接本班及上一班遗留的票务问题；

③ 在值班站长的指挥下确认售/补票岗位已交接完毕；

④ 按规定打印报表并上交值班站长；

⑤ 进行签退作业。

（3）AFC 综合作业员

① 收取售/补票岗交回的票款；

② 力度交接车站所有票务现金、库存票卡、发票、相关台账（其中票务现金含备用金和票款，库存票卡含“一票通”票、“一卡通”卡及应急纸票）；

③ 力度交接车站 AFC 票务室内的设备、票务备品及相关钥匙；

④ 交接车站 AFC 设备的运转情况及各类耗材的储备情况；

⑤ 交接传达上级指示命令及本班未尽事宜；

⑥ 作业结束后报告值班站长。

（4）售/补票岗

① 力度交接岗上所有备用金、票/卡、发票及相关台账；

② 在 BOM 上进行签退作业；

③ 交接本岗位设备运转情况、耗材情况及钥匙等岗位备品；

④ 交接本班及上一班遗留的票务问题；

⑤ 将当班所有票款及 BOM 岗结单交给 AFC 综合作业员；

⑥ 作业结束后报告值班站长。

（5）监/补票岗

① 交接闸机运转情况及钥匙；

② 交接本班及上一班遗留的票务问题；

③ 在补票 BOM 签退，将本班所有补票款及岗结单交予 AFC 综合作业员。

（6）监票岗

① 交接设备运行情况；

② 力度交接剩余福利票，并做好福利票交接记录，登记并交接台账；

③ 交接好闸机钥匙及本岗位其他备品；

④ 交接本班及上一班遗留的票务问题。

子任务4.1.4　运营结束后各岗位工作内容

（1）值班站长

① 组织人员协助 AFC 综合作业员进行自动机具票箱、钱箱的更换；

② 所有作业均已完成后，指挥综控员通过 SC 关闭车站终端设备，结束本站全天服务；

③ 监督 AFC 综合作业员进行现金清点作业；

④ 监督 AFC 综合作业员结算并封存本站当日全部票款；

⑤ 核对报表及台账；

⑥ 帮助 AFC 综合作业员做好次日运营准备。

（2）综控员

① 确认车站所有终端设备的结账及签退工作已经完成；

② 在值班站长的指挥下，通过 SC 关闭车站终端设备，结束本站全天服务；

③ 按规定打印报表并上交值班站长。

（3）AFC 综合作业员

① 进行 TVM/AVM 全部票箱、钱箱的更换；

② 收取票务员交回的票款、剩余福利票和废票；

③ 在值班站长的监督下逐一对钱箱内的现金进行清点；

④ 结算并封存本站当日全部票款；

⑤ 做好次日运营准备。

（4）售/补票岗

① 清理废票箱，更换票卡箱；

② 进行岗结，签退后关机；

③ 将岗结单及所有票款和清理出的全部废票交予 AFC 综合作业员；

④ 加锁保管好票卡；

⑤ 作业结束后上报值班站长。

（5）监/补票岗

① 清理废票箱，更换票卡箱；

② 进行岗结，签退后关机；

③ 将岗结单及岗上所有补票现金及清理出的废票交予 AFC 综合作业员；

④ 确认检票机正常关闭，妥善保管本岗位钥匙及其他备品；

⑤ 作业结束后上报值班站长。

（6）监票岗

① 清理废票箱；

② 确认检票机正常关闭；

③ 妥善保管本岗位钥匙及其他备品；

④ 将清理出的废票和剩余福利票交还 AFC 综合作业员，并做好相关记录。

任务 4.2　人工售/补票作业

在目前的售票方式中，主要有人工售票、自动售票两种。在项目三中，已经介绍过自动售票机和半自动售票机的操作，故在此主要介绍人工售/补票作业。

1. 运营前售票作业的准备工作

在运营开始前，由当班综控员负责登录进入 SC，检查系统参数版本并通过 SC 操作台开启车站终端设备（BOM、AG、TVM、AVM、TCM），观察 SC 界面上设备的监视情况，确认各终端设备与 SC 的网络连接情况，以及各终端设备是否开启成功。若网络连接正常，但是终端设备没有成功开启，说明前一运营日结束时，该终端设备是由现场关闭，此时需要现场开启。

通常情况下，人工售/补票作业在各车站的票务处进行。但是有时候在客流突发或遭遇自动售票机、半自动售票机故障影响售票能力时，也会增设临时售票点进行人工售票。

运营开始前，票务员到 AFC 综合作业员处报到，并领取车票、备用金、票据等，然后按照实际领取的数量在《票务员结算单》上签收交接，同时领取票务处钥匙，同时做好相关登记。

2. 开窗售票

① 售票作业开始前，售票员先用自己的员工号和密码登录售/补票设备。

② 操作 BOM 发售单程票时，必须严格执行“一问、二收、三唱、四制、五找”的作业程序。

“一问”：问清乘客欲购票的张数；

“二收”：收取乘客的购票款；

“三唱”：唱收票款的金额及乘客购票的张数；

“四制”：操作半自动售票机准确发售单程票；

“五找”：将车票和应找的零钱同时交给乘客。

③ 发售储值票时，应严格执行“一问、二收、三唱、四制、五找”的作业程序。

“一问”：问清乘客欲购票种、张数及充值金额；

“二收”：收取乘客购票款；

“三唱”：唱收票款的金额及乘客购票的张数、金额；

“四制”：操作半自动售票机准确进行发售/充值；

“五找”：将储值票和找零现金同时交给乘客。

④ 启动人工售检票发售应急纸票时，应按车票编码顺序发售。发售过程中，若发现重号、漏号、组号不符等质量问题，应由站区及时向营销部提出报告，在未接到营销部处理意见之前，问题车票不得继续发售。

⑤ 发售应急纸票时，应严格执行“一收、二唱、三撕、四找”的作业程序。

“一收”：收取乘客的购票款；

“二唱”：唱收票款的金额及乘客购票的张数；

“三撕”：从票本上撕下有效车票；

“四找”：将车票和应找的零钱同时交给乘客。

⑥ 车票在交给乘客之前，必须使用BOM进行分析，请乘客通过乘客显示器或打印水单进行确认。

⑦ 为乘客发售/充值车票后须按车票配发等额报销凭证或发票。

⑧ 当乘客持问题车票要求处理时，售/补票岗应在利用设备进行车票分析的基础上，依据乘客所处的位置做出相应的处理。

⑨ 暂时离岗时必须按规定进行“暂停”或“手动间休”作业，否则由此引发的一切不良后果均由离岗者本人自行承担。

3. 售票结束

售票员交班时（临时顶岗或他人顶班时也要进行此项操作）必须按规定签退，否则由此引发的一切不良后果均由离岗者本人自行承担。进行BOM签退前，交接双方须注意观察并记录设备提示的当前票卡数量，以便接班人员登录时准确输入车票数，防止人为造成车票库存差异。

售票员清理现场，携带本人所有现金，以及在处理乘客事务处理中收取的车票、报表、单据和个人领用但未售完的车票，回票务管理室。

售票员清点个人票款后，交予客运值班员，在纸质的《售票员结算单》上核对票款数目，签字确认。

4. 售/补票作业纪律

对于售/补票作业，必须遵守以下纪律。

① 从事人工售/补票工作应遵守作业程序，坚守工作岗位，在工作中不得拒收硬币及破旧但能用的纸币。

② 上岗时不准携带私款，无人替换时不得擅自离岗。

③ 票务员必须负责本岗位现金安全，应注意随手锁门并负责制止与售/补票工作无关的

人员进入室内。

④ 票务员不准收取 BOM 操作以外的其他现金，对捡拾或他人捡拾交付的各种现金必须立即交给 AFC 综合作业员进行保管。

⑤ 为防止因设备问题造成员工经济上的损失，要求售票岗按照“预销售”的方式发售单程票时，每次发售车票的数量不能超过 20 张。

⑥ 售票岗在高峰前预销售的单程票在交班前必须售完。

⑦ 未经公司许可不准擅自进行抵消作业。

⑧ 交班时必须按规定签退，否则由此引发的一切不良后果均由离岗者本人自行承担。

⑨ 进行 BOM 签退前，交接双方须注意观察并记录设备提示的当前票卡数量，以便接班人员登录时准确输入车票数，防止人为造成车票库存差异。

⑩ 轮岗替岗时，交接双方应认真清点岗位备用金、剩余福利票及储值票，由于交接不清发生的一切问题由接班者负责。

⑪ 交接班时，应对岗位备用金及剩余福利票、储值票进行力度交接，准确填记相关台账，及时上交全部票款。

⑫ 每日末班车后，BOM 操作员负责逐一清理 BOM 的废票箱，交款时将取出的废票交 AFC 综合作业员集中进行保管及上交。

⑬ 凡发售 0 元出站票的，必须进行书面记录。

⑭ 接到分公司营销部配发的预赋值车票，一经启用应按照发售数量如数上交票款；如启用当日的末班车后仍有剩余，必须如数交付 AFC 综合作业员。AFC 综合作业员通过站区票务员 24 小时内将剩余的预赋值车票返还分公司营销部。

任务 4.3 监票作业

1. 利用自动检票机进行监票作业

（1）进站检票机工作流程

① 通过进站检票机通道，右手持一张非接触式 IC 卡在读卡区范围进行刷卡；

② 车票通过读卡器进行有效性验证；

③ 若车票为有效票卡，则自动将此次进站信息（站名、时间、检票机编号）记入卡内，打开扇门，放行乘客然后适时关闭扇门；

④ 若车票为无效票卡，则发出提示的报警声，并维持扇门关闭状态禁止通行。

（2）出站检票机工作流程

① 通过进站检票机通道，右手持一张非接触式 IC 卡在读卡区范围进行相应的操作；

② 车票通过读卡器进行有效性验证，并确认票卡内金额是否充足；

③ 若为有效票，则扇门打开，放行乘客然后适时关闭扇门；

④ 若车票为无效票卡，则发出提示的报警声，并维持扇门关闭状态禁止通行。

对于不同类型的非接触式 IC 卡出站时需要执行不同的操作：

a）单程票、福利票、出站票自动写入注销信息并回收；

b）定值票、储值票、计次票等扣除相应乘车费用和乘次；

c）员工票、车站工作票等免费车票写入相应记录则扇门打开，检测到乘客通过后关闭扇门并返回到开始状态。

（3）双向检票机工作流程

双向检票机具备进站检票机和出站检票机两种功能。所以双向检票机可以设置为进站检票机状态、出站检票机状态和进/出站检票机状态。当处于进站检票机状态时，执行进站检票机的工作流程；当处于出站检票机状态时，执行出站检票机的工作流程。

2. 利用便携式验票机进行监票作业

1）便携式验票机的介绍

便携式验票机作为一种辅助检验票设备，具有便携、可移动的特点，由车站工作人员手持为乘客提供进站检票、出站检票和在付费区进行验票服务，在出现客流高峰或自动检票系统出现故障时使用。

操作员可以在付费区或非付费区通过切换费区，完成验票、进站检票、出站检票功能。在操作员使用便携式验票机 PTCM 进行监票作业时，必须用本人 ID 和密码登录，使用结束后必须及时签退。便携式验票机 PTCM 的使用和归还应进行签名登记。图 4－1 为便携式验票机的结构图。

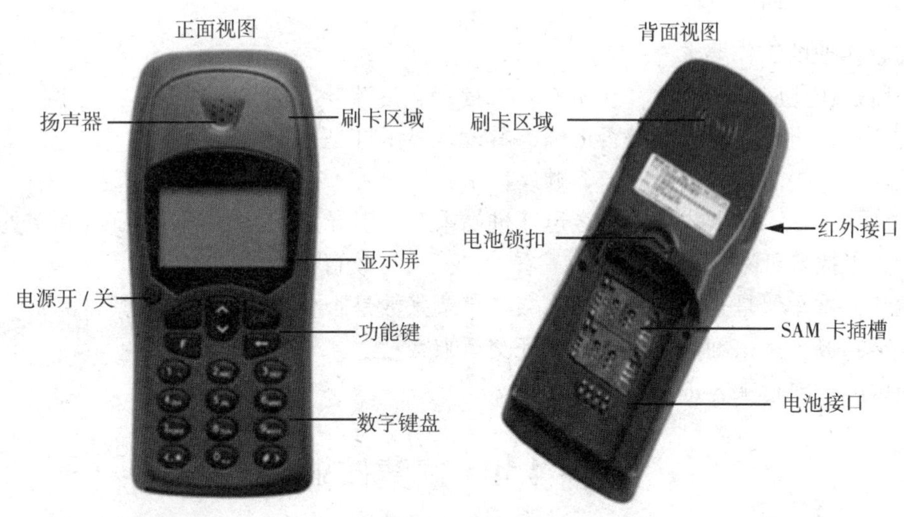

图 4－1　便携式验票机的结构图

2）便携式验票机的工作流程

运营日开机→在工作站下载新参数→检票或验票→向 SC 传送交易记录→运营日结束联机注销→关机。

3）便携式验票机的使用方法

① 开机。按“电源开/关”键，听到“嘀”的一声。

② 关机。较长时间按住“电源开/关”键直至听到“嘀嘀”的声音。

③ 登录。选择数字键盘区域的“F1”或“F2”键，进入登录界面，输入操作员编号和密码后，按“ENTER”键；如果没有操作员参数，则直接按“ENTER”键登录。

④ 电池使用。开机以后，界面的右上角会显示当前电池容量状态。

⑤ 车票处理。可以将车票固定在验票机后上方的刷卡区域，注意选择相应的工作区域：

a）验票查询：在主界面下选择该区域，可以查看设备的基本信息、卡上的交易历史，以及对车票的有效性进行分析；

b）进站检票：在主界面下选择该区域，相当于该票卡进入进站闸机完成检票，该操作必须在非付费区进行；

c）出站检票：在主界面下选择该区域，相当于该票卡进入出站闸机完成检票，该操作必须在付费区进行；

d）数据统计：数据统计功能是统计设备本地保存的交易数量信息。

⑥ 数据通信。数据通信功能是指 PTCM 与车站设备监控系统（SEMS）之间的通信功能，包括时钟同步、参数同步、数据上传、软件同步等。界面显示设备工作状态为“通信模式”，则已建立通信。

3. 监票作业的工作要求

（1）监票作业应严格执行“一听看、二提示、三疏导”的作业程序

“一听看”：听设备提示音是否正确，看设备显示灯是否正确；

“二提示”：提示乘客正确刷卡、顺序进站；

“三疏导”：提示刷卡成功的乘客迅速进站乘车，引导票卡异常的乘客到补票室处理。

（2）人工撕检纸票应严格执行“一看、二撕、三放行”的作业程序

“一看”：看车票是否有效，进站人数与车票张数是否相符，是否携有禁带品；

“二撕”：撕下车票副券并将报销凭证交还乘客；

“三放行”：放行乘客进站乘车。

任务 4.4　退票作业

由于城市轨道交通票卡是有价证券，一经乘客购买，就意味着交通运输合同的达成，所以正常情况下是不允许退票的，但是在一些特定情况下，也允许办理退票。不同的城市轨道

交通运营企业对于退票的条件和要求各有不同。根据退票的责任对象不同，大致可以分为乘客责任退票及运营企业责任退票。

1. 乘客责任退票

乘客责任退票是指由于乘客自身原因造成购买单程票或储值卡后不能及时乘坐或不想再继续使用时产生退票以及无效票产生退票的情形。

1）单程票退款

对于已经售出的单程票，不同城市轨道交通运营企业要求有所不同。为了防止不法人员恶意存储单程票，向排队乘客高价兜售，另外，为了准确统计各车站单程票的需求，以便更好地服务乘客，大多数运营企业提出：单程票一经售出，除非由于城市轨道交通运营企业的责任造成无法运达，否则一律不予退票（如成都、武汉、北京等）。也有的企业规定：已购买的单程票没有进闸记录且票内信息能被读取，自购买之时起规定时限内的（广州地铁要求在购票后30分钟内），乘客可以在发售站办理退票。少数企业也有规定：正常情况下，可在非付费区，对经BOM或其他验票设备验证，属于本站当日已售赋值的，但无进、出站信息的单程票按票面值退票（比如深圳地铁）。

知识小贴士：

武汉地铁之单程票退票

武汉地铁规定，符合以下四种情况的单程票可退票：运营设备故障；携带违禁品进站被劝离；列车延误15分钟及以上，或乘客已刷卡（单程票）进站但未赶上末班车，可免费领取赠票，赠票须在7天内使用，不限乘坐里程；乘客已购买全程车票，但在换乘站未赶上末班车时，也可领取赠票。

2）储值卡退款

储值卡在使用过程中，如还有余额，但是乘客不再需要此卡，要求退款时按照以下退卡原则进行处理。

① 办理好卡（可读取卡内有效信息）、小额（卡内余额小于100元）退卡业务，且必须符合以下两个条件：只办理一卡通普通卡，不单独办理退资业务。

② 由于乘客个人原因造成卡片物理损坏的（无法读取卡内有效信息），不予办理，告知乘客到一卡通公司办理。

③ 若储值卡由于持卡人保管不善出现卡折叠、断裂、污损等情况时，但是卡内信息有效完整，即不可循环使用的票卡，则押金不退，只退还余额。

3）无效票退款

无效票是指经BOM机检验无法更新且系统无法读取数据的车票。

（1）即时退款

若 BOM 能查询到车票余额，应按上述规定办理相应退款，并回收无效票。

（2）非即时退款

若 BOM 不能查询到车票余额，应回收无效票，填写《无效车票处理申请表》，请乘客在约定日期内，凭车票处理申请表收据到指定的车站办理退款。

2. 运营企业责任退票

当车站发生不可预料的事情，比如列车故障、行车安全事故等造成乘客不能按时完成运输任务，乘客提出退票要求时，在任何车站，持单程票的乘客可在当日也可在规定的日期内办理单程票退票，使用储值票的乘客可在下次进站时给予免费更新。

对于运营企业造成的退票必须同时满足以下条件方可办理：

① 由于城市轨道交通车辆原因致使运营中断，无法将乘客运达目的地；

② 站内发生影响运营的特殊情况后，未进行降级模式的设置；

③ 必须有值班站长以上人员的指令。

办理退票作业的要求：

① 退票时现场不得少于两名工作人员；

② 办理退票时必须首先通过 BOM 读卡器对票卡进行“车票分析”，然后对票卡内写有车费及当日进站信息的票卡进行退票；

③ 对已经办理退票的单程票应单独保管，并于 24 小时内送交营销部。

3. 退票、退卡作业内容

1）退票、退卡作业程序

办理退卡作业时，应严格执行“一询问、二收取、三查询、四确认、五操作、六交付”的作业程序：

①“一询问”：问清乘客退卡张数及退卡种类（是否为学生卡）；

②“二收取”：收取乘客所退卡片，查看乘客卡片外观是否有物理损坏；

③“三查询”：将卡放在 BOM 读卡器上进行“车票分析”，查询卡内信息否有效，卡内余额是否在业务办理范围内；

④“四确认”：提示乘客查看乘客显示器，确认卡内余额及应退金额；

⑤“五操作”：操作半自动售票机准确办理退卡业务；

⑥“六交付”：将退卡现金及退卡水单同时交予乘客。

2）备用金的准备

① 退卡站点设置专用退卡备用金，由车站 AFC 综合作业员统一保管及配发；

② 岗位退卡备用金单独存放，不得与票款混放；

③ 岗位退卡备用金零钞准备：

1 分、2 分、5 分硬币准备 2 ~ 5 元；

1 角、5 角的准备 100 ~ 150 元；

1 元、5 元的准备 1 500 元左右；

10 元、50 元的多备。

3）设备人员要求

固定车站一台 BOM 进行办理退卡业务，且必须遵守以下规定：

① 要求该设备只办理退卡业务，严禁进行其他票务作业；

② 车站不设置专人办理退卡业务，由售票员兼职办理。

4）各岗位作业流程

（1）退卡人员岗位作业流程

① 每日运营前退卡人员到 AFC 票务室向 AFC 综合作业员申领退卡备用金，双方填写《AFC 综合作业员退卡、备用金领用交接台账》。

② 在指定 BOM 进行退卡作业，不得在车站其他 BOM 上进行操作。

③ 执岗过程中如备用金不足可以继续申领并填记相关台账。

④ 交接班时，打出岗结单，将剩余备用金及回退 IC 卡进行岗位对口力度交接，交接双方在《票务员退卡、备用金交接台账》上签字确认。

⑤ 交班人员交班后，将本班岗结单及回退 IC 卡上交 AFC 综合作业员。

⑥ 每日运营结束后，退卡人员将剩余备用金及本班岗结单、日结单、回退 IC 卡全部上交 AFC 综合作业员，双方确认无误后在《AFC 综合作业员退卡、备用金领用交接台账》上签字确认。

（2）AFC 综合作业员作业流程

① 每日运营开始前配发给退卡人员备用金，双方在《AFC 综合作业员退卡、备用金领用交接台账》上签字确认。

② 运营中如岗位备用金不足应及时补发并填记相关台账。

③ 交接班时收取交班退卡人员岗结单及回退 IC 卡，核对无误后双方在《AFC 综合作业员退卡、备用金领用交接台账》签字确认，同时填写《××车站日交款明细》。

④ 负责交接保管回退 IC 卡、退卡岗结单，保证交款对账有据可依。

⑤ 每日运营结束后收取退卡人员交回的回退 IC 卡及剩余备用金，与水单及 SC 报表核对无误后，填写《AFC 综合作业员退卡、备用金领用交接台账》，双方签字确认。

⑥ 统计全站退卡数量及退卡金额，进行车站票款结算。

⑦ 本站全部退卡款用当日结算后的全部票款充抵，在《××车站日交款明细》中填记清楚。

⑧ 次日将退卡与票款一同上交站区事务员，站区事务员核对无误后在《AFC 综合作业员退卡、备用金领用交接台账》上签字确认。

（3）站区事务员作业流程

① 每日收取票款及车站回退 IC 卡，核对无误后在相关台账上签字确认（核对实物、水

单与SC是否相符，如有不符以设备水单为准，并及时上报站区及营销部）。

② 每日依据收缴回退IC卡，如实填记《××月一卡通回退卡记录》，以自然月为单位进行统计。

③ 每月规定日期前将所有回退IC卡及故障车票一同上交运营分公司营销部。

任务4.5 钱箱作业

售检票终端设备中涉及现金交易的自助设备主要有自动充值机和自动售票机。在车站的日常票务作业中或运营结束后需要回收设备内的钱箱，然后经过清点将票款解行。钱箱作业主要有钱箱的更换、钱箱内现金的清点和TVM钱箱的加币。

子任务4.5.1 钱箱更换

钱箱更换的作业须遵守以下作业要求：

① TVM/AVM的钱箱分为纸币钱箱和硬币钱箱，由AFC综合作业员负责更换。

② 更换纸币钱箱、硬币钱箱的操作由AFC综合作业员和值班站长共同完成。AFC综合作业员负责具体操作，值班站长负责监督和安全保护。

③ 各站必须结合本站具体情况制定更换钱箱的作业线路。

④ 更换纸币钱箱、硬币钱箱打开自动售票机维修门时，必须输入操作员本人的ID及密码，逐台进行设备操作，严禁同时操作多台设备。

⑤ 更换钱箱完毕后，须收好设备打印单据，以备对账时使用。

⑥ 锁闭维修门后，应先确认TVM/AVM已恢复正常服务，再立即将钱箱送返车站AFC票务室（或储票室）进行清点。

⑦ 更换钱箱的时机：

a）票务工作站提示自动售票机回收钱箱将满或找零钱箱将空时；

b）接到综控员的通知后；

c）本站最后一列载客列车开出后的规定时间内。

⑧ 更换钱箱的注意事项：

a）每日运营结束后，必须更换所有投入服务的自动售票机的钱箱；

b）更换钱箱的工作须在车站计算机设置的设备服务结束时间之前全部完成；

c）对于作业过程中，设备自动打印的水单必须签字后收好，以备对账时使用。

子任务4.5.2 TVM钱箱的加币

TVM加币工作由AFC综合作业员和值班站长共同完成。AFC综合作业员负责具体操作，值班站长负责监督和安全保护。进行加币作业前，AFC综合作业员和值班站长应在车站 AFC 票务室（或储票室）监控状态下进行现金的出库、清点及放入补币钱箱等操作。

各站必须结合本站具体情况制定 TVM 加币的固定线路。

打开自动售票机维修门，进行 TVM 加币作业前，必须确认乘客交易已经完成，再输入操作员本人 ID 及密码进行登录。

完成加币作业后，AFC 综合作业员负责确认自动售票机已恢复正常服务状态。

携带机打水单和加币后已空的钱箱返回 AFC 票务室（或储票室），核对水单与实际操作的一致性，并如实填写《补票/加币记录》，双方签字确认。如发生水单打印补币数量与实际补币数量不一致时，应在《补票/加币记录》台账的“备注”栏进行登记，并及时报告站区进行妥善处置。

AFC 综合作业员在 TVM 出币/出票口或其他地方拾获现金，应如实在《AFC 综合作业岗交接台账》“备注”栏进行登记；夜班 AFC 综合作业员于当日运营结束后进行彻底核查，除公司配发的备用金外，其余现金一律作为售票款如数上缴。

TVM 机的加币工作必须在车站计算机设置的系统服务结束时间之前全部完成。

TVM 加币的时机：

① 运营开始前；

② 运营期间当 SC 上自动售票机设备状态显示找零钱箱将空时；

③ 非人为设置情况下，TVM 顶端 LED 显示屏提示“服务中/无找零”时。

需要强调的是，非运营时间 TVM 内不能存有现金。

子任务 4.5.3 钱箱内现金的清点

钱箱内的现金清点是收益管理的重要环节，必须严格把控。通常情况下，钱箱的现金清点工作需要两人在车站 AFC 票务收益室共同完成。

当日自动售票机票款收入等于清点出的所有钱箱票款金额扣除 AFC 综合作业员为自动售票机补充找零硬币的金额。为保证自动售票机票款收益统计的准确性，车站对于补入自动售票机的找零硬币的清点工作须由两名工作人员在 AFC 票务收益室监视器监视状态下共同完成。

AFC 综合作业员在清点用于补币的硬币时，每台自动售票机的补币清点数量必须在票务收益室监视系统下进行读数并加封。用于补币的硬币清点完成直到补币前，必须将清点好的硬币放在收益室监控范围内，进行补币操作时必须两人负责（一人操作，另一人监督），补币后必须做好相应台账的登记。

清点钱箱的现金时，待清点的钱箱、钱袋、点币机必须放在安全区域。整个清点过程中任何人不得遮挡监控器，若监控系统发生故障而造成车站无法按照程序清点钱箱的现金时，须由一名车站值班站长和 AFC 综合作业员两人一起清点钱箱，必须逐一清点，每个硬币钱箱的清点数量必须在票务收益室监控系统下进行读数，并将实际清点数目及时记入《钱箱清点报告》对应的实点金额栏，每清点完一个钱箱，须确保钱箱已经倒空并无现金遗留在钱箱内。

清点钱箱过程中，非紧急情况不得离开 AFC 票务收益室。

钱箱内现金的清点作业须遵守以下作业要求：

① 每日末班车后，必须进行 TVM 结账作业，清空找零箱（或补充找零器）及缓存箱（或循环找零器）。

② TVM 结账作业必须在车站计算机设置的系统服务结束时间之前全部完成。

③ 当水单或维修屏显示，在找零箱（或补充找零器）、缓存箱（或循环找零器）内有未清空的硬币时，应重复进行硬币清空作业，多次重复后仍无法清空的，应及时报修并做好报修记录。

④ TVM/AVM 钱箱更换后，必须立即将钱箱运回车站票务室内，方可进行清点。

⑤ 钱箱清点工作由当班 AFC 综合作业员和值班站长双人负责，值班站长负责监督，AFC 综合作业员负责清点。

⑥ 进行钱箱内现金的清点作业时，必须在站区指定的视频监控范围内进行，纸币钱箱与硬币钱箱需分开并逐一进行清点。

在清点过程中若发现钱款有明显的失真特征或可通过验钞机识别为伪钞的，值班站长确认后做好记录，与 AFC 综合作业员双方签字确认加封（加封内容为日期、车站名、设备号、伪币种类、金额、数量、值班站长与 AFC 综合作业员双方签名）。然后，由 AFC 综合作业员在当日《TVM/AVM 钱箱日清点记录》上备注说明，按实际清点数目进行交款。

清点结果由 AFC 综合作业员负责填写相关台账：

① 运营时间内更换钱箱，在《钱箱更换记录台账》上进行如实登记，值班站长负责签字确认。

② 运营结束后回收所有钱箱，现金清点结果应登记在《TVM/AVM 钱箱日清点记录》的“实点金额”栏中，同时认真核对设备打印的 TVM/AVM 结算单与实际清点的现金数量是否一致，由 AFC 综合作业员和值班站长双人进行签字确认。

发生钱箱清点票款与设备打印结算单不符时：

① 通过调取录像资料若可以证明清点钱箱的全程操作是在规定的监控范围内，且经检查自动售票机未存在异常，则损失由公司承担。

② 若不能证明清点钱箱的全程操作是在规定的监控范围内，则损失由点钞者个人承担。

③ 若可以证明清点钱箱的全程操作是在规定的监控范围内，经检查自动售票机存在异常，应及时报告相关部门进行妥善处理。

车站备用金换零工作必须在钱箱清点作业完毕后方可进行。换零时，当班 AFC 综合作业员和值班站长必须双人在场，由 AFC 综合作业员负责兑换，值班站长负责监督确认。

完成钱箱清点、备用金换零工作后，AFC 综合作业员负责计算本站当日全部票款，填写《××车站日交款明细》，将备用金以外的全部票款放入柜内加锁保管。次日，由当班的 AFC 综合作业员负责将全部票款及设备打印的所有结账水单一并交予站区票务员。

从封存票款至站区票务员上门收款，由当班的 AFC 综合作业员负责票款的安全保管。逢交接班时，必须对票款进行力度交接，值班站长负责监督。

任务4.6 操作员号管理和车站票务备品管理

子任务4.6.1 操作员号管理

在AFC系统的设备中，需要工作人员操作的设备有自动售票机、自动充值机、自动检票机、半自动售票机等，为了保证票卡、现金的安全性，工作人员必须具备设备操作权限。

操作员号（又称员工ID）及密码是员工操作AFC系统终端设备的唯一身份认证。各站区须对员工ID实行统一管理、专人负责，建立操作员ID档案。员工ID或密码遗忘时，由具有相应管理权限的人员负责查询。

因人员、岗位变动，需增加、撤销或变更员工ID时，站区负责人应向营销部提出书面申请。在接到营销部的调整通知后，及时将操作员ID档案进行更新。

操作员个人负责本人ID及密码的管理，特别要注意严防密码泄露。密码初始设置为统一的公用密码，操作员应根据公司相关规定及时进行密码修改。

操作员在对设备进行操作时，必须输入自己的员工ID和密码进行登录，相应的操作结束或者完成作业之后，必须退出登录。一旦在自己的ID登录期间出现工作失误造成损失，将追究ID所属员工的职责。

子任务4.6.2 车站票务备品管理

城市轨道交通车站票务管理的作业流程复杂，所需的备品备件也种类繁多，并且需要专门进行严格管理。车站的票务备品主要包括：各种票务钥匙、钱箱、票箱、点钞机、验钞机、点币机、车票清点机、配票车、手推车、储票盒、储币柜、硬币托盘等。

1. 票务钥匙的管理

票务钥匙指车站在开展票务工作时使用的钥匙。票务钥匙主要有：自动售票机（TVM）维护门钥匙、半自动售/补票机（BOM）维护门钥匙、闸机（AG）维护门钥匙、钱箱钥匙、票箱钥匙、回收箱钥匙、票柜钥匙、保险柜钥匙、点钞室监视系统钥匙、点钞室门钥匙、票务处防盗门钥匙等。由于票务钥匙的安全管理直接影响到车站车票、现金、设备的安全，在日常工作中，车站需严格按要求加强对票务钥匙的管理。

为保证钥匙保管有凭证记录，车站需设立专门的台账记录钥匙的配发、更换、回收等总体情况，所有的票务钥匙均统一配发，统一管理。车站需定期对所负责保管的所有票务钥匙进行盘点，做到账实相符，当盘点账实不符时，车站应立即组织调查。

AFC票务室（或储票室）的大门、储票柜、储币柜内门、TVM/AVM维修门、钱箱定位钥匙、票箱钥匙由AFC综合作业岗负责进行交接保管。储币柜外门、保险柜钥匙由值班站长负责交接保管。

TVM/AVM 钱箱现金钥匙必须加锁保管，且钥匙不能带离 AFC 票务室。

售/补票室的门钥匙、BOM 现金抽屉钥匙、BOM/AG 的维修门及票箱钥匙由相关岗位人员负责对口交接保管，确保随时可用。

票务钥匙一般设有备用钥匙，以便在工作人员不慎遗失或损坏钥匙时，车站能使用备用钥匙正常开展票务工作。同时，为了确保当班员工是掌握相关票务钥匙，进入相关车票、现金安全区域，进行相关票务设备操作的唯一人，保证现金、车票管理的安全及处理的独立性，备用钥匙一般情况下不得使用，须装入口袋加封后由值班站长负责交接、保管。

为了保证收益安全管理的需要，对于一些涉及收益安全的操作环节，必须由双人掌握不同钥匙共同完成操作，以达到互相监督的目的。

各种钥匙在使用前应认清钥匙是否与该设备配套。扭转前必须确认钥匙是否到位，不要未到位就用力转动。

为保证票务钥匙在各岗位之间安全交接，票务钥匙在保管人之间或在保管人与使用人之间交接时，车站需设置台账记录交接的情况，如：钥匙名称、数量、交接双方人员姓名、时间、原因等。交接人员需根据书面台账当面清点钥匙种类、数量，确认无误后填写交接台账。若交接时发生钥匙有误、丢失的，交接双方需及时核查处理；不能及时查明原因的，应立即报告上级组织调查。

票务钥匙借出时，借用人应负责钥匙的使用安全和保管，使用完毕应立即归还，严格遵守“谁借用，谁归还”的原则，不得随意转借他人使用。每天运营结束后保管人应对所有保管的钥匙进行清点，并确认全部归还。

2. 票务工具和器具的管理

在日常票务工作中，车站需要进行大量的现金和车票的清点及运送工作，为了提高车站票务工作效率，同时保障现金、车票清点工作的准确性，以及现金、车票及相关票务设备在运送途中的安全性，通常需要使用一些辅助工具和器具完成票务工作，常见的票务工具和器具主要有保险箱（如图 4－2）、票务手推车（如图 4－3）、点票机（如图 4－4）、点钞机（如图 4－5）、点币机（如图 4－6）、验钞机（如图 4－7）、配票箱（如图 4－8）等。

图 4－2　保险箱

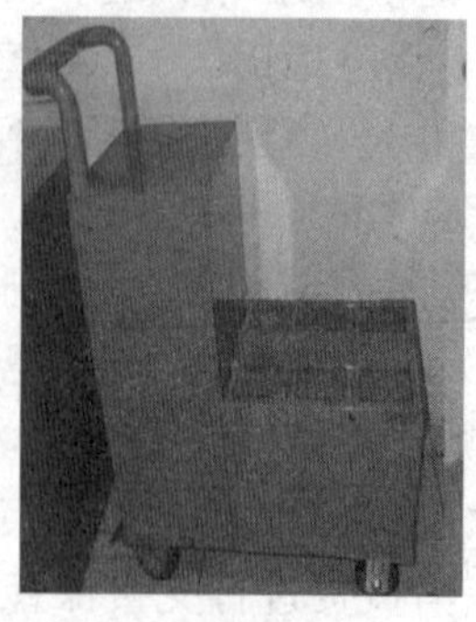

图 4－3　票务手推车

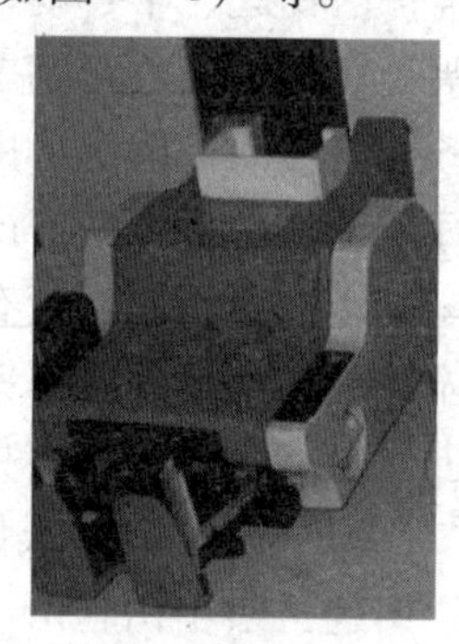

图 4－4　点票机

图4-5　点钞机　　图4-6　点币机　　图4-7　验钞机　　图4-8　配票箱

车站票务工具和器具功能见表4-1。

表4-1　车站票务工具和器具功能

备品名称	功能
点钞机	清点所有面额纸币，并具有验钞功能
验钞机	从纸币的各个特点上辨别其真伪并对伪币给出报警
点币机	对硬币进行快速、准确的清点
点票机	对票卡进行快速、准确的清点
配票箱	供票务员上下岗收纳票卡、备用金、票款的容器

票务工具和器具管理的注意事项：

① 当班的AFC综合作业员负责车站票务备品的交接与保管。

② 票务备品在正常使用情况下的损坏，由站区票务员负责按规定报告主管部门进行维修或以旧换新；人为损坏一律照价赔偿。

钱箱、票箱保养注意事项：

① 钱箱、票箱要轻放，不要在地上拖行，以免刮花。

② 钱箱、票箱放入专用推车时要注意放置平稳，推行时要匀速前进。

③ 保持钱箱、票箱的清洁。

④ 放在高处的钱箱、票箱要注意双手平稳拿取，以免落下造成备品损坏、人员受伤。

⑤ 禁止踩踏钱箱或坐在钱箱上。

任务4.7　乘客事务处理

乘客事务处理是指乘客在乘坐城市轨道交通的过程中，由于自身原因、设备原因或其他不可预料原因造成无法正常进、出车站时引起的事务处理。

在此，对乘客遇到的各种情况列举案例进行分类讨论。

案例1

某乘客乘坐某城市地铁，经过多次换乘，已经在付费区内逗留了5个小时，但是该城市轨道交通规定，乘客乘坐轨道交通一次行程在付费区内最多可停留4小时，所以乘客到达目的车站后，在出站闸机处刷卡时，出站闸机报警闸门不能打开。

案例分析：

该乘客不能正常出站是由于车票超时造成。

车票超时即乘客进站检票进入付费区后，在付费区内逗留时间过长，导致车票使用时间超过了系统规定的有效时间，故车票不能正常通过出站闸机。

解决方法：

（1）乘客所持车票为单程票

付费区乘客所持单程票超程时，票务员应该通过BOM分析确认乘客所持单程票在付费区内停留时间已经超过了系统规定有效时间，向乘客核收超时所需费用，然后通过BOM操作更新单程票，乘客持更新后的单程票出站。

（2）乘客所持车票为储值票

付费区乘客所持车票为储值票时，票务员应该先通过BOM分析乘客所持储值票的进站日期是否当天，确认是否乘客当天在付费区内停留时间已经超过了系统规定有效时间，然后向乘客收取超时补款，在BOM上操作更新车票，乘客持票刷卡出站；若车票进站日期显示不是当天，则先扣除上次乘车费用，再输入进站代码核收相应的费用并更新车票，乘客持票刷卡出站。

案例2

某乘客乘坐某城市地铁1号线，（图4-9所示为1号线线路图），他购买了从A站开往D站的车票，花费5元钱，但是临时改变主意，决定于E站下车，在E站出站闸机刷卡时，出站闸机报警闸门不能打开。

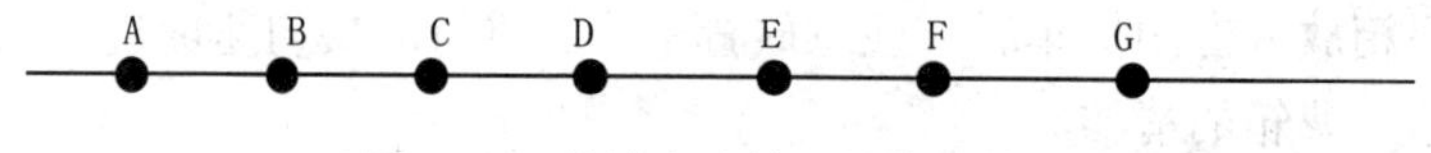

图4-9 某城市地铁1号线线路图

案例分析：

该乘客不能正常出站是由于车票超程造成。

车票超程即按照路程计价时，付费区乘客所持有的车票余额不足以支付按照标准计算所得的起始站至终点站之间的单程车费，故车票不能正常通过出站闸机。

解决方法：

（1）乘客所持车票为单程票

付费区乘客所持的是单程票超程时，票务员应该通过BOM分析乘客所购单程票的起始站和终点站后，向乘客核收所欠车费，然后通过BOM操作更新单程票，乘客持更新后的单程票出站。

(2) 乘客所持车票为储值票

当乘客所持车票为储值票时，一般不会出现车票超程所造成的无法出站现象。因为若卡内余额充足，则会根据乘客实际乘坐轨道交通的里程进行扣费。若卡内余额低于最低票价，则乘客无法进站乘车；若卡内余额高于或等于最低票价但低于实际乘坐里程的票价时，在目的地站出站闸机处可正常扣费，所欠费用在储值卡下次充值时进行相应抵扣。

案例3

某乘客乘坐某城市地铁，所持票卡在进站闸机不能有效刷卡进站，在票务处售票员通过BOM对车票进行分析显示该车票已经进站。

案例分析：

该乘客不能正常进站是由于车票进出次序错误造成。

车票进出次序错误即车票所处付费区或非付费区模式与乘客实际所在的区域不一致的情况。

解决方法：

主要表现为两种形式：一种是乘客在非付费区，但是车票显示已经在进站闸机处验票成功，为付费区模式，不能再次通过进站检票机进站验票，这种情况通常是由于乘客在进站检票机刷卡后没有及时进入通道所致；另一种是乘客在付费区，但是所持车票显示没有进站记录，仍处于非付费区模式，车票不能在出站检票从而使乘客有效刷卡出站，这种情况一般是由于乘客通过进站检票机时没有有效刷卡，与其他乘客一起进站或没有经过进站检票机正常进站而从其他地方进入付费区所致。

(1) 非付费区

当乘客在非付费区时，票务员在BOM非付费区模式下分析车票，若车票上次检票时间与当前时间之差在系统规定更新时间的范围内，则BOM显示该票可以更新，票务员更新车票信息，乘客持更新以后的车票正常进站；若车票上次检票时间与当前时间之差超出系统规定更新时间的范围，需要根据轨道交通运营企业的票务政策与规定进行相应的处理。

(2) 付费区

当乘客在付费区时，票务员在BOM付费区模式下分析车票，根据BOM分析显示单程票发售车站名，输入进站车站名进行更新，乘客持更新后的车票正常出站。

案例4

某乘客乘坐某城市地铁，所持票卡在进站闸机不能有效刷卡，在票务处票务员无法通过BOM对车票进行分析处理。

案例分析：

该乘客不能正常进出站是由于车票无效造成。

车票无效即车票在使用过程中，因轨道交通设备原因或乘客自身人为原因造成车票异常，无法正常通过进、出站闸机，且无法通过BOM进行更新处理的情况。

解决方法：

(1) 非付费区

当非付费区乘客持无效车票要求乘车时，票务员需判断造成车票无效的原因是由于轨道交通设备还是由于乘客自身原因。若属于乘客自身原因造成，则回收乘客手中无效车票，请乘客重新购票乘车；若为轨道交通设备原因造成，如TVM发售了无效车票，则回收无效车票，按规定办理乘客事务处理单，在BOM上为乘客免费发售一张等值的单程票。

(2) 付费区

当付费区乘客持无效车票不能出站时，票务员需通过判断，若由于乘客自身原因造成车票无效，则回收车票，并请乘客按规定补款后，在半自动售票机上发售相应出站票供乘客出站；若由于轨道交通设备原因造成，则回收无效车票，并在BOM上给乘客免费发售0元出站票，以供乘客出站，并填写相应乘客事务处理单。

案例5

某乘客欲乘坐地铁，在TVM处自助购买单程车票，向工作人员反映，他的纸币投入以后，没有出票，同时也没有退还纸币，TVM进入了“暂停服务”模式。

案例分析：

该乘客遇到的问题是TVM卡票的问题。

TVM卡票即TVM在给乘客发售单程票的过程中，因TVM自身原因或单程票边缘变形、变厚、不光滑等原因，导致单程票被卡在TVM某个部位，致使TVM进入“暂停服务”模式的情况。

解决方法：

当乘客反映TVM卡票时，AFC综合作业员首先查看显示屏是否显示卡票故障代码，确认是否发生卡票现象。如显示屏显示卡票故障代码，则应按规定办理乘客事务处理单，并在BOM按照乘客需求重新发售一张单程车票或者办理退票手续，同时报专业维修人员进行处理；如显示屏未显示卡票故障代码，则由AFC综合作业员与另一名车站工作人员共同打开TVM维修门，查看TVM最近交易记录，并根据查询情况进行处理。若TVM显示正常且没有与乘客反映购票情况一致的交易记录，则表示没有卡票情况发生，由AFC综合作业员负责向乘客做好解释工作。

案例6

某乘客欲乘坐地铁，在TVM处自助购票，向工作人员反映，他的纸币投入以后卡在了TVM中，没有出票，同时也没有退还纸币。

案例分析：

该乘客遇到的问题是TVM卡币问题。

TVM卡币即乘客在TVM上投币购票时，因TVM自身原因或乘客所投纸币、硬币由于形状不规则、边缘不光滑、缠绕了其他附属物（比如透明胶带）等原因，导致纸币、硬币卡在TVM的某个部位，致使自动售票机不再接收其他的纸币、硬币，也不出票。

解决方法：

当乘客反映TVM卡币时，工作人员首先要检查TVM投币口是否有纸币、硬币堵塞或显示屏是否显示卡币故障代码，确认是否发生卡币现象。若显示屏显示卡币故障代码，则应按车站规定办理乘客事务处理单，对卡币的乘客以多退少补的原则给乘客发售相应面值的车票，同时报修专业维修人员进行处理；如检查投币口无纸币、硬币堵塞，显示屏未显示卡币故障代码，则由AFC综合作业员与另一名车站工作人员共同打开自动售票机维修门，查看自动售票机的最近交易记录，并根据查询情况进行处理。若TVM显示正常，且没有与乘客反映购票情况一致的交易记录，则表示没有卡币情况发生，由AFC综合作业员负责向乘客做好解释工作。

案例7

某乘客欲乘坐地铁，在TVM处自助购买单程车票，向工作人员反映，他投入纸币以后，出了一张单程票，但是找零的硬币数量不够。

案例分析：

该乘客遇到的是TVM找零不足问题，也就是找零硬币被卡现象。

TVM找零不足即乘客投入TVM的现金金额大于实际购票金额，因TVM自身原因或找零硬币边缘变形、粘有胶带物等原因，导致找零硬币被卡在自动售票机的某个部位，TVM停止找零，造成乘客找零金额不够的情况。

解决方法：

当乘客反映TVM找零不足时，AFC综合作业员首先检查TVM显示屏是否显示找零不足的故障代码，确认是否发生找零不足的情况。若TVM有显示找零不足故障代码时，则填写乘客事务处理单，注明找零不足的处理情况，在BOM上为乘客退还相应款项，同时报专业维修人员进行处理；如TVM显示屏没有显示找零不足故障代码时，则询问乘客购票细节，由AFC综合作业员和另一名车站工作人员一起打开TVM维修门，查看TVM的最近交易记录，确认是否与乘客所述情况一致。若一致，则填写乘客事务处理单，注明找零不足的处理情况，在BOM上为乘客退还相应款项，同时报专业维修人员进行处理；若TVM显示正常且没有与乘客反映购票情况一致的交易记录，则表示没有找零不足情况发生，由AFC综合作业员负责向乘客做好解释工作。

案例8

某乘客在TVM处对储值票进行充值，向工作人员反映，投入充值纸币后，储值票没有增加相应的金额，但是投币口也没有返还纸币。

案例分析：

该乘客遇到的是TVM充值不成功问题。

TVM充值不成功即乘客在TVM或AVM上投币充值时，因机器自身原因或其他原因，导致 TVM 或 AVM 收取乘客投入的充值金额后，并不能充进票卡余额（未将充值金额信息写入票卡）的情况。

解决方法：

当乘客反映 TVM 充值不成功时，AFC 综合作业员与值班站长或另一名工作人员共同打开 TVM 维修门，查看最近交易记录，确认是否存在与乘客反映一致的交易记录，若没有该交易记录，则应立即通知专业维修人员到现场处理，确认 TVM 是否发生已收款但充值不成功的情况，AFC 综合作业员根据维修人员判断结果对乘客事务进行处理。若存在乘客反映的交易记录，在 BOM 上分析车票，核实是否发生过 TVM 收款但未充值的情况。若 BOM 分析车票余额及历史记录均显示没有该次充值，则表示 TVM 确实发生了已收款但充值不成功的情况，AFC 综合作业员办理乘客事务处理单，注明充值不成功的处理情况，根据乘客需要在 BOM 上办理等额充值或退还给乘客充值金额。若通过 BOM 分析车票显示已成功充值，则请乘客通过显示屏确认车票成功充值，并向乘客显示确认车票充值前后余额对比，做好相应的解释工作后将票卡交还乘客。

思考与实训

1. 思考题

（1）试分别论述在车站开始运营前、运营中、交接班、结束后，值班站长、综控员、AFC 综合作业员、售票员、补票员、监票员都有什么工作内容？

（2）简述售票员售票作业的程序。

（3）简述由于运营企业原因造成的退票必须同时满足的条件。

（4）列举车站票务备品的种类。

（5）简述车站票务钥匙管理的内容。

2. 实训任务

任务 1

（1）任务目标

掌握在车站开始运营前、运营中、交接班、结束后，值班站长、综控员、AFC 综合作业员、售票员、补票员、监票员的工作内容和工作流程。

（2）任务实施建议

将任务划分为“运营前票务工作”“运营中票务工作”“交接班时票务工作”和“运营结束票务工作”四个题目，将学生分为多个小组，每个小组抽取一个题目，在组内进行角色分配，要求设置值班站长、综控员、AFC 综合作业员、售票员、补票员、监票员六个角色，各小组成员按照小组选取的主题和自己的角色定位，确定相应的工作内容。

（3）任务输出和评价

各小组对以上情境进行演练，并展示，由教师和其他学生进行评定工作内容是否完整，工作流程是否熟练，每个角色的定位是否准确，对于表现优秀的小组给予一定形式的鼓励。

任务2

（1）任务目标

掌握车站人工售票的作业内容和作业纪律。

（2）任务实施建议

每个小组完成一个人工售票作业的工作清单，要求明确工作内容、作业纪律。

（3）任务输出和评价

各小组展示并讲解自己完成的工作清单，由教师和学生进行评定其准确性、规范性、合理性和完成时间，对于表现优秀的小组给予一定形式的鼓励。

任务3

（1）任务目标

掌握车站人工售票的作业流程。

（2）任务实施建议

每个小组进行角色扮演，完成单程票、储值票和应急纸票的发售作业展示。

（3）任务输出和评价

各小组对以上情境进行演练，并展示，由教师和其他学生进行评定工作流程是否熟练，每个角色的定位是否准确，对于表现优秀的小组给予一定形式的鼓励。

任务4

（1）任务目标

掌握车站监票、退票作业内容和作业要求。

（2）任务实施建议

每个小组进行角色扮演，完成车站监票、退票的作业内容。

（3）任务输出和评价

各小组进行演练，并展示，由教师和其他学生进行评定工作流程是否熟练，每个角色的定位是否准确，对于表现优秀的小组给予一定形式的鼓励。

任务5

（1）任务目标

掌握乘客常见票务问题的分析方法和解决办法。

（2）任务实施建议

为各小组设置以下情境：

① 乘客车票超时不能正常出站，向工作人员反映。

② 乘客车票超程不能正常出站，向工作人员反映。

③ 乘客所持车票无效不能正常出站，向工作人员反映。

④ 乘客所持车票不能正常出站，向工作人员反映，工作人员经过 BOM 分析显示该车票出站。

⑤ 乘客利用 TVM 自助购票遇到卡票、卡币或找零不足的情况，向工作人员反映。

⑥ 乘客利用 TVM 自助充值遇到充值不成功的情况，向工作人员反映。

每个小组选择一个情境，以小品的形式进行细化表演，要求在表演过程中将乘客事务处理的分析方法和解决办法清晰地表达出来。

（3）任务输出和评价

各小组进行演练，并展示，由教师和其他学生进行评定工作流程是否熟练，每个角色的定位是否准确，与乘客的沟通交流是否亲切且职业化，对于表现优秀的小组给予一定形式的鼓励。

项目 5

票务现金管理

项目导学

车站的票款收入和备用金是城市轨道交通运营企业现金收益的重要部分，票务现金的管理工作会直接影响到企业收益。

票务现金管理主要包括：AFC 现金日常保管和交接作业、票款清点收缴作业、备用金管理及假钞的识别和处理作业等。

票务现金管理需要工作人员严格执行财务制度，遵循专款专用的原则，不准挪作他用，严格遵守票务管理纪律，在工作中认真谨慎，一丝不苟。这样才能做好票务现金管理，确保运营企业平稳发展。

教学目标

（1）掌握 AFC 现金日常保管的工作要点。

（2）掌握 AFC 现金交接作业的工作内容和工作要求。

（3）掌握票款收缴工作纪律。

（4）掌握备用金管理的工作要点。

（5）掌握假钞的识别方法和遇到假钞的处理办法。

建议学时

8 学时。

任务 5.1　AFC 现金日常保管和交接作业

子任务 5.1.1　AFC 现金日常保管

城市轨道交通车站的现金主要有两个来源：票款与备用金。票款是指乘客通过自动售票机、半自动售票机或临时售票处人工发售的车票及办理票卡充值、更新等售票、补票业务过程中，运营企业收取的现金。备用金是指上级部门专门配发于车站，用于给乘客兑零、找零、自动售票机补币、与银行兑零等用途的周转资金。票款与备用金的安全管理由车站具体负责完成。

1. 现金的管理流程

通过自动售票和人工售票所得的票款经车站收入、清点后，及时存入企业在银行的专用账户中。备用金下发到各车站后，在车站流通使用。车站现金的管理流程如图 5－1 所示。

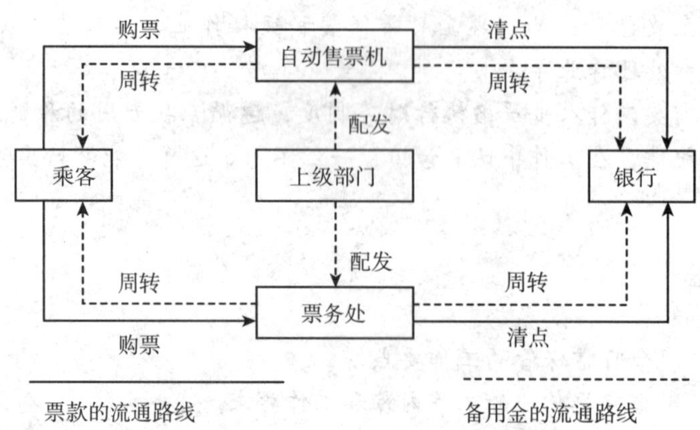

图 5－1　车站现金的管理流程

2. 现金的安全管理

为了保证现金安全，车站 AFC 现金必须存放在车站现金保管区域，即 AFC 票务收益室、售票/补票处、自动售票机等。在操作时必须做好现金保护，非操作时现金必须处于安全锁闭状态。

售票/补票处营业时，应将现金存放于专门的现金抽屉或容器，不得将现金放在乘客可触及的地方。严禁售票/补票岗收取任何 BOM 操作外的现金，如遇本人捡拾或他人交付的现金应立即交给 AFC 综合作业员，双方签字确认。

运营时间内，严禁非本站票务作业人员及本单位票务管理人员进入 AFC 票务收益室和售票/补票处。因工作需要必须进入的，必须得到当班值班站长或以上级别的人员许可，同时要严格执行登记制度。

在非运营时间，任何与车站现金清点、保管无关人员不得进入 AFC 票务收益室。

配置 AFC 票务收益室、售票/补票处都需要配置监控设备，能对所有现金操作环节实时监视和录像，并留存一定时间可进行回放查看。

AFC 票务收益室摄像监控设备必须 24 小时开启，票款的清点、交接、出入柜必须在摄像监控下进行。影像资料提取由公司指定的专业管理人员负责。未经准许，任何人员不得挪动摄像镜头，不得查看、调取及使用各种摄像设施。

3. 票款的结算

车站 AFC 票务收益室内清点、封包完毕的现金，AFC 综合作业员应立即将其放入储币柜中按规定锁好。票款结算、封包及票款交接工作都必须在监控器下进行。

每日运营结束后，票务员将当天的售票、补票、充值等票款情况填写在《票务员票款结算单》上，凭《票务员票款结算单》结交当日票款。AFC 综合作业员与值班站长根据各票务员结账情况和《TVM 日营收结算单》填写《车站日营收报表》。

车站值班站长、AFC 综合作业员结账后须准确清点当班收取的全部现金，并填写解款单，解款金额必须与实际现金一致，然后封包。银行每日下午收取当日早班与上一运营日中班票款。

当班 AFC 综合作业员需要按现金安全管理相关规定做好对售票/补票室、AFC 票务收益室现金的监控与管理，负责对 TVM 补币和清点钱箱，负责对票务员配票、结账，计算车站每日运营票款收益，并将票款存入银行账户及与银行沟通兑换零钱等工作。

对于采用自动售检票系统的城市轨道交通企业来说，票款收入主要来源于两个方面：一是由自动售票机出售车票以及储值卡充值所得的收益；另一个是票务员在售票处通过半自动售票机发售单程票和储值票，对储值票进行充值、补票等获得的收益。下面从这两个方面来介绍票款收益结算。

(1) 自动售票机收益结算管理

每天运营开始前，AFC 综合作业员将一定金额的硬币或纸币补充到 TVM 储币箱内，为购票乘客购票时提供找零服务，乘客投入的购票纸币或硬币则通过相应的处理模块存入纸币钱箱或硬币钱箱内。每天运营结束以后，AFC 综合作业员需对车站所有 TVM 进行结账操作，更换纸币、硬币钱箱，并回收到 AFC 票务收益室进行汇总和清点。

清点所有钱箱的票款金额数目，扣除 AFC 综合作业员在运营前为 TVM 补充找零硬币和纸币的金额，即为当日自动售票机票款收益。为保证自动售票机票款收益统计的准确性和安全性，规定车站对于补充硬币和纸币的清点、钱箱的清点作业必须由双人在 AFC 票务收益室监控设备监视状态下共同完成。储币柜的外门钥匙由值班站长负责交接保管，内门钥匙由 AFC 综合作业员负责交接保管，所以储币柜打开时必须值班站长与 AFC 综合作业员同时在场。AFC 综合作业员在清点用于补币的硬币和/或纸币直至完成补币工作，整个过程都应该在监控范围内进行，进行补币操作时必须双人完成，一人操作一人监督，补币完成后须做好相应台账记录。清点钱箱票款时，相应的钱箱、钱袋和点币机必须放置在安全区域，整个清点过程必须在监控范围内，且不得有任何原因遮挡监控器。如果遇到监控设备出现故障而无法记录清点过程，需要申请由一名值班站长或以上职务的人员陪同 AFC 综合作业员一起进行清点。必须逐一清点各个钱箱，并将实点金额及时记入钱箱清点报告对应的金额栏，每次清点完一个钱箱，应确保钱箱已倒空并无现金遗留在钱箱内。清点钱箱的过程中，所有工作人员非紧急情况不得离开 AFC 票务收益室。

（2）售票处收益结算管理

售票处收益结算管理主要体现在配票和结账两个方面。

配票是指 AFC 综合作业员配备各种车票、备用金的过程。每天在运营开始前，AFC 综合作业员需要配置一定数量的车票、备用金，填写票务员结算单，并签名确认，放置到专用售票盒内。票务员到 AFC 票务收益室后，进行清点，在 AFC 综合作业员的监督下确认所配的车票种类、现金数量与票务员结算单上记录的开窗张数、备用金数量一致后，监督票务员在票务员结算单上签收确认。

结账是指 AFC 综合作业员在票务员售票结束以后，对票务员在售票处实际收取乘客的现金票款、回收的车票进行清点并记录在相关报表、台账中的过程。整个过程必须在 AFC 票务收益室监控系统下进行。报表中记录的实收票款金额作为结算票务员应收金额与实收金额，是确定票务员是否有长短款的唯一依据。因此，AFC 综合作业员与票务员结账时，必须严格按照相关规定完成作业内容，确保报表记录的实收金额能如实反映票务员当班期间实际票款收入。

AFC 综合作业员结账的具体流程为：

① 票务员售票结束后，应该将本班期间所收入的现金、剩余车票放在上锁的售票盒中，立即携带该售票盒回到 AFC 票务收益室。在离开售票处前务必全面检查售票处有无遗留的现金、车票，确保运送途中无现金、票卡遗失。

② 在 AFC 票务收益室的结账过程须在票务收益室的监视范围内进行，首先由票务员清点所有现金，确认总金额后，由 AFC 综合作业员进行清点，达到双人清点、共同确认的目的。双人确认实收总金额后，在监视区域下填写《票务员结算单》的“实收总金额”栏，因为实收总金额栏的记录情况直接影响到票务员结算，所以原则上一旦填写完成就不得更改。如果确实出现填写错误或由于其他原因需要更改实收总金额栏时，当事票务员、AFC 综合作业员须报当班值班站长，由当班值班站长调查核实情况属实后才能更改。在该情况下，要求当班值班站长、AFC 综合作业员、票务员三人共同盖章确认。

③AFC 综合作业员与票务员共同清点确认回收的各类车票数量，并填写《票务员结算单》的“关窗张数”栏。

④由票务员完成其他辅助类报表的填写，并交 AFC 综合作业员。AFC 综合作业员检查票务员当班的所有报表是否全部交回，且填写正确、完整，至此结账程序结束。

需要强调的是，任何时候现金从一个安全区域转移到另一个安全区域或者银行解款时，必须依据公司票款安全规定要求，做好途中安全保护，以降低现金被劫的风险。

AFC综合作业员每天需根据《钱箱清点报告》《票务员结算单》等计算当日TVM票款收益及票务员票款收益，填写《车站营收日报》，记录车站每日的运营收入情况，并按《车站营收日报》的数据将所有票款存入企业在银行的专用账户。

子任务5.1.2 AFC现金交接作业

AFC的现金交接主要有AFC综合作业员间的现金交接及车站与银行之间的票款交接。为了保证票款、备用金在交接过程中安全、完整，车站在进行票款、备用金交接时，须建立交接凭证和统计台账，交接人员依据交接凭证办理交接手续并做好书面交接记录。

交接时如果发现实点金额与交接凭证有误，交接双方需及时核查更正。对于不能查明原因的，应按实点金额进行签收，车站在交接记录本上记录相关情况，并将该情况上报上级进行调查。

《AFC综合作业员交接记录》是车站AFC综合作业员之间交接班的记录凭证。交接班前，交班AFC综合作业员必须详细地在《AFC综合作业员交接记录》上记录反映AFC票务收益室内所有现金、车票、票务钥匙、备品备件的数量及状态，并在“交班值班员”栏内签名确认；接班AFC综合作业员应对照《AFC综合作业员交接记录》记录的情况，清点、检查AFC票务收益室内所有现金、车票、票务钥匙和备品备件的数量及状态与记录是否相符，确认相符后，在“接班值班员”栏内签名确认。如果在接班AFC综合作业员签名确认后，发现现金、车票或备品备件缺失，则由接班AFC综合作业员承担责任。

为确保半自动售票机能如实地反映票务员当班期间涉及的现金、非现金操作，形成票务员本班次的后台结算数据，票务员上岗时应使用本人ID和密码登录半自动售票机进行操作，严禁使用他人密码进行操作。为确保票务员结账时清点的实收金额能如实地反映当班期间的票款收益，严禁收取乘客或车站其他人员拾获的现金，遇到有拾获现金的应通知当班AFC综合作业员按照规定收取。为避免票务员将自己的现金、车票与售票工作中涉及的工作现金、车票混淆，影响实际票款收益结算，票务员在当班期间不得携带个人现金和个人员工票以外的车票。

售票处票务员间进行交接班时，为避免现金、车票、设备交接不清，应由交班的票务员先检查并确认收好所有的现金、车票，放入上锁的票盒，退出半自动售票机后，方可安排接班的票务员携带现金、车票进入售票处并登录半自动售票机。交班票务员携带本班所有现金、车票及各类报表回AFC票务收益室，按照结账程序的要求与AFC综合作业员结账，并归还售票处钥匙。票务员在售票过程中要严格执行相关票务规章制度及设备操作规范，根据实际情况如实收取乘客票款，真实反映当班期间的票款收益，不得蓄意侵占公司票款收益或蓄意导致公司票款收益流失。

AFC现金交接的一般管理规定如下。

（1）车站 AFC 票务收益室（或储票室）内的现金交接

① 纸币：在车站 AFC 票务收益室监控范围内，双方当面清点确认交接。

② 硬币：在车站 AFC 票务收益室监控范围内，对已加封的硬币，确认加封正确完好后，整捆交接；对零散硬币按实点数交接。

（2）售票/补票处备用金的交接

① 交接双方必须当面清点，售票备用金在车站《BOM 操作员储值卡交接登记台账》上进行签字确认；退卡备用金在《票务员退卡/备用金交接台账》上签字确认。

② 不按规定进行清点、确认，出现的一切不良后果均由接班人负责。

（3）AFC 综合作业员之间的现金交接

① 接班 AFC 综合作业员应在监控范围内与交班 AFC 综合作业员当面清点车站 AFC 票务收益室（或储票室）内所有现金，核对封包数量及金额等，确认无误后进行签收，如实填写《AFC 综合作业岗交接台账》《AFC 综合作业员退卡/备用金领用交接台账》。

② 交接清点时若发现现金不符，应立即报告当班值班站长到票务室确认；接班人员按实际数目进行签收。若差额原因无法当场查明，则短款由交班人补足，长款随当天票款解行，同时站区应于 24 小时内上报营销部和安质部等相关部门进行调查处理。

（4）AFC 综合作业岗与 BOM 操作员之间的交接

① 结账时的票款交接：AFC 综合作业员与 BOM 操作员在监控范围内当面进行现金清点，按实点数填写《××车站日交款明细》，双方签字确认，现金交 AFC 综合作业员保管。

② 预收票款的交接：AFC 综合作业员向 BOM 操作员收取预收票款时，双方应当面清点和交接所预收的款项后，AFC 综合作业员在《××车站日交款明细》上进行签收。

③ 双方交接清点过程中发现的假钞由 BOM 操作员负责等额补足。

④ BOM 操作员应按照机打水单所列款项足额交款，长款上缴、短款自负。

任务 5.2　票款清点收缴作业

车站的票款是车站现金的重要组成部分，应严格执行财务管理规定。车站票款主要有自动售票机售票收入、自动充值机储值票充值收入、票务处半自动售票机售票和充值收入、临时售票处售票收入等。对于车站的票款收入，要求每日运营结束后进行清点、登记、系统录入、封装和解行。

1. 票款封装

车站当日要解行的票款由 AFC 综合作业员一人在监控器的监视下进行清点，同时值班站长在旁监督，清点完毕由值班站长复核并确认金额后，AFC 综合作业员须填写现金交款单，注明交款金额、账户名称等信息，与票款一起装入尾箱，并由两人共同加封尾箱。

2. 票款解行

票款解行是指将票款从车站转交到银行的过程，即车站将票款收入存在企业在银行的专用账户上的过程。票款收入一般要求每日按时解行，不得在车站过夜保管，解行方式有直接解行和集中站收款两种。

（1）直接解行

直接解行是指票款在车站清点完成，由车站工作人员送到银行，银行工作人员与交款人员当面清点票款并当即返还现金送款单的解款方式，这种方式适合有驻站银行的车站。这种解行方式的优点就是能及时、准确地监控城市轨道交通车站收益票款环节，及时发现解行票款正确与否；不足在于票款可能需要较长时间运送，安全性不高，在银行办理过程也会受到其他客户的影响。

（2）集中站收款

集中站收款是指每日运营低峰时段，车站票款清点封包后，AFC 综合作业员及安保人员将票款送至站区交款点，然后由银行或者专门的押运公司到站区集中交款车站收取，运送到银行，银行工作人员按规定清点票款后于次日返还现金送款单，最终确认存入金额的解行方式，这种方式适用于距离银行较近的车站。

这种解行方式的优点就是利用了专门的配送机构，提高了运送途中的安全性，大大减少了票款解行时间。不足之处在于银行入账凭证会延迟返还，如在票款解行的过程中遇到问题不能及时发现，配送工作无论由银行还是专门的押运公司完成都需要签订相关协议，甚至需要交纳一定的费用，必然会增加运营成本。

封包解行流程：

① 核对确认解行人员的身份；

② 与解行人员双方共同确认封包数量、票款金额与银行《封包明细表》的一致性；同时确认相关台账记录的“解交银行款”金额与银行《封包明细表》的金额相一致；

③ 核对无误后，与解行人员办理交接手续。

3. 票款收缴工作纪律

各站区的票款收缴工作由站区事务员负责，从事收款作业时必须有监收人在场，监收人由值班站长或其指定专人担当。

BOM 操作员上缴票款时，应按下列要求办理：

① 交款前须与设备机打水单进行核对，并填写交款单据，确保票、款、账、卡相符；

② 因售卡充值设备故障等原因无法与机打水单核对时，应按照实际发售金额上缴票款；

③ 售票收入及售卡充值的现金应全部上交，不得截留；

④ 夜班票务员须按照“接班至末班车、次日首班车至交班”两个时段分别上交票款；

⑤ 将整理好的票款与机打水单装入款包，交 AFC 综合作业员进行当面清点后，由 AFC 综合作业员负责交接、保管。

站区事务员收缴票款时，应按下列要求办理：

① 于次日收取前一运营日的全部票款，确保票款收入及时归帐；

② 收缴票款时须对票款及车站交款台账、设备机打水单进行认真核对；

③ 因设备故障等原因无法与机打水单核对或核对后交款现金与水单不一致时，应与 SC 日收益报表进行核对；

④ 因设备故障等原因无法打印水单及 SC 报表时，应对实际现金进行全额收缴；

⑤ 与监收人核对票、卡、款、账相符后，填写交款单据并签字；出现设备故障造成票、卡、款、账不符或票务员误操作等情况时，应在相关报表、台账中予以注明并及时上交营销部；

⑥ 站区事务员应在规定时间内完成站区全部票款的汇总与封包，及时将封包票款按照公司规定送到指定收款点或等候银行上门收取。

任务 5.3　备用金管理

1. 车站备用金管理规定

车站备用金分为半自动售票机操作人员备用金、自动售票机找零备用金。

车站票务备用金的使用必须严格执行财务制度，遵循专款专用的原则，不准挪作他用。

各站区票务主管领导为站区车站备用金的领用、配发责任人。自动售票机找零备用金和其他备用金由车站 AFC 综合作业员负责保管和交接，值班站长负责检查、监督。半自动售票机操作人员备用金由 BOM 操作员负责交接、保管，并执行力度交接（力度交接：指交、接双方必须当面进行清点并在相关报表、台账上进行签字、确认。适用于现金、IC 卡、发票、应急纸票等各类有价票据的交接管理与作业）。

车站 AFC 综合作业员如果因工作调动或其他原因离开本岗位时，应及时办理备用金缴还或移交手续。

车站票务备用金必须放入专门的储币柜或保险柜加锁进行保管。备用金出入库必须有值班站长和 AFC 综合作业员双人在场，值班站长负责交接储币柜外门钥匙，AFC 综合作业员负责交接储币柜内门钥匙。

遇重大节假日或特殊运输组织任务时，经过站区主管领导同意，可以车站之间临时借用备用金，但使用后必须立即归还。临时借用车站票务备用金的，应在 24 小时内归还，逾期未归还的按相关财务管理制度处理。

2. 车站票务备用金的清点与交接

备用金的清点交接须交接双方在车站 AFC 票务收益室（或储票室）内监控状态下进行。在交接备用金时，须双方当面清点，按规定填写交接台账（《BOM 操作员储值卡交接登记台账》、《票务员退卡/备用金交接台账》、车站《AFC 综合作业岗交接台账》、《AFC 综合作业员退卡/备用金领用交接台账》)，双方签字确认。

各站区组织对所辖车站备用金的检查不少于1次/季度；营销部、财务合同部和安质部将对车站备用金交接、使用、保管情况进行不定期的检查和抽查。

车站备用金在运转过程中原则上不会出现差额，若有差额情况发生时，必须立即向财务合同部、安质部报告。财务合同部、安质部会同其他相关部门到现场进行调查处理。

领用整捆或整箱的备用找零硬币时，必须双人接收（其中一名必须为AFC综合作业员)，确认封条正确完好后，放入储币柜或保险柜。

任务5.4 假钞的识别和处理

假钞，也称伪钞，是指假的钞票或纸币，也就是指伪造、变造的货币。伪造的货币是指仿照真币图案、形状、色彩等，采用各种手段制作的假币。变造的货币是指在真币的基础上，利用挖补、揭层、涂改、拼凑、移位、重印等多种方法制作，改变真币原形态的假币。在日常票务工作中，难免会遇到乘客用假钞购票、充值的问题，为了预防此类问题的发生，不仅需要给票务人员配备先进的钞票真伪辨别设备，还需要票务工作人员具有基本的假钞识别能力和素质。随着假钞制作水平的提高，现在很多假钞几乎可以以假乱真，票务工作人员需要在平时售票、充值的过程中认真谨慎、一丝不苟，正确使用钞票真伪识别设备，同时掌握最新的人工假钞识别技能，严格把关，这样才能减少假钞流入票款的可能性，从而降低城市轨道交通运营企业的经济损失。

1. 收到假钞的处理

由于假钞通常通过人工售票、充值或自动售票机售票、充值混入票款，所以假钞的处理可以分为两个方面：售票处收到假钞的处理和自动售票机收到假钞的处理。

（1）售票处收到假钞的处理

车站售票处进行现金交易时，需要使用相应的设备进行钞票真伪的识别。同时，票务工作人员还需要通过人工方式对钞票真伪的基本特征进行确认，若设备识别或人工识别任一种方式发现是假钞或无法确认真伪的钞票时，都应立即退还乘客，并请乘客另换一张。

结账、缴款过程中发现收到假币时，若假币无法被车站验钞机正确识别（即验钞机当作真币识别)，则相应票款损失由公司承担；若假币能够被车站验钞机正确识别（即验钞机识别该币为假币)，则损失由相应责任人承担。

人工作业收取假钞应遵循“谁收取谁补还”的原则。

在实际票款收缴过程中，还会遇到错款问题，即实际所收现金与应收票款存在差异。一般情况下，当出现错款情况时，人工作业遵循“长款上缴，短款自负”的处理原则。若由于设备故障引起差款（例如：BOM机车票批处理过程中应发售单程票20张，因设备故障实际只发出15张，而设备记录发售20张)，则相应票款损失由公司承担。银行在票款清点过程中发现所收现金与应收票款存在差款时，相应损失由票款包封包人承担。

（2）自动售票机收到假钞的处理

一旦自动售票机收到假钞，必须立即停用该自动售票机。对于TVM收取的票款必须全程在监控设备的监控下进行清点，清点过程中保持高度警惕，遇到假钞或有假钞嫌疑的钞票时，应该在监控摄像下做出近景特写，并且做好相关记录，公司负责承担相应的票款损失，必要时公司将组织调查。

当TVM收取的票款差额在应收金额的0.03%以内时，可由公司承担相应损失。当超出规定范围时，公司会联合多个票务相关的部门组成调查组，对事件进行专项调查并提出处理意见。此外，设备所收的长款应上缴。

2. 人工辨别真假人民币方法

票务人员除了使用验钞机来辨别钞票的真伪之外，还应该有一套人工辨别人民币真伪的方法，这样才能更大程度地减少假人民币混入票款的可能性。

人民币真伪辨别常见方法主要通过感官和经验进行判断，常用鉴别法主要是对照真人民币进行鉴别，通过看、摸、听、观察和仪器检测四个步骤来鉴别人民币真伪，概括为“一看、二摸、三听、四测”。

“一看”：一是看水印，把人民币迎光照看，10元以上人民币可在水印窗处看到人头像或花卉水印，5元纸币是满版古币水印。二是看安全线，第四套人民币1990版50元、100元钞票在币面右侧有一条清晰的直线。假币的“安全线”或是用浅色油墨印成，模糊不清，或是手工夹入一条银色塑料线，容易在币纸边缘发现未经剪齐的银白色线头。第五套人民币的安全线上有微缩文字，假币仿造的文字不清晰，线条容易抽出。三是看钞面图案色彩是否鲜明，线条是否清晰，对接线是否对接完好，无留白或空隙。

“二摸”：由于5元以上面额人民币采取凹版印刷，线条形成凸出纸面的油墨道，特别是在盲文点、“中国人民银行”字样、第五套人民币人像部位、衣领部位等。用手指抚摸这些地方，有较鲜明的凹凸感，较新钞票用手指划过，有明显阻力。目前收缴到的假币是用胶版印刷的，平滑、无凹凸感。

“三听”：人民币纸张是特制纸，结实挺括，较新钞票用手指弹动会发出清脆的响声。假币纸张发软，偏薄，声音发闷，不耐揉折。

“四测”：用简单仪器进行荧光检测，一是检测纸张有无荧光反应，人民币纸张未经荧光漂白，在荧光灯下无荧光反应，纸张发暗。假币纸张多经过漂白，在荧光灯下有明显荧光反应，纸张发白发亮。二是人民币有一到二处荧光文字，呈淡黄色，假人民币的荧光文字色泽苍白。

鉴别100元真假人民币的图例如图5－2所示。

鉴别50元真假人民币的图例如图5－3所示。

鉴别20元真假人民币的图例如图5－4所示。

鉴别10元真假人民币的图例如图5－5所示。

鉴别5元真假人民币的图例如图5－6所示。

鉴别1元真假人民币的图例如图5－7所示。

图5-2 鉴别100元真假人民币的图例

图5-3 鉴别50元真假人民币的图例

图 5－4　鉴别 20 元真假人民币的图例

图 5－5　鉴别 10 元真假人民币的图例

图5－6　鉴别5元真假人民币的图例

图5－7　鉴别1元真假人民币的图例

3. 遇到假钞或疑似假钞的处理办法

收到假钞或疑似假钞时建议采用如下方法处理，避免和乘客正面冲突引发矛盾。

① 当收到假钞或疑似假钞时，用委婉的语言告知乘客："不好意思，您的钞票不能被机器识别，请您另换一张好吗?"不要用直接断言乘客所持钞票为假钞，要照顾乘客的情绪。

② 若乘客执意不换，应该请乘客监督，将该钞票的币种、编码（又称冠字号码）抄录下来，并请乘客确认、签字，并留下乘客身份证上的地址、身份证号码以及乘客的联系方式。

③ 向乘客说明此钞票明日将送往银行进行鉴别：如是假钞，将会通知您，您必须前来支付票款，该币将按规定被银行回收；如不是假钞，我们将会登门向您道歉，并如数找零，谢谢配合。

思考与实训

1. 思考题

（1）简述车站现金管理的流程。

（2）列举车站现金安全管理的注意事项。

（3）简述 AFC 综合作业员结账的具体流程。

（4）AFC 现金交接作业有哪些管理规定?

（5）分析票款解行两种方式的异同点。

（6）列举车站对备用金管理的规定。

（7）假钞的识别方法有哪些？售票、充值过程收到假钞应该如何处理?

2. 实训任务

任务 1

（1）任务目标

掌握 AFC 现金日常保管和交接作业的工作内容和工作方法。

（2）任务实施建议

每个小组完成一个 AFC 现金日常保管和交接作业工作清单，要求明确工作内容、工作重点和注意事项。

（3）任务输出和评价

各小组展示并讲解自己完成的工作清单，由教师和学生进行评定其准确性、规范性和合理性，对于表现优秀的小组给予一定形式的鼓励。

任务2

(1) 任务目标

掌握票款清点收缴作业的工作内容和工作方法。

(2) 任务实施建议

每个小组完成一个票款清点收缴作业的工作清单，要求明确工作内容、工作重点和注意事项。

(3) 任务输出和评价

各小组展示并讲解自己完成的工作清单，由教师和学生进行评定其准确性、规范性和合理性，对于表现优秀的小组给予一定形式的鼓励。

任务3

(1) 任务目标

掌握假钞的识别方法和遇到假钞的处理办法。

(2) 任务实施建议

每个小组构建一个售票或充值过程中收到假钞的情境，以小品的形式进行细化表演，要求在表演过程中将假钞的识别方法和处理过程清晰地表达出来。

(3) 任务输出和评价

各小组进行演练，并展示，由教师和其他学生进行评定工作流程是否熟练，每个角色的定位是否准确，与乘客的沟通交流是否亲切且职业化，对于表现优秀的小组给予一定形式的鼓励。

项目 6

发票与台账管理

项目导学

城市轨道交通线路中使用的报销凭证和发票是对乘客所购车票和充值而开具的业务凭证，每一张报销凭证或发票都对应一笔购票款或充值款收入，所以票据管理也必须要求票务人员遵循严格的财务制度。

城市轨道交通运营企业的票务工作关乎票款收益问题，所以需要认真谨慎，每天都必须整理当天的票务工作，填写相应的台账，遇到一些应特别处理的票务问题也需要及时记录台账，以防票款流失。票务各类报表是记录车站现金交接、收益汇总、车票交接、发售、站存的原始台账，也是作为结算部门对票务工作人员进行收益结算的原始依据，在车站票务工作中起着非常重要的作用。

本项目主要具体介绍票务台账及报表的填记、保管和票据的管理。

教学目标

（1）了解城市轨道交通发票的种类。

（2）掌握城市轨道交通发票的申领和换发流程。

（3）简述城市轨道交通发票的交接、库存及使用管理规定。

（4）列举票务台账的种类。

（5）简述票务台账的填记与保管。

建议学时

8 学时。

任务 6.1 发票的管理

子任务 6.1.1 发票的种类

城市轨道交通运营中一票通单程票使用的发票为单程票报销凭证，由公司财务部提供。储值票充值使用的发票为普通 IC 卡充值发票，由一卡通公司提供。各类发票均应由专人负责妥善保管，不得丢失。凡因保管、交接不当造成发票或存根丢失的，一律按照丢失有价票证纳入公司绩效考核；凡参与倒卖发票者，一律解除劳动合同。

城市轨道交通运营企业所使用的发票分为定额发票和手写发票两种，但是由于定额发票方便、快捷，容易规范，所以使用频率较高。

“一卡通充值定额发票”在充值交易时，由票务员按交易金额主动提供给乘客。购买单程票时，票务员应按照票面金额主动提供“单程票报销凭证”给乘客。若乘客事后索取一卡通发票，票务员原则上不应该给予，并告知乘客应该在充值时主动索取。

一般情况下，城市轨道交通运营企业使用的“一卡通充值定额发票”面值为：10 元、20 元、50 元、100 元、200 元、500 元。“单程票报销凭证”为 1 元、2 元、3 元、4 元、5 元、6 元、7 元、8 元、9 元。

手写发票由于使用不便，一般来说城市轨道交通运营企业较少使用。手写发票由车站站长负责管理，领用手写发票须凭原发票存根联到客运主管部门调换，并做好交接工作。开票人员需要按照手写发票的具体填写要求正确、真实、如数填写，做到填写内容完整，大小写金额一致。手写发票如需作废，应在四联一起写上“作废”字样，不可撕下丢弃（已撕下发票也应重新贴上）。车站对用完的发票应保证整本发票联号，不得缺号、缺张。发票作为票卡报销凭证，票务员不得开具与票卡销售无关的报销内容。

子任务 6.1.2 发票的申领和换发

发票应按照“整体领用、适量配发、及时更换”的原则进行管理，站区级发票库存由站区事务员负责，车站级发票库存由当班 AFC 综合作业员负责，岗位发票由当班票务员负责。

站区事务员负责站区发票的申领、换发工作，随时掌握所辖各车站发票使用情况。

申领发票应按下列规定办理：

① 站区事务员根据站区所辖各车站发票使用情况及时向公司营销部进行发票申领；

② 单程票报销凭证及 IC 卡充值发票应本着不低于本站区 45 天用量的前提下向公司营销部提出书面申请。

③ 发票送至站区时，应认真核对发票种类、数量及起止号，确认无误后，在站区《发票领用交接台账》上进行记录。

换发发票应按下列规定办理：

① 站区事务员凭发票存根进行换发；

② 换发发票时，应认真核对发票种类、数量及起止号，确认无误后，双方签字确认；

③ 换发发票后，事务员应及时在站区《发票领用交接台账》上进行登记；

④ 站区事务员对于收回的发票存根，应填写《发票回收单》，并以300本为一箱，按面值分箱进行封装、送交。

子任务6.1.3　发票的交接、库存及使用管理

发票的交接、库存及使用管理，按下列要求办理：

① 车站领用发票时，由AFC综合作业员填写车站《发票领用交接台账》，站区事务员填写站区《发票领用交接台账》，核对无误后双方签字确认；

② 车站发票下发时，AFC综合作业员填写车站《发票领用交接台账》，票务员填写《售票员发票交接登记簿》，核对无误后双方在车站《发票领用交接台账》签字确认；

③ 发票使用时，票务员应根据发票的开具情况填写《售票员发票交接登记簿》；

④ 交接班时，AFC综合作业员和票务员均应进行发票的交接，填写相应台账；

⑤ 票务员应根据IC卡充值金额如实开具发票，不得虚开发票；在交给乘客发票的同时，在机打水单上应注明“已开发票”；

⑥ 运营时间内，各站的售/补票室内应准备单程票报销凭证，票务员根据乘客购票张数如实开具发票，不得虚开发票。

AFC综合作业员应按下列规定办理车站发票换领及存根回收工作：

① 整本发票使用完毕后，票务员将发票存根上交AFC综合作业员，AFC综合作业员负责更换新的发票，双方核对无误后在《发票领用交接台账》上进行签字确认；

② AFC综合作业员将发票存根上交站区事务员，站区事务员负责为其更换新的发票，双方核对无误后在车站《发票领用交接台账》上进行签字确认；单程票报销凭证的领用、发放应填记《发票领用交接台账》。

任务6.2　票务台账管理

子任务6.2.1　台账的种类

1. AFC模式下的台账种类

（1）IC卡领发登记台账

《IC卡领发登记台账》如图6-1所示，为每个运营日票务员向客运综控员领取IC卡时所填写的台账。

IC卡领发登记台账

年		班次	摘要	普通IC卡（张）			纪念卡（张）			IC坏卡（张）		客运综控员签字		票务员签字
月	日			领取	下发	结存	领取	下发	结存	普卡	纪念卡	交班	接班	

图6－1　IC卡领发登记台账

（2）BOM操作员储值卡交接登记台账

售票/补票处备用金的交接双方BOM操作员必须当面清点，售票备用金必须在车站《BOM操作员储值卡交接登记台账》上进行签字确认。《BOM操作员储值卡交接登记台账》如图6－2所示。

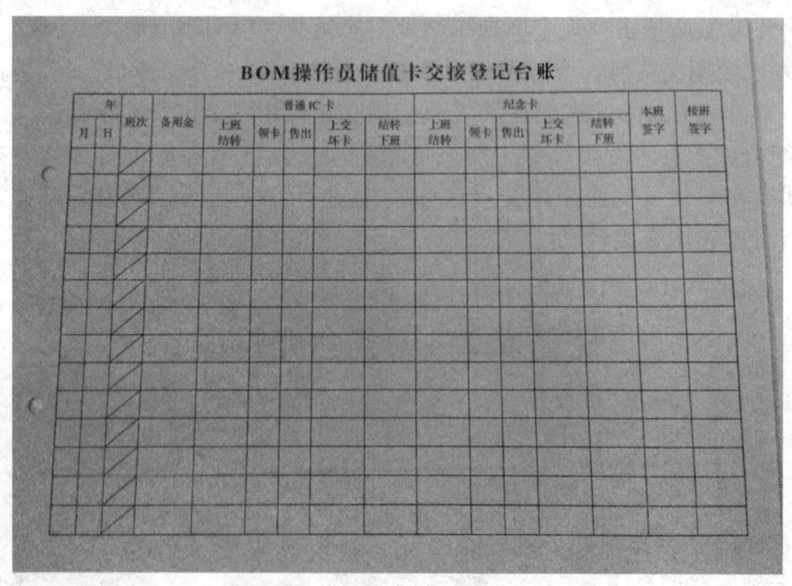

BOM操作员储值卡交接登记台账

年		班次	备用金	普通IC卡					纪念卡					本班签字	接班签字
月	日			上班结转	领卡	售出	上交坏卡	结转下班	上班结转	领卡	售出	上交坏卡	结转下班		

图6－2　BOM操作员储值卡交接登记台账

（3）发票领用交接台账

发票送至站区时，站区事务员应认真核对发票种类、数量及起止号，确认无误后，在站区《发票领用交接台账》上进行记录；车站领用发票时，由AFC综合作业员填写车站《发票领用交接台账》，站区事务员填写站区《发票领用交接台账》，核对无误后双方签字确认；车站发票下发时，AFC综合作业员填写车站《发票领用交接台账》，票务员填写《售票员发票交接登记簿》，核对无误后双方在车站《发票领用交接台账》签字确认。

（4）______站区日营业收入汇总表

《______站区日营业收入汇总表》如图6－3所示，主要是记录该站区BOM销售明细和TVM销售明细，其中BOM销售明细包括单程票、补票、售卡押金、充值金额和退卡金额，TVM销售金额包括单程票和充值金额，然后将各项金额汇总计算出单程票、售卡押金、充值、退卡退资和车站票款的合计金额。

______站区日营业收入汇总表

年　月　日　　　　　　　　站区事务员：

车站	BOM销售明细（元）							TVM销售明细（元）			单程票小计 10＝1+2+7	售卡押金小计 11＝3	充值小计 12＝4+8	退卡退资小计 13＝5	车站票款合计 14＝6+9
	单程票 1	补票 2	售卡押金 3	充值金额 4	退卡5		合计 6	单程票 7	充值金额 8	合计 9					
					押金	退资									
总计															
备注															

图6－3　______站区日营业收入汇总表

（5）______车站日交款明细

《______车站日交款明细》如图6－4所示，主要在以下两种情况中填写。

AFC综合作业岗与BOM操作员之间结账时的票款交接：AFC综合作业员与BOM操作员在监控范围内当面进行现金清点，按实点数填写《______车站日交款明细》，双方签字确认，现金交AFC综合作业员保管。

AFC综合作业岗与BOM操作员之间结账时的预收票款的交接：AFC综合作业员向BOM操作员收取预收票款时，双方应当面清点和交接所预收的款项后，AFC综合作业员在《______车站日交款明细》上进行签收。

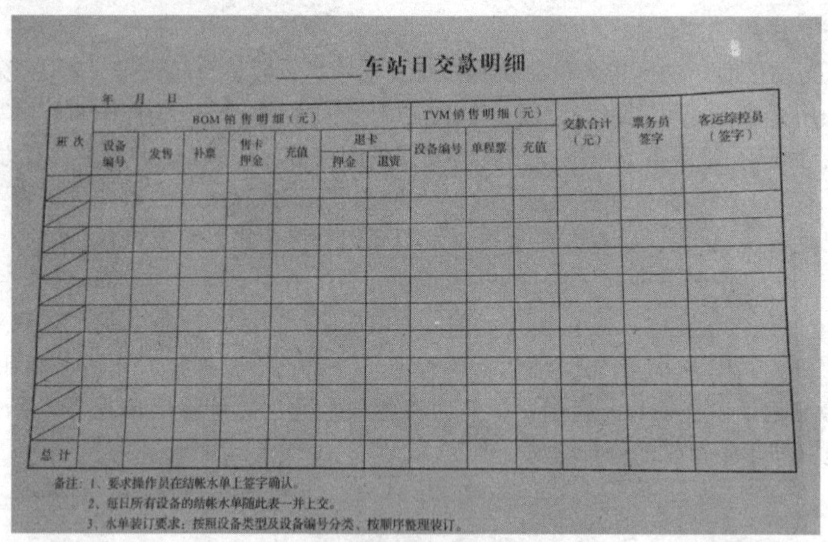

______车站日交款明细

年 月 日

班次	BOM销售明细（元）							TVM销售明细（元）			交款合计（元）	票务员签字	客运综控员（签字）
	设备编号	发售	补票	售卡押金	充值	退卡		设备编号	单程票	充值			
						押金	退资						
总计													

备注：1、要求操作员在结帐水单上签字确认。
2、每日所有设备的结帐水单随此表一并上交。
3、水单装订要求：按照设备类型及设备编号分类、按顺序整理装订。

图 6－4 ______车站日交款明细

（6）______线______站故障单程票统计上交单

《______线______站故障单程票统计上交单》如图 6－5 所示，主要对故障单程票的信息进行统计并上交时所记录的台账。

____线______站故障单程票统计上交单

年 月 日

序号	班次	车票编号	故障现象描述									上交人签字	备注
			外观可辨	进站失败	出站失败	BOM废票		TVM废票		AG废票			
						设备编号	数量	设备编号	数量	设备编号	数量		
1			☐	☐	☐								
2			☐	☐	☐								
3			☐	☐	☐								
4			☐	☐	☐								
5			☐	☐	☐								
6			☐	☐	☐								
7			☐	☐	☐								
8			☐	☐	☐								
9			☐	☐	☐								
10			☐	☐	☐								
11			☐	☐	☐								
12			☐	☐	☐								
13			☐	☐	☐								
14			☐	☐	☐								
15			☐	☐	☐								

注：1、此表由客运综控员负责保管，凡"外观可辨"的票卡损坏请在"备注"栏注明损坏原因，如"更换票箱误操作""乘客弯折""乱涂乱写"等；
2、各岗位发现故障票卡后交客运综控员并做好故障票登记，客运综控员每日交款时将本站前一日的全部故障票卡及台账一并上交站区事务员；
3、各站区事务员每月8日前将本站区的全部故障票卡及台账上交营销部。

图 6－5 ______线______站故障单程票统计上交单

（7）单程票库存情况登记簿

《单程票库存情况登记簿》如图 6－6 所示，是对单程票的库存情况进行统计时记录的台账。

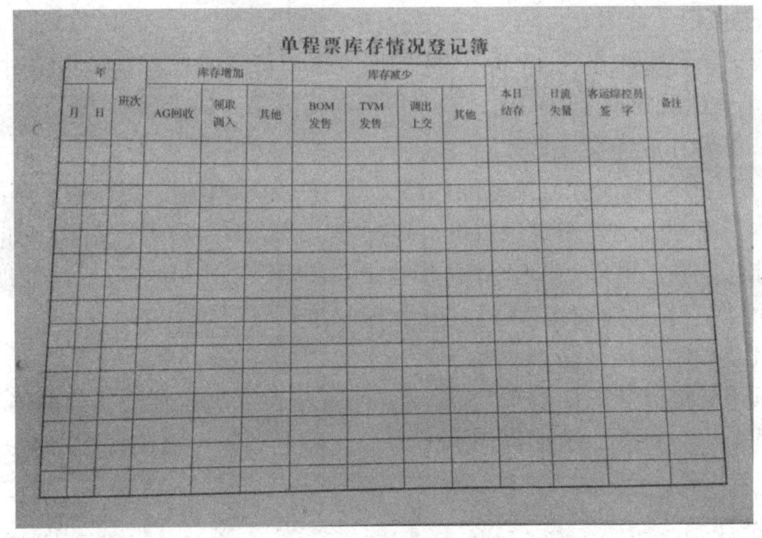

单程票库存情况登记簿

年		班次	库存增加			库存减少				本日结存	日流失量	客运综控员签字	备注
月	日		AG回收	领取调入	其他	BOM发售	TVM发售	调出上交	其他				

图6－6　单程票库存情况登记簿

（8）售票员发票交接登记簿

《售票员发票交接登记簿》如图6－7所示，当车站发票下发时，AFC综合作业员填写车站《发票领用交接台账》，票务员填写《售票员发票交接登记簿》，核对无误后双方在车站《发票领用交接台账》签字确认；发票使用时，票务员应根据发票的开具情况填写《售票员发票交接登记簿》。

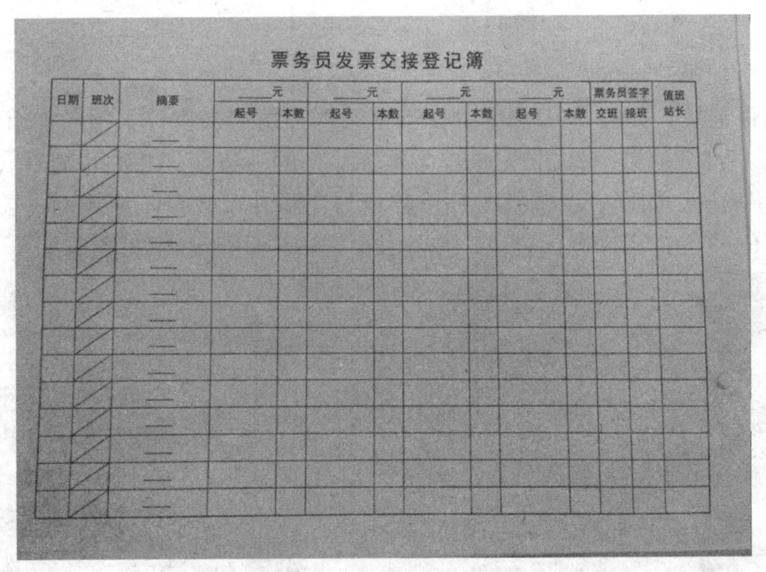

票务员发票交接登记簿

日期	班次	摘要	____元		____元		____元		____元		票务员签字		值班站长
			起号	本数	起号	本数	起号	本数	起号	本数	交班	接班	

图6－7　售票员发票交接登记簿

（9）钱箱更换记录台账

《钱箱更换记录台账》是在 TVM/AVM 的回收钱箱将满或找零钱箱将空时，或者本站最后一列载客列车开出后的规定时间内，钱箱更换时需要填写的台账。

（10）AFC 综合作业岗交接台账

接班 AFC 综合作业员应在监控范围内与交班 AFC 综合作业员当面清点车站 AFC 票务室（或储票室）内所有现金、核对封包数量及金额等，确认无误后进行签收，如实填写《AFC 综合作业岗交接台账》。另外，AFC 综合作业员在 TVM 出币/出票口或其他地方拾获现金，应如实在《AFC 综合作业岗交接台账》“备注”栏进行登记。

（11）福利票领用交接台账

《福利票领用交接台账》如图 6－8 所示，值班站长每次运营开始前向当天第一个班次的 BOM 操作员发放福利票，并由 BOM 操作员在《福利票领用交接台账》上进行登记。

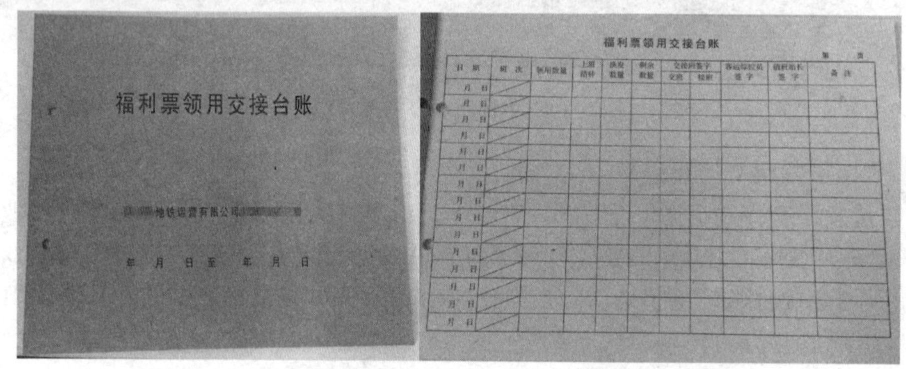

图 6－8　福利票领用交接台账

（12）补票/加币记录

《补票/加币记录》如图 6－9 所示，AFC 综合作业员携带机打水单和加币后已空的钱箱返回 AFC 票务室（或储票室），核对水单与实际操作的一致性，并如实填写《补票/加币记录》，双方签字确认。如发生水单打印补币数量与实际补币数量不一致时，应在《补票/加币记录》台账的“备注”栏进行登记，并及时报告站区进行妥善处置。

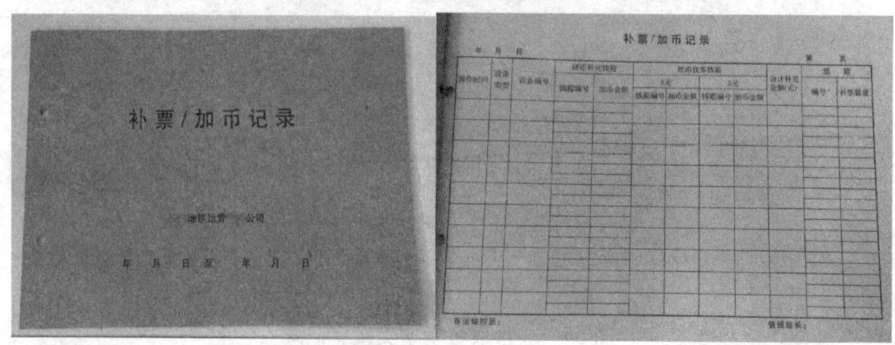

图 6－9　补票/加币记录

（13）乘客事务处理记录

《乘客事务处理记录》如图6－10所示，是指乘客在乘坐城市轨道交通中遇到的车票超程、超时、无效、进出站次序错误以及自动售票机卡票、卡币、找零不足和充值不成功等情况时，票务工作人员在解决过程中需要填记的台账。

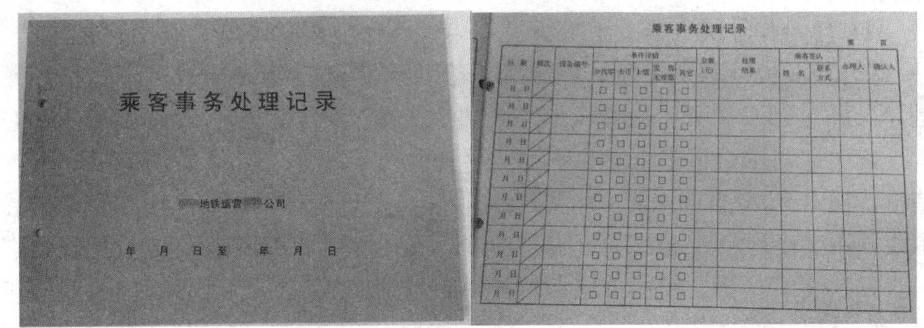

图6－10　乘客事务处理记录

（14）TVM/AVM钱箱日清点记录

《TVM/AVM钱箱日清点记录》如图6－11所示，是在以下两种情况中需要填记的台账。

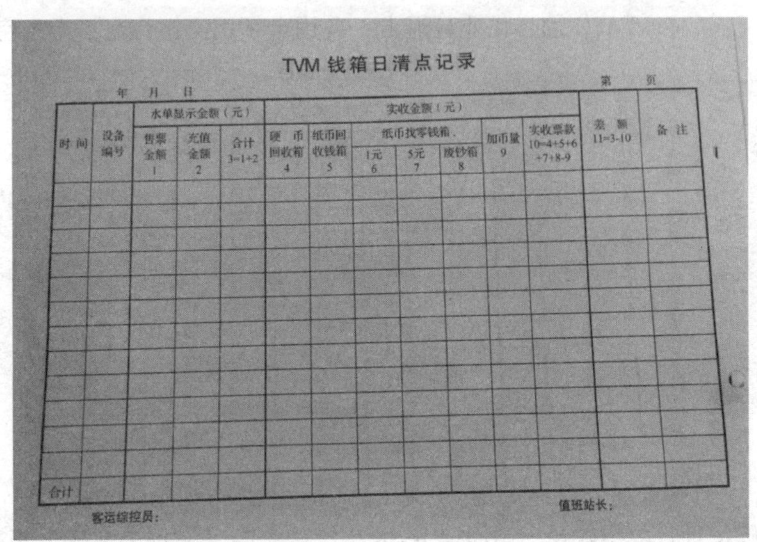

TVM 钱箱日清点记录

年　月　日　　　　　　　　　　　　第　页

时间	设备编号	水单显示金额（元）			实收金额（元）							差额 11=3-10	备注
		售票金额 1	充值金额 2	合计 3=1+2	硬币回收箱 4	纸币回收钱箱 5	纸币找零钱箱 1元 6	纸币找零钱箱 5元 7	纸币找零钱箱 废钞箱 8	加币量 9	实收票款 10=4+5+6+7+8-9		
合计													

客运综控员：　　　　　　　　　　值班站长：

图6－11　TVM/AVM钱箱日清点记录

运营结束后回收所有钱箱，现金清点结果应登记在《TVM/AVM钱箱日清点记录》的“实点金额”栏中，同时认真核对设备打印的TVM/AVM结算单与实际清点的现金数量是否一致，由AFC综合作业员和值班站长双人进行签字确认。

在清点过程中若发现钱款有明显的失真特征或可通过验钞机识别为伪钞的，值班站长确认后做好记录，与AFC综合作业员双方签字确认加封（加封内容为日期、车站名、设备号、伪币种类、金额、数量、值班站长与 AFC 综合作业员双方签名），然后，由 AFC 综合作业员在当日《TVM/AVM 钱箱日清点记录》上备注说明，按实际清点数目进行交款。

（15）发票回收单

在换发发票时，站区事务员对于收回的发票存根，应填写《发票回收单》，并以 300 本为一箱，按面值分箱进行封装、送交。

（16）AFC 综合作业员（客运综控员）退卡、备用金领用交接台账

《AFC 综合作业员（客运综控员）退卡、备用金领用交接台账》如图 6－12 所示，每日运营前退卡人员到 AFC 票务室向 AFC 综合作业员申领退卡备用金，双方填写《AFC 综合作业员退卡、备用金领用交接台账》。每日运营结束后，退卡人员将剩余备用金及本班岗结单、日结单、回退 IC 卡全部上交 AFC 综合作业员，双方确认无误后在《AFC 综合作业员退卡、备用金领用交接台账》上签字确认。每日运营开始前 AFC 综合作业员配发给退卡人员备用金，双方在《AFC 综合作业员退卡、备用金领用交接台账》上签字确认。交接班时收取交班退卡人员岗结单及回退 IC 卡，核对无误后双方在《AFC 综合作业员退卡、备用金领用交接台账》签字确认，同时填写《______车站日交款明细》。每日运营结束后收取退卡人员交回的回退 IC 卡及剩余备用金，与水单及 SC 报表核对无误后，填写《AFC 综合作业员退卡、备用金领用交接台账》，双方签字确认。次日将退卡与票款一同上交站区事务员，站区事务员核对无误后在《AFC 综合作业员退卡、备用金领用交接台账》上签字确认。

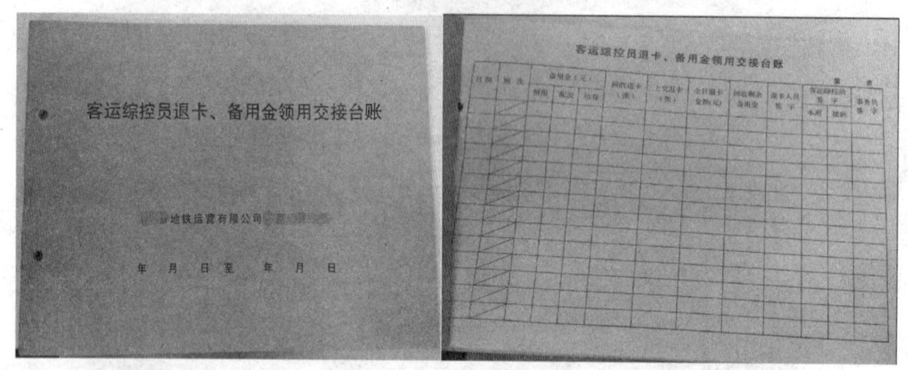

图 6－12　AFC 综合作业员（客运综控员）退卡、备用金领用交接台账

（17）______月一卡通回退卡记录

站区事务员每日收取票款及车站回退 IC 卡，核对无误后在相关台账上签字确认（核对实物、水单与 SC 是否相符，如有不符以设备水单为准，并及时上报站区及营销部）。每日依据收缴回退 IC 卡，如实填记《______月一卡通回退卡记录》，以自然月为单位进行统计。

（18）票务员退卡、备用金交接台账

《票务员退卡、备用金交接台账》如图 6－13 所示，票务员交接班时，打出岗结单，将剩余备用金及退回 IC 卡进行岗位对口力度交接，交接双方在《票务员退卡、备用金交接台账》上签字确认。

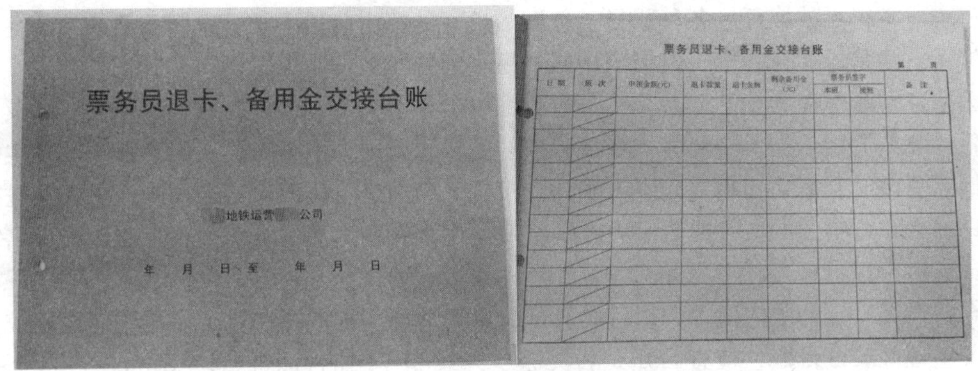

图6－13　票务员退卡、备用金交接台账

2. 人工售检票模式下台账种类

① 交接班领票交款结算簿（见图6－14）。

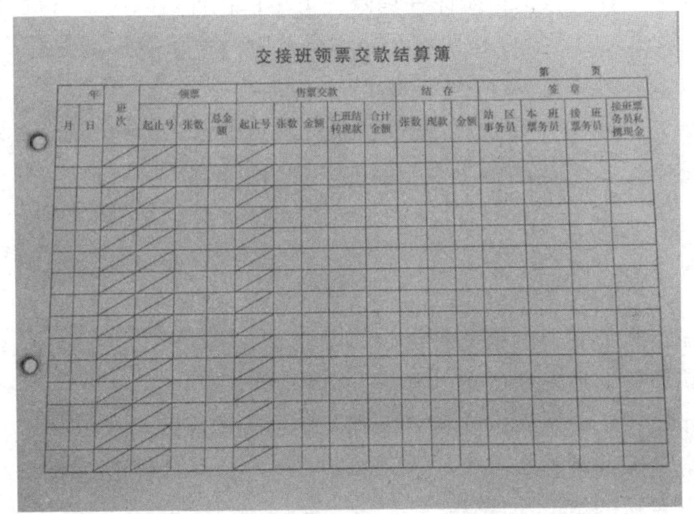

图6－14　交接班领票交款结算簿

② 检票员台账。

③ 售票数日报表。

④ 车票库存台账（乙式502账页）。

⑤ 现金应付台账（乙式502账页）。

子任务6.2.2　台账的填写与保管

台账的填写必须真实、准确、完整、及时，即台账的填写必须如实反映票务情况，不得捏造事实，弄虚作假，必须按台账所列事项填写，确保所填数据真实可靠，并且必须在规定期限内填写完毕，按规定时间上交结算部门，并随时接受票务管理人员对账目的监督、指导、审查，不得无故拖延。各种账目、单据的填写需使用蓝黑墨水笔、圆珠笔或签字笔，字迹要端正、清楚，项目齐全，改错限用红色墨水笔并盖名章，严禁割、擦、挖、补。

因票务台账是作为车站现金交接、收益汇总、车票交接、发售与站存的原始台账及票务员收益计算的原始依据，一经相关当事人填写完毕，原则上不得更改。当台账填写发生错误时，确需更改时，需通知相关当事人确认，按规定当面进行更改。必须用画线更正法进行更改，即在台账中错误的文字或数字上画一红线，以示注销，然后在该处盖上更改人员名字修正章或者签字以示负责。

台账需在一定期限内留存，以备结算部门、审计部门提取相关数据。车站应定期按台账分类，整理并装订台账，检查台账是否完整；并设立专门的台账保管室对台账进行统一保管，确保台账的安全，不同的企业对具体的保管期限有不同的要求，一般是按照统计范畴的规定执行，保管期限满后，由所属部门统一注销、销毁，严禁私自将台账注销、销毁，以防泄露商业机密。

通常情况下规定：各类人工台账保存期限为 1 年；各种售票类设备机打水单保存期限为 3 个月；与应急纸票相关的售票、检票、车票库存及应付台账应长期保存，必要时由营销部负责统一组织销毁。

思考与实训

1. 思考题

（1）试列举城市轨道交通发票的种类。

（2）简述城市轨道交通发票的申领和换发流程。

（3）简述城市轨道交通发票的交接、库存及使用管理规定。

（4）列举票务台账的种类。

（5）简述票务台账的填记与保管。

2. 实训任务

任务 1

（1）任务目标

掌握城市轨道交通发票的申领和换发流程。

（2）任务实施建议

每个小组完成一个发票的申领和换发的工作清单，要求从站区事务员到票务员各岗位都要涉及，工作清单中需要明确工作内容、作业纪律。

（3）任务输出和评价

各小组展示并讲解自己完成的工作清单，由教师和学生进行评定其准确性、规范性、合理性和完成时间，对于表现优秀的小组给予一定形式的鼓励。

任务2

（1）任务目标

掌握台账的填记方法。

（2）任务实施建议

案例分析：

2010年5月1日，A站区B站甲班AFC作业员王丹与值班站长赵明，在运营结束后，对TVM1（设备号05288601）进行结账处理。水单显示：

售票金额为870元，充值金额为1 400元；纸币合计2 225元；硬币补充110枚，回收硬币134枚。

实际清点后，硬币钱箱135元，纸币钱箱2 225元。SC报表数据与水单显示一致。

（3）任务输出和评价

① 计算当日该设备的票款收入，并写明计算步骤。

② 各小组填写《______站区______站票款差异分析说明》，由教师和学生进行评定其准确性、规范性、合理性和完成时间，对于表现优秀的小组给予一定形式的鼓励。

______站区______站票款差异分析说明

运营日：

设备名称		操作员班次	
设备编号		操作员姓名	
实收现金			
一票通（元）		硬币回收（元）	
一卡通（元）		纸币回收（元）	
水单显示			
一票通（元）		硬币回收（元）	
一卡通（元）		纸币回收（元）	
加币量（元）			
SC报表显示			
一票通（元）			
一卡通（元）			
发售无效车票			
发售时间			
票卡号			
具体事项说明			

值班站长：　　　　　　　　站区主管领导：

项目 7

特殊情况的票务处置

项目导学

正常运营情况下，车站各项业务的操作以及为乘客提供的各种票务服务都可以通过 AFC 设备来完成。但是当运营过程中遇到突发事件，车站的业务操作和票务处理，在满足安全运营的同时，需要尽最大可能保证票款收入和数据及时准确上传，使交易数据与乘客和工作人员的实际行为相符，减少突发情况下票卡的大量流失，这就需要站务人员必须掌握突发事件下的 AFC 设备的降级处理模式、售票类设备和检票类设备故障情况下的票务应急处理办法。

教学目标

（1）认识突发事件的概念、处理原则和报告要求。
（2）掌握降级运行模式的种类。
（3）掌握列车故障模式的设置时机、设置权限和设置后的设备表现。
（4）掌握进站免检模式的设置时机、设置权限和设置后的设备表现。
（5）掌握出站免检模式的设置时机、设置权限和设置后的设备表现。
（6）掌握时间免检模式的设置时机、设置权限和设置后的设备表现。
（7）掌握日期免检模式的设置时机、设置权限和设置后的设备表现。
（8）掌握车费免检模式的设置时机、设置权限和设置后的设备表现。
（9）掌握紧急放行模式的设置时机、设置权限和设置后的设备表现。
（10）掌握不可预见大客流情况的处置办法。
（11）掌握可预见大客流情况的处置办法。
（12）掌握设备故障的处置办法。
（13）掌握紧急疏散的处置办法。

建议学时

8 学时。

任务 7.1　突发事件处置适用原则及报告要求

子任务 7.1.1　认识突发事件的概念

城市轨道交通突发事件指城市轨道交通线路、车场内发生的列车脱轨、分离、冲突、人员伤亡、水灾、火灾、恶劣天气、爆炸、地震、恐怖袭击或因车辆、设备故障、损坏及客流冲击、群体服务事件等异常原因造成的影响运营的非正常情况。

突发事件处置办法根据其适用不同分为三类：大客流处置办法、设备故障处置办法、紧急疏散处置办法。

因客流过大导致 AFC 终端设备处理能力不足，影响正常运营时，适用大客流处置办法；因设备故障引起的 AFC 系统设备处理能力不能满足运营需求，影响正常运营时，适用设备故障处置办法；因城市轨道交通线路发生的列车脱轨、分离、冲突、人员伤亡、水灾、火灾、恶劣天气、爆炸、地震、恐怖袭击等紧急情况，需要紧急疏散乘客时，适用紧急疏散处置办法。

子任务 7.1.2　突发事件处置原则

突发事件应急管理工作须坚持高度集中、统一指挥、逐级负责、协调动作的基本原则。

城市轨道交通自动售检票系统是城市轨道交通路网实现票务清算工作的自动化管理系统，与地铁运营管理、车站客运组织、乘客出行服务联系紧密。其突发事件应急管理工作应坚持“控制事态、减少影响、快速反应、协调动作、有效处置”的原则，做到无人员伤亡和财产损失，并能够有序地疏散乘客和快速恢复运营秩序，在此基础上最大可能地保存数据并完整准确地上传，减少票卡流失。

城市轨道交通路网票务清算及自动收费系统的突发事件处置实行属地负责制。

运营线路发生突发事件时，由该线路所属运营企业进行处置：如影响到其他运营企业所辖线路正常运营时，由指挥中心协调相关运营企业配合处置；如需其他运营企业给予支援处置时，由指挥中心统一协调、调动相关资源配合处置工作。

子任务 7.1.3　突发事件报告要求

遇突发事件应及时报告。根据突发事件发生和处置进展情况，突发事件的报告分首报、续报、总报三个阶段：首报指事件发生后的速报，续报指事件处置过程中的补充报告，总报指事件处置结束后的报告。

突发事件报告事项如下：

① 呈报人的单位、姓名；

② 事件发生时间（时、分）、地点（线路、车站）；

③ 突发事件概况、设备故障情况及对运营影响程度；

④ 人员伤亡情况；

⑤ 请求配合、支援事项；

⑥ 其他必须说明的内容。

（1）运营企业的报告

发生下列情况之一且影响 AFC 业务正常运转时，运营企业应立即报告指挥中心运行监管人员。

① 运营线发生恐怖事件或严重刑事案件时；

② 突发自然灾害必须停止运营时；

③ 运营线地铁列车发生脱轨、分离、冲突等情况时；

④ 运营线因大客流冲击或其他突发事件影响，发生踩踏事件，造成人员伤亡时：

⑤ 运营线因大客流冲击或其他突发事件影响，导致改变运营模式时；

⑥ 因各种原因影响次日运营时；

⑦ 运营时间内发生临时封站、封闭入口时；

⑧ 其他运营企业认为有必要报告的事情时。

突发事件处置过程中，运营企业要根据现场事件变化和处置情况分阶段及时续报，最长间隔时间不得超过 1 小时报告一次。

突发事件处置结束后，运营企业须根据指挥中心的要求及时提交突发事件情况报告，并将突发事件处置概况填入当日本企业运营工作汇总表。

（2）指挥中心的报告

指挥中心运行监管岗接到运营企业的突发事件报告后，应立即报告指挥中心值班调度，并根据突发事件的处置和变化情况，及时续报，最长间隔时间不得超过 2 小时报告一次。

指挥中心在收到运营企业的报告后，应立即通知其他运营企业做好突发事件应对准备。

任务 7.2　降级运行模式

自动售检票系统的票务管理模式就是针对车站不同的运营状况、条件所作出的相应操作行为的选择和实施，包括正常运行模式、降级运行模式和紧急放行模式。

通常情况下，自动售检票系统在正常运行模式下自动运行，正常运行模式包括：正常服务状态、关闭状态、暂时服务状态、设备故障状态、测试（维修）状态及离线运行状态等。

降级运行模式是指针对不同的运营状况、条件所作出的相应的操作行为的选择和实施。一般包括列车故障模式、进站免检模式、出站免检模式、时间免检模式、日期免检模式、车费免检模式等。

设置降级模式的条件消除后，根据设置时所采取的方式，选择：

① 通过 LC 设置将车站设置为“正常模式”；

② 值班站长及以上人员下令，当班综控员在 SC 上设置“正常模式”，然后报告 LC。

子任务 7.2.1 列车故障模式

当出现列车运营故障，部分车站暂时中止运营服务时，暂停服务的车站需根据相关规定设置列车故障模式。

（1）设置时机

当列车出现下列情况之一时，车站可设定为列车故障模式：

① 车站不能正常运营，临时封闭时；

② 双方向无车，需采取疏散处理措施时；

③ 双方向列车同时在站故障，不能继续运行时。

（2）设置权限

① LC 根据车站申请进行设置；

② 值班站长及以上人员下令，当班综控员设置后报告 LC。

（3）设置后的设备表现

① 售票设备将关闭读卡器不再售票，TVM（AVM）显示“暂停服务”，BOM 自动退到登录界面；

② 进站闸机关闭读卡器不再检票，显示“暂停服务”，闸门关闭；

③ 出站闸机处于开启状态并且出站不扣费，对单程票等回收类票卡不予回收，允许乘客在规定时间内再次乘车使用。

子任务 7.2.2 进站免检模式

当车站的进站检票设备故障达到一定程度或遇到集中大规模客流进站，影响进站检票时需根据相关规定设置进站免检模式。

（1）设置时机

出现下列情况之一时，车站可设定为进站免检模式：

① 售票设备全部故障，无法发售车票时；

② 进站及双向检票设备全部故障时；

③ 客流集中进站，导致售检票能力严重不足，危及乘客安全时。

（2）设置权限

① LC 根据车站申请进行设置；

② 值班站长及以上人员下令，当班综控员设置后报告 LC。

（3）设置后的设备表现

① 进站闸机不对车票进行处理；

② 出站闸机正常扣费。

子任务 7.2.3　出站免检模式

当车站的出站检票设备故障达到一定程度或遇到集中大规模客流出站，出站检票能力严重不足，危及乘客安全时需根据相关规定设置出站免检模式。

（1）设置时机

出现下列情况之一时，车站可设定为出站免检模式：

① 出站及双向检票设备全部故障；

② 客流集中出站，检票设备能力严重不足，危及乘客安全时。

（2）设置权限

① LC 根据车站申请进行设置；

② 值班站长及以上人员下令，当班综控员设置后报告 LC。

（3）设置后的设备表现

① 进站闸机正常处理车票；

② 出站闸机开启，不检票；

③ 单程票等回收类票卡不能再次使用，应通知工作人员人工收回。

子任务 7.2.4　时间免检模式

由于列车延误或设备故障等原因，导致乘客进站后在付费区内停留的时间超过系统设置的最大乘车时间，应及时根据相关规定设置时间免检模式。

（1）设置时机

实行计程限时票价后，由于轨道交通的原因，造成乘客进站后在付费区内停留的时间超过系统设置的最大乘车时间。

（2）设置方式

由 LC 直接设置后下发参数。

（3）设置后的设备表现

进出站闸机正常检票，只是不对车票的时间进行有效性检验。

子任务 7.2.5　日期免检模式

由于轨道交通设备故障或其他方面的原因，造成列车无法完成运输任务，导致乘客手持车票超过日期使用期限。

（1）设置时机

由于轨道交通的原因，导致车票超过日期使用期限，系统将设置为日期免检模式。

（2）设置方式

由 LC 直接设置后下发参数。

（3）设置后的设备表现

进出站闸机正常检票，只是不对车票的日期进行有效性检验。

子任务 7.2.6　车费免检模式

（1）设置时机

实行计程票价后，由于城市轨道交通的原因，导致列车在站通过不停车，根据运营需求将相邻车站设置为车费免检模式。

（2）设置方式

由 LC 直接设置后下发参数。

（3）设置后的设备表现

相邻车站在该模式下，出站闸机正常检票，只是不对车票里程计费进行有效性检验。

子任务 7.2.7　紧急放行模式

（1）设置时机

发生地震、火灾、爆炸等危及乘客和工作人员安全的事件，需要紧急疏散乘客时，根据运营需求设置为紧急放行模式。

（2）设置权限

当班综控员直接按压紧急按钮进行设定，无须请示。设定后按照突发事件报告程序向值班站长、站区领导、生产调度室、LC、属地派出所报告。

（3）设置后的设备表现

① TVM 自动进入“暂停服务”；

② BOM 显示为开机“登录界面”；

③ 所有闸机通道处于全开状态；

④ 顶棚向导标志处于紧急放行状态；

⑤ 乘客出站不检票。

（4）紧急放行模式的解除与确认

设置紧急放行模式的条件消除后，拔出紧急按钮，报告 LC 进行解除确认。

除了前面讲到的降级模式以外，有时候还会有其他的模式组合。

表 7－1 为其他降级模式组合表。

表7-1 其他降级模式组合表

序号	组合模式	进站 免检模式	出站 免检模式	时间 免检模式	日期 免检模式	车费 免检模式
1	出站免检模式		√	√		
			√			√
			√	√		√
2	车费免检模式			√		√
3	进站免检模式+出站免检模式	√	√			
		√	√	√		
		√	√		√	
		√	√			√
		√	√	√	√	
		√	√	√		√
		√	√		√	√
		√	√	√	√	√
4	进站免检模式+时间免检模式	√		√		
5	进站免检模式+日期免检模式	√			√	
6	进站免检模式+车费免检模式	√				√
		√		√		√
7	出站免检模式+日期免检模式		√		√	
			√	√	√	
			√		√	√
			√	√	√	√
8	时间免检模式+日期免检模式			√	√	
9	日期免检模式+车费免检模式				√	√
				√	√	√
10	进站免检模式+时间免检模式+日期免检模式	√		√	√	
11	进站免检模式+日期免检模式+车费免检模式	√			√	√
		√		√	√	√

任务 7.3　大客流情况的处置办法

子任务 7.3.1　不可预见大客流情况的处置办法

遇到不可预见的大客流情况，车站应及时启动大客流预案，做好客运组织工作，视情况采取加强人员疏导、车站限流、只出不进、临时封闭出入口等方式应对大客流。必要时可设置进站免检模式、出站免检模式，保证乘客安全及车站正常秩序。

1. 设置进站免检模式

（1）启动条件

客流集中进站，严重超出售检票设备设计能力负荷，并导致车站客流严重阻塞，危及乘客安全时，可启动进站免检模式。

（2）各部门应遵循的规定

① 车站工作人员应通过广播宣传、车站出入口悬挂提示牌、加强人员疏散等方式引导乘客。车站应及时确认通信是否正常。其他车站工作人员应做好模式站进站无票人员出站补票工作。工作人员应认真履行本岗职责，做到沉着、果断，遵守纪律，服从指挥，严禁擅自离开指定岗位。及时向上级领导汇报情况，做好相应记录。

② 车站 AFC 设备维修部门应确保设备正常执行模式指令，保证系统网络通畅，其他车站已接收到模式信息，并提供相关技术保障。

③ 各线路负责模式设置的部门应切实履行职责，及时、准确地完成模式设置，以及设置成功后的确认工作。设置模式的线路在确认所辖车站全部收到模式信息后，及时上报指挥中心；如未收到，应立即通知维修部门。

④ 其他线路收到指挥中心下发的模式信息和通知后，应迅速确认所辖车站是否收到模式信息；如未收到，应立即通知维修部门。

⑤ 各线路应在接到模式信息后及时通知所辖各站加强出站补票，以确保企业效益。

⑥ 指挥中心在收到线路的报告后，需立即查看系统，确认是否收到模式信息，并通知路网值班调度。如未收到，应立即通知维修部门，并通知其他线路，确认路网全部车站是否都已收到模式信息。

2. 设置出站免检模式

（1）启动条件

客流集中出站，严重超出检票设备设计能力负荷，并导致车站客流严重阻塞，危及乘客安全时，可启动出站免检模式。

（2）各部门应遵循的规定

① 车站工作人员应通过广播宣传、悬挂提示牌、加强人员疏散等方式引导乘客快速离开。车站应及时确认通信是否正常。在该模式下，为尽可能回收票卡，减少损失，车站应做到：模式设置后5分钟内在出站闸机非付费区处放置回收容器；利用广播、人工宣传等方式，向乘客宣传将手中的单程票、福利票、出站票放入回收容器内，当日运营结束前将回收类票卡投入出站闸机。其他车站工作人员应做好协助、解释工作，确保模式站出站的持非回收票的人员下次乘车扣费后进站，并保证设备数据及时上传。

② 工作人员应认真履行本岗职责，做到沉着、果断，遵守纪律，服从指挥，严禁擅自离开指定岗位，并及时向上级领导汇报情况，做好相应记录。

③ 维修部门应确保设备正常执行模式指令，保证系统网络通畅，其他车站已接收到本站模式信息，并提供相关技术保障。

④ 各线路负责模式设置的部门应切实履行职责，及时、准确地完成模式设置，以及设置成功后的确认工作。设置模式的线路在确认所辖车站全部收到模式信息后，及时上报指挥中心；如未收到，应立即通知维修部门。

⑤ 其他线路收到指挥中心下发的模式信息和通知后，应迅速确认所辖车站是否收到模式信息；如未收到，应立即通知维修部门。

⑥ 指挥中心在收到线路的报告后，需立即查看系统确认是否收到模式信息，并通知路网值班调度。如未收到，应立即通知维修部门，并通知其他线路，确认路网全部车站是否都已经收到模式信息。

子任务7.3.2 可预见大客流情况的处置办法

节假日或特定日期，运营企业应提前制订大客流应对方案，必要时所辖各线路中心可根据自身运营需求，预先制订运营模式设置计划。经审批后，运营企业应至少提前5个工作日将所辖线路、车站预制模式计划报告指挥中心。

各部门应遵循的规定主要如下：

① 当出现大客流时，车站工作人员应增加人员疏散引导，加强广播宣传，在车站出入口悬挂提示牌，应确保设备数据在当日运营结束后及时上传。

工作人员应认真履行本岗职责，做到沉着、果断，遵守纪律，服从指挥，严禁擅自离开指定岗位，并及时向上级领导汇报情况，做好相应记录。

② 维修部门应确保设备正常使用，保证系统网络通畅，做好相关技术保障。

③ 运营企业应切实履行职责，及时关注车站动态，做好模式设置准备。

④ 指挥中心在收到运营企业的预制模式计划报告后，应立即通知其他运营企业做好模式设置应对准备。

任务 7.4 设备故障的处置办法

子任务 7.4.1 单站单台设备故障的处置办法

1. 单台 TVM/AVM 故障的处置办法

当单台 TVM/AVM 故障，无法提供自动售票/充值服务时，原则上应停用该设备。之后车站工作人员可先行对设备进行检查，如为卡票、卡币等简单故障可自行处理；如无法自行处理，应向维修部门报修，并做好相关记录工作；报修后可在故障设备处悬挂/放置故障提示牌，并引导乘客使用其他设备。

维修人员应根据车站工作人员提供的情况及时处理故障，并确保数据及时、完整上传。设备故障修复后，车站工作人员应确认设备可以正常使用，并做好相关记录工作；对当天未修复的故障，站务人员应督促维修单位及时修复设备、上传数据，并及时报告线路中心或故障报警中心。线路中心或故障报警中心对车站报告的设备故障应认真记录，并督促跟进修复情况。

2. 单台 BOM 故障的处置办法

当 BOM 故障无法使用时，车站工作人员应及时报修并做好相关登记。故障处理过程中，在相应窗口放置如“设备故障，暂停业务”的提示牌，并宣传引导乘客利用 TVM 购买车票。

若室内还有其他空闲 BOM，操作员可退出原 BOM，更换至其他售票窗口重新登录售票；若室内没有空闲 BOM，在运力允许的情况下，可在其他 BOM 操作员处预制适量单程票，分配给其发售；对于分配的车票及发售后的票款，双方均应进行交接，当面点清，当日未售完单程票应及时抵消。

维修人员应根据车站工作人员提供的情况及时处理故障，并确保数据及时、完整上传。设备故障修复后，车站工作人员应确认设备可以正常使用，并做好相关记录工作；对当天未修复的故障，站务人员应督促维修单位及时修复设备、上传数据，并及时报告线路中心或故障报警中心。线路中心或故障报警中心对车站报告的设备故障应认真记录，并督促跟进修复情况。

3. 单台检票设备故障的处置办法

当检票设备发生故障时，车站工作人员对职责范围内能够处理的故障应及时排除，如故障不能自行处理应及时报修。故障处理过程中，在相应检票通道设置如“设备故障，请利用其他通道”的提示牌。

维修人员应根据车站工作人员提供的情况及时处理故障，并确保数据及时、完整上传。

如数据无法正常上传，则通过其他方式导出数据完成上传。

设备故障修复后，车站工作人员应确认设备可以正常使用，并做好相关记录工作；对当天未修复的故障，站务人员应督促维修单位及时修复设备、上传数据，并及时报告线路中心或故障报警中心。

线路中心或故障报警中心对车站报告的设备故障应认真记录，并督促跟进修复情况。

子任务7.4.2　单站设备大面积故障的处置办法

如果遇到车站售检票设备故障率≥50%，且剩余设备不能满足乘客需求，即定义为单站设备大面积故障。

1. TVM/AVM大面积故障的处置办法

（1）自动售票设备发生故障时的处置

车站工作人员应及时报修并做好相关登记，同时将情况及时报告线路中心或故障报警中心。可视情况通过BOM提前预制单程票，以应对乘客集中购票。TVM无法发售单程票时，应及时报修并做好启用BOM进行售票的各项准备。

维修人员接到报修应及时处理，以保证更多设备尽快投入使用为原则，并确认通信正常，数据正常上传。如数据无法正常上传，应通过其他方式导出数据及时上传。

车站工作人员应确认当日设备数据及时上传，交接班或交款时核对票款，有异议的应保留凭证，做好记录。线路中心或故障报警中心对车站报告的设备故障应认真记录，并督促跟进修复情况。

（2）自动充值设备发生故障时的处置

当TVM/AVM故障，无法提供自动充值服务时，按照下列规定办理：

① 车站工作人员应及时报修并做好相关登记，同时将情况及时报告线路中心。

② AVM故障时，可做好如“设备故障，暂停使用，充值乘客请到人工售票窗口”的宣传提示。

③ TVM无法提供自动充值服务时，根据现场情况可做好如“设备故障无法充值，请利用其他自动售票机进行充值”或“设备故障无法充值，请到人工售票窗口进行充值”的宣传提示。

④ 维修人员接到报修应及时处理，以保证更多设备尽快投入使用为原则，并确认通信正常，数据正常上传。如数据无法正常上传，应通过其他方式导出数据及时上传。

⑤ 设备维修结束后，车站工作人员应逐项验证设备功能确已恢复并及时启用设备，满足运营需求。确认当日设备数据及时上传，核对票款时有异议的应保留凭证，做好记录。

⑥ 线路中心或故障报警中心对车站报告的设备故障应认真记录，并督促跟进修复情况。

2. BOM大面积故障的处置办法

车站工作人员应及时报修并做好相关登记，同时将情况及时报告线路中心或故障报警中心。车站工作人员对职责范围内能够处理的故障及时排除。故障处理过程中，在相应窗口放置如“设备故障，暂停业务”的提示牌，并宣传引导乘客利用 TVM 购买车票。

遇到非职责范围内、不能处置的设备故障，需及时报修，做好报修记录；同时须在相应窗口放置如“设备故障，暂停业务”的提示牌并宣传引导乘客利用 TVM 购买车票。

若室内还有其他空闲 BOM，操作员可退出原 BOM，更换至其他售票窗口重新登录售票；若室内没有空闲 BOM，在运力允许的情况下，可在其他 BOM 操作员处预制适量单程票，分配给其发售；对于分配的车票及发售后的票款，双方均应进行交接，当面点清，当日未售完单程票应及时抵消。

维修人员接到报修应及时处理，并确认通信正常，数据正常上传。如数据无法正常上传，应通过其他方式导出数据及时上传。

车站工作人员应确认当日设备数据及时上传，交接班或交款时核对票款有异议的应保留凭证，做好记录。

线路中心或故障报警中心对车站报告的设备故障应认真记录，并督促跟进修复情况。

3. 进站检票设备大面积故障的处置办法

当进站检票设备大面积故障时，车站工作人员按照下列规定办理：

① 工作人员立即通知值班站长；值班站长可根据情况做出限制或减缓售票的决定；必要时可酌情关闭适量 TVM 或 BOM。

② 对职责范围内能够处理的故障及时排除；对非职责范围内的故障应及时报修，做好报修记录。故障处理过程中，在相应检票通道设置如“设备故障，请利用其他通道”的提示牌。

③ 若双向闸机状态良好，车站人员可将其设置为进站专用。

④ 当客流激增，可能出现乘客拥堵时，应立即采取限流措施，及时向上级主管部门报告，并确认本站通信情况正常。可根据情况向线路提出将车站设置为进站免检模式的申请。

⑤ 进站免检模式设置成功后，模式站应迅速利用广播等方式提示乘客可直接进站，无票乘客出站补票。

维修人员接到报修应及时处理，以保证更多设备尽快投入使用为原则。确认通信正常，数据正常上传，如数据无法正常上传，应通过其他方式导出数据及时上传。设置模式后应确保设备正常执行模式指令，保证系统网络通畅，其他车站已接收到本站模式信息，并提供相关技术保障。

各线路负责模式设置的部门应切实履行职责，及时、准确地完成模式设置，以及设置成功后的确认工作。设置模式的线路在确认所辖车站全部收到模式信息后，及时上报指挥中心；如未收到，应立即通知维修部门。各线路应在接到模式信息后及时通知所辖各站加强出站补票，以确保企业效益。其他线路收到指挥中心下发的模式信息和通知后，应迅速确认所辖车站是否收到模式信息；如未收到，应立即通知维修部门。

指挥中心在收到线路的报告后，需立即查看系统，确认是否收到模式信息，并通知路网值班调度；如未收到，应立即通知维修部门，并通知其他线路，确认路网全部车站是否都已经收到模式信息。

4. 出站检票设备大面积故障的处置办法

当出站检票设备大面积故障时，车站工作人员按照下列规定办理：

① 立即通知值班站长，对职责范围内能够处理的故障及时排除；对非职责范围内的故障应及时报修，做好报修记录。故障处理过程中，在相应检票通道设置知“设备故障，清利用其他通道”的提示牌。

② 若双向闸机状态良好，车站人员应将其设置为出站专用。

③ 当列车密集到达，可能出现乘客拥堵时，应及时打开特殊通道并人工回收一票通车票，同时向上级主管部门报告。

④ 当客流激增，开启特殊通道无法满足快速疏散要求时，根据情况及时向线路提出将车站设置为出站免检模式的申请，并确认本站通信情况正常。

⑤ 出站免检模式设置成功后，应迅速加强人工回收单程票等回收类票卡的力度，同时利用广播等方式提示乘客“回收票投入回收筐，一卡通无须刷卡，直接出站”，并于当日运营结束前将回收类票卡投入出站闸机。

其他车站工作人员应协助做好解释工作。

维修人员接到报修应及时处理，以保证更多设备尽快投入使用为原则。确认通信正常，数据正常上传。如数据无法正常上传，应通过其他方式导出数据及时上传。设置模式后应确保设备正常执行模式指令，保证系统网络通畅，其他车站已经接收到本站模式信息，并提供相关技术保障。

各线路负责模式设置的部门应切实履行职责，及时、准确地完成模式设置，以及设置成功后的确认工作。设置模式的线路在确认所辖车站全部收到模式信息后，及时上报指挥中心；如未收到，应立即通知维修部门。

其他线路收到指挥中心下发的模式信息和通知后，应迅速确认所辖车站是否收到模式信息；如未收到，应立即通知维修部门。

指挥中心在收到线路的报告后，需立即查看系统，确认是否收到模式信息，并通知路网值班调度；如未收到，应立即通知维修部门，并通知其他线路，确认路网全部车站是否都已经收到模式信息。

子任务 7.4.3 单站全部设备故障的处置办法

1. 全部售票类设备故障的处置办法

当所有售票类设备均发生故障不能使用时，应按照下列规定办理：

① 车站工作人员立即报修，通知值班站长和上级主管部门，确认本站通信情况正常，将情况报告线路，并可提出设置进站免检模式的申请；

② 进站免检模式设定成功后，模式站应迅速利用广播等方式加强“直接进站，无票乘客出站补票”的宣传提示，BOM 操作员须立即关闭售票窗口并锁好票款，在闸机处协助疏导乘客进站并做好宣传解释工作；

③ 其他车站工作人员应做好模式站进站人员出站补票工作。

维修部门应确保设备正常执行模式指令，保证系统网络通畅，其他车站已接收到本站模式信息，并提供相关技术保障。各线路负责模式设置的部门应切实履行职责，及时、准确地完成模式设置，以及设置成功后的确认工作。设置模式的线路在确认所辖车站全部收到模式信息后，及时上报指挥中心；如未收到，应立即通知维修部门。

其他线路收到指挥中心下发的模式信息和通知后，应迅速确认所辖车站是否收到模式信息；如未收到，应立即通知维修部门。各线路应在接到模式信息后及时通知所辖各站加强出站补票工作，确保企业效益。

指挥中心在收到线路的报告后，需立即查看系统，确认是否收到模式信息，并通知路网值班调度；如未收到，应立即通知维修部门，并通知其他线路，确认路网全部车站是否都已收到模式信息。

2. 全部检票类设备故障的处置办法

当全部检票设备均发生故障无法使用时，车站工作人员按照下列规定办理：

① 车站工作人员应立即报修，通知值班站长和上级主管部门，确认本站通信情况正常，将情况报告线路，并可提出设置进出站免检模式的申请；

② 进出站免检模式设置成功后，工作人员应做好乘客的宣传疏导工作；

③ 模式站应加强宣传提示，进站方向可提示“直接进站，无票乘客出站补票”，出站方向可提示“回收票投入回收筐，一卡通无须刷卡，直接出站”并组织人员人工回收单程票等回收类票卡，并于当日运营结束前将回收类票卡投入出站闸机。

④ 其他车站工作人员应做好模式站进站人员出站补票工作。

维修部门应确保设备正常执行模式指令，保证系统网络通畅，其他车站已接收到本站模式信息，并提供相关技术保障。

各线路负责模式设置的部门应切实履行职责，及时、准确地完成模式设置，以及设置成功后的确认工作，设置模式的线路在确认所辖车站全部收到模式信息后，及时上报指挥中心；如未收到，应立即通知维修部门。各线路应在接到模式信息后及时通知所辖各站加强出站补票工作，以确保企业效益。

其他线路收到指挥中心下发的模式信息和通知后，应迅速确认所辖车站是否收到模式信息；如未收到，应立即通知维修部门。

指挥中心在收到线路的报告后，需立即查看系统，确认是否收到模式信息，并通知路网值班调度，如未收到，应立即通知维修部门；通知其他线路，确认路网全部车站是否都已收到模式信息。

3. 单站 AFC 系统瘫痪的处置办法

当某一车站内 AFC 系统设备全部故障无法使用时，即为 AFC 系统瘫痪。车站工作人员应立即报修，并将情况及时上报线路中心。在保证车站正常秩序、乘客安全的前提下，组织乘客有序进站，到目的车站补票出站。本站出站乘客由专人负责回收单程票等回收类票卡，并通过广播等方式加强宣传，于当日运营结束前将回收类票卡投入出站闸机。可在车站悬挂提示牌，进站方向可提示“直接进站，无票乘客出站补票”，出站方向可提示“回收票投入回收筐，一卡通无须刷卡，直接出站”。

维修人员接到报修应及时处理，尽快恢复车站 AFC 系统使用。恢复后确认通信正常，数据正常上传。如数据无法正常上传，应通过其他方式导出数据及时上传，并提供相关技术保障。

其他车站工作人员应做好协助解释工作，做好故障站进站人员出站补票工作。

线路在接到车站报告后应立即上报指挥中心，并做好记录；密切关注维修进展，重点关注数据的保存、故障前车站实收现金与水单和报表的吻合情况、故障修复后的数据上传情况。

指挥中心在接到线路报告后应做好记录；在故障修复后重点检查数据的上传情况，在对账时要关注实收现金与后台数据的吻合情况。

4. 单线或路网多个车站 AFC 系统瘫痪的处置办法

遇路网范围内同时出现 5 个以上车站或一条线路同时出现 3 个以上车站（至少包括 1 个换乘车站）AFC 系统瘫痪时，线路中心可向指挥中心申请启动应急纸票机制，转入人工售检票作业模式。应急纸票机制一经启动，应持续到当日运营结束，第二天听候上级指令恢复 AFC 运营模式。

启动应急纸票的工作程序主要如下：

① 指挥中心接到线路中心报告后决定是否启用应急纸票机制，并通报路网值班调度；线路中心接到指挥中心启用应急纸票机制的通知后，应立即通报所辖全部线路和车站。

② 车站接到启用应急纸票的通知后，将运营模式更改为关闭模式，使自动售票机停止售票，自动检票机开启闸门，并在无人检票的通道设置围挡；乘客已购一票通票卡不进行验票，可直接作为乘车凭证；使用一卡通乘客如尚未刷卡进站，需另行购买纸票；如已经刷卡进站，应在下次进站乘车时补本次出站记录并扣费。

③ 值班站长启用备用纸票，指挥各岗按照人工售检票岗位设置的模式与位置，迅速做好人工售检票的各项作业准备；交班及运营结束后，售票岗位人员应如数上缴票款，并如实填记相关台账，值班站长应做好现金及台账的检查核对工作。

④ 车站工作人员做好已发售的回收类车票出站回收工作，将当日全部售票情况上报线路中心。

⑤ 恢复 AFC 模式后，车站应及时对应急纸票、人工售检票台账进行核对；剩余车票应

及时再次封存并与相关台账一并放入储币柜加锁保管。

维修人员接到报修应及时处理，尽快恢复车站 AFC 系统使用。恢复后确认通信正常，数据正常上传，并提供相关技术保障。线路应与故障站保持联络，及时掌握车站客流变化和维修进度情况，并报告指挥中心；当日运营结束后应收集故障站票款信息并报告指挥中心，用于对账结算工作。

指挥中心收到线路中心报告后，应立即通知路网值班调度；密切关注故障车站的维修进度情况，随时与线路中心保持联络；当日运营结束后收集故障站票款信息，用于次日对账结算工作。

任务 7.5　紧急疏散处置办法

遇紧急情况，须启动紧急放行模式时，按以下要求执行。

（1）启动条件

因城市轨道交通线路内发生的列车脱轨、分离、冲突、人员伤亡、水灾、火灾、恶劣天气、爆炸、地震、恐怖袭击等紧急情况，需要紧急疏散乘客时，可启动紧急放行模式。AFC 系统进入紧急放行模式后，BOM、TVM、AVM 停止售票充值业务，闸机处于全开状态，顶棚向导标志处于禁止入站状态，乘客出站不用检票。

（2）各部门应遵循的规定

① 车站工作人员应停止本站售票，通过广播宣传、车站出入口悬挂提示牌、加强人员疏散等方式引导乘客快速出站，并阻止乘客进站。在确保安全的情况下，及时确认通信是否正常。工作人员应认真履行本岗职责，做到沉着、果断，遵守纪律，服从指挥，严禁擅自离开指定岗位，并及时向上级领导汇报情况，做好相应记录。

② 维修部门应确保设备正常执行模式指令，保证系统网络通畅，其他车站已接收到本站模式信息，并提供相关技术保障。

③ 其他车站工作人员应做好欲去往模式站乘客的退票工作，加强宣传解释，在模式履历日期内为非回收类车票补出站记录。

④ 各线路负责模式设置的部门应切实履行职责，及时对车站模式设置情况进行确认。设置模式的线路在确认所辖车站全部收到模式信息后，及时上报指挥中心；如未收到，应立即通知维修部门。

⑤ 其他线路收到指挥中心下发的模式信息和通知后，应迅速确认所辖车站是否收到模式信息；如未收到，应立即通知维修部门。

⑥ 指挥中心在收到线路的报告后，需立即查看系统，确认是否收到模式信息，并通知路网值班调度；如未收到，应立即通知维修部门，并通知其他线路，确认路网全部车站是否都已收到模式信息。

思考与实训

1. 思考题

（1）简述突发事件的处理原则。

（2）列举降级运行模式的种类。

（3）简述列车故障模式的设置时机、设置权限和设置后的设备表现。

（4）简述进站免检模式的设置时机、设置权限和设置后的设备表现。

（5）简述出站免检模式的设置时机、设置权限和设置后的设备表现。

（6）简述时间免检模式的设置时机、设置权限和设置后的设备表现。

（7）简述日期免检模式的设置时机、设置权限和设置后的设备表现。

（8）简述车费免检模式的设置时机、设置权限和设置后的设备表现。

（9）简述紧急放行模式的设置时机、设置权限和设置后的设备表现。

（10）简述不可预见大客流情况的处置办法。

（11）简述可预见大客流情况的处置办法。

（12）简述设备故障的处置办法。

（13）简述紧急疏散的处置办法。

2. 实训任务

任务1

（1）任务目标

掌握突发事件的处理原则。

（2）任务实施建议

每个小组完成一个突发事件处理的工作流程，要求明确突发事件的处理原则、突发事件的报告要求。

（3）任务输出和评价

各小组展示并讲解自己完成的工作流程，由教师和学生进行评定其准确性、规范性和合理性，对于表现优秀的小组给予一定形式的鼓励。

任务2

（1）任务目标

掌握各种降级运行模式和紧急放行模式的设置时机、设置权限和设置后的设备表现。

（2）任务实施建议

事先设定以下情境：

① 车站不能正常运营，临时封闭；

② 车站售票设备全部故障，无法发售车票；

③ 客流集中出站，检票设备能力严重不足，危及乘客安全；

④ 实行计程限时票价后，由于轨道交通的原因，造成乘客进站后在付费区内停留的时间超过系统设置的最大乘车时间；

⑤ 由于轨道交通的原因，导致车票超过日期使用期限；

⑥ 实行计程票价后，由于城市轨道交通的原因，导致列车在站通过不停车；

⑦ 发生地震、火灾、爆炸等危及乘客和工作人员安全的事件。

要求每个小组各抽取其中一个情境，演练该模式的具体操作（包括该模式的设置时机、设置权限和设置后的设备表现）。

(3) 任务输出和评价

各小组进行演练，并展示，由教师和其他学生进行评定工作流程是否熟练，每个角色的定位是否准确，对于表现优秀的小组给予一定形式的鼓励。

任务3

(1) 任务目标

掌握大客流情况下的处置办法。

(2) 任务实施建议

事先设定以下情境：

① 车站在不可预见情况下突发大规模客流；

② 在节假日车站按预期计划出现大规模客流。

要求每个小组根据上述情境，演练该模式的处理办法。

(3) 任务输出和评价

各小组进行演练，并展示，由教师和其他学生进行评定工作流程是否熟练，每个角色的定位是否准确，对于表现优秀的小组给予一定形式的鼓励。

任务4

(1) 任务目标

掌握设备故障的处置办法。

(2) 任务实施建议

事先设定以下情境：

① 某一站单台 TVM/AVM 故障；

② 某一站单台 BOM 故障；

③ 某一站单台检票设备故障；

④ 某一站自动售票设备发生大面积故障；

⑤ 某一站自动充值设备发生大面积故障；

⑥ 某一站 BOM 发生大面积故障；

⑦ 某一站进站检票设备发生大面积故障；

⑧ 某一站出站检票设备发生大面积故障；

⑨ 某一站全部售票类设备故障；

⑩ 某一站全部检票类设备故障；

⑪ 某一站 AFC 系统瘫痪；

⑫ 单线或路网多个车站 AFC 系统瘫痪。

要求每个小组根据上述情境，演练该模式的处理办法。

（3）任务输出和评价

各小组进行演练，并展示，由教师和其他学生进行评定工作流程是否熟练，每个角色的定位是否准确，对于表现优秀的小组给予一定形式的鼓励。

项目8

票款清分结算管理

项目导学

随着城市轨道交通基础建设的快速发展，线路的耦合程度日益提高，因而乘客在线路间进行无缝换乘的需求变得越来越强烈；与此同时，由于建设规模的不断扩大，这需要不同的投资主体参与到城市轨道交通建设和运营过程中，因而现在或者未来的路网有可能出现利益多元化的现象。特别是随着自动售检票系统的成功实施，乘客在出行中实现了“一票换乘”，这很大程度地提高了城市轨道交通系统的服务水平，自动售检票（AFC）系统可以准确获取乘客进出的车站、时间及票种信息，但在一票无障碍的换乘模式下，系统难以准确获取起终点（OD）车站间乘客出行的路径和换乘的具体信息。

为了解决票款收入在运营主体间的合理分配问题，掌握客流在路网上的时空分布情况，非常有必要建立城市轨道交通网络的清分方法，同时为运营信息统计分析、乘客出行诱导、运输能力评估及突发事件处置协调等多业务提供技术支撑。

本项目介绍了票款清分结算的相关概念和影响因素、清分模型的三要素以及现有的清分理论模型分析。

教学目标

(1) 掌握票款清分结算的概念。

(2) 掌握影响票款清分的因素。

(3) 掌握城市轨道交通清分模型的三要素。

(4) 掌握现有清分理论模型的种类。

(5) 了解人工分账清分理论模型的思路。

(6) 了解理想情况下的清分理论模型思路。

(7) 掌握最短路径清分理论模型的原理。

(8) 掌握多路径概率选择模型的原理。

建议学时

4 学时。

任务 8.1 票款清分结算概述

城市轨道交通的迅猛发展加速了其网络化进程。由于基础设施需要巨大的资金投入，线网建设投资主体多元化趋势已经形成，从而出现利益主体多元化的现象。目前，在城市轨道交通自动售检票（AFC）系统无障碍换乘模式下，乘客出行路径选择多样化产生了一个值得深入研究的问题，即如何把 AFC 系统的票款收入合理地分配给参与贡献的各运营主体。

在轨道交通网络收入分配中，客流量是衡量运营主体贡献大小的主要依据。影响客流量的因素有很多，包括线路里程、站间行车停车时间、换乘站、舒适度等。按照不同的原则，所得出的各运营主体的贡献大小也不尽相同。因此，制定合理的乘客路径选择模型和票款清分模型，从而更加真实地反映各运营主体的收益分配比例显得尤为重要。

子任务 8.1.1 票款清分结算的概念

（1）清分

清分也叫清算，是指 ACC（即自动售检票系统清算管理中心）按照一定的清算规则将 AFC（自动售检票）系统中的合法交易数据对应的资金（即清算对象）在各利益相关方之间进行分配，显示票款清算结果。具体来说，就是把服务接受者（包括乘客、票卡等运营对象和收益，是利益的贡献者，即系统的清算对象）所上缴的全部收益，按照各服务提供者（包括车、站、线、运营分部等运营实体，是利益的分配者，即利益的分配主体）的贡献进行有效的利益分配。简而言之，轨道交通票务清算的实质是依据一定的原则，计算并分配轨道交通线网中各运营主体的贡献。

票款清分也可以称之为票款清算，票款清分是指把服务接受者上交的全部收益，按照各服务提供者的贡献进行有效的利益分配，实质上是依据一定原则计算并分配轨道线网中各运营实体的经济贡献。票款清分的关键是制定相对合理的清分原则。简单来说，就是按照一定的原则或规则，计算轨道交通网络票款收益中各运营商的贡献并进行分配。票务清分所涉及的收益者很多，除轨道交通线路的运营商外还可能包括 ACC 公司、一卡通公司、票卡代售等。

（2）结算

结算是指清算管理中心 ACC 按照清算结果将资金划拨给相应的收益方账户，完成资金的实际交收。

（3）清分规则

清分规则是指处理清分对象所依据的规则。具体来说，是指在不同利益主体或运营主体之间清分交易金额、费用所依据的规则，是清算管理中心 ACC 进行交易清分的依据。

（4）清分对象

广义的清分对象包括 ACC 根据清分规则处理的所有数据，包括票款收入、票卡制作成本等。狭义的清分对象是指城市轨道交通票款收入所划拨给各线路运营商的那一部分运费总和，包括可能产生的运费损失。

（5）清分模型

票款清分模型主要由清分主体、清分原则、清分比例三大要素构成。

① 清分主体

常见的清分主体有运营单位、线路和车站。目前国内主要是先按线路清分，然后按线路所属的运营单位进行清算。

② 清分原则

清分原则即确定乘客路径选择的方法。常见的清分原则主要有路径最短原则、时间最少原则、换乘次数最少原则、费用最少原则等。

其中，路径最短原则由于里程在地铁建成时已固定，计算相对简单；时间最少原则符合绝大多数乘客的出行习惯，但相对复杂，不利于计算；换乘次数最少原则在一定程度上符合乘客习惯，适合作为路径最短原则的补充。

③ 清分比例

清分比例即各清分主体的收益分配比例。在确定乘车路径后，需要量化路径中各清分主体所提供的运营服务量，从而进行收益分配。

（6）清分基本流程

清分方法主要依据乘客路径选择行为，以及如何确定乘客路径选择的范围，进而采用科学合理的预测模型来计算客流量在不同路径上的分配比例，再根据不同线路在各路径上所占里程比例，求得合理的票款收益分配比例。图 8－1 为清分的基本流程。

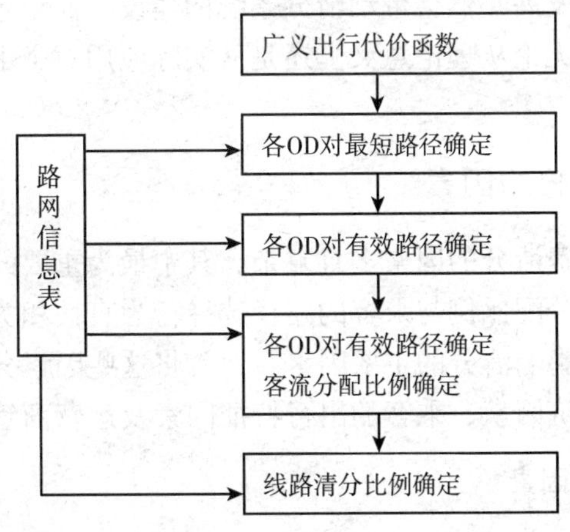

图 8－1　清分的基本流程

(7) 旅行时间

在轨道交通系统内，旅行时间是指从进入起始站 O（Origin）到离开终到站 D（Destination）所经历的时间总和，包括候车等待时间、列车运行时间、换乘时间等。

(8) 路段

路段是轨道交通网络上相邻两个节点（即车站）之间的交通线路。

(9) 路径

轨道交通网络上任意一对 OD 节点（即车站）之间的一串连通路段的有序排列叫作这对节点之间的路径。网络化运营条件下，一对节点之间可以有多条路径。

(10) 最短路径

一对节点之间的路径中“总阻抗最小”的路径叫“最短路径”，可以把旅行时间、站数等作为阻抗标尺。

(11) 有效路径

在乘客的一次轨道交通出行过程中，并不是要考虑所有的从起点到终点之间的连通路径，而只需考虑其中的一部分，称这一部分的路径为有效路径。

(12) 清分问题研究的必要性

对清分问题的研究是十分必要的。首先，清分问题直接关系到城市轨道交通的票款收益是否能够公平、合理、有效地分配，是否能够切实保证和维护轨道交通网络中各运营实体的经济利益和合法权利，是否能够为城市轨道交通的进一步发展创造有利条件。其次，清分问题会影响到实际的运营管理。清分系统的建立能够收集和处理换乘票务的交易数据，实现车票和收益的一一对账，不但可以合理分配收益，而且能够形成关于车票流向的相关信息，为车票在不同运营公司之间合理流通提供依据。清分系统产生的基础数据可以显示换乘站点客流分布等情况，为科学设置参数优化清分以及制订更加合理的运营管理措施提供依据。最后，城市轨道交通的迅速发展必然会带动清分系统的建设，而至今仍没有一个相对完善的清分模型建立起来。因此，无论从理论意义上还是从实际应用意义上，都十分有必要对其进行研究。

子任务 8.1.2 影响清分的因素

影响城市轨道交通运费清分的因素多且复杂，其中最为重要的因素是客流在不同路径上的分配比例，而路径流量分配比例与乘客的路径选择行为直接相关，因此影响乘客路径选择行为的主要因素就构成了影响清分的主要因素。通常将这些因素分为 4 类，即城市轨道交通网络因素、乘客的社会经济因素、乘客的出行特征因素及运营商管理因素。

1. 城市轨道交通网络因素

1) 路网结构

路网结构对清分的影响主要体现在两个方面：一是线路形式与布局，二是线路的运营模式。

① 线路形式与布局：城市轨道交通网络化的形成，线路之间相互交叉衔接，使得路网的连通度大大提高，为乘客在两站之间出行提供了更多的路径选择。这就要求在确定清分规则的时候充分考虑乘客出行路径选择多样性的特点，采用切实有效、接近实际的清分方法，以确保运费在做出经济贡献的各运营主体之间进行合理分配。

② 线路的运营模式：主要指线路的共线运营的模式，如北京轨道交通 1 号线和八通线共线运营的四惠站到四惠东站，以及上海轨道交通 3 号线和 4 号线共线运营的宝山路站到虹桥路站。共线部分的车站都是换乘车站，这对于清分的影响是应该重点考虑的。

城市轨道交通线路之间相互交叉连接，也会构成相当多的环形结构（见图 8－2），使得路网的连通度大大提高，也将为乘客在两站之间出行路径决策提供更多的选择。

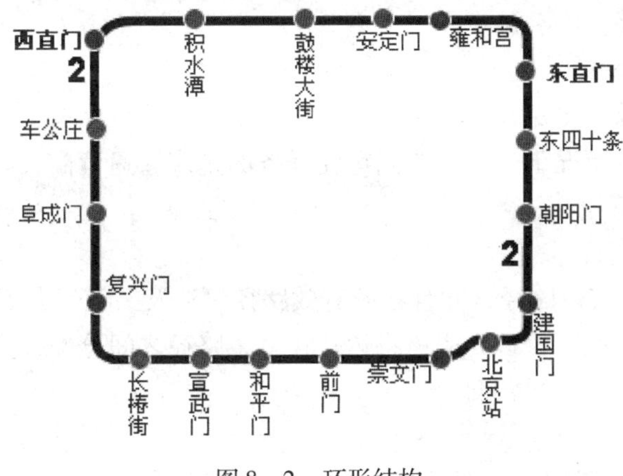

图 8－2 环形结构

2）换乘方便性与换乘模式

（1）换乘方便性

换乘方便性是指轨道交通乘客在换乘距离、时间等方面的便利程度。基本内容主要包括：发车间隔，有无自动扶梯，自动扶梯可使用程度，自动售检票系统可靠性，换乘步行距离，站内导向指引，等等。

在轨道交通网络中，换乘因素对乘客路径的选择同样有重要影响，因为换乘不仅消耗时间，还会消耗体力。通常在相等的出行时间条件下，乘客更希望选择换乘次数少的路径。在实际中，乘客对换乘次数的敏感度不是一成不变的，出行里程的长短、平峰或高峰不同的出行时段都会对换乘次数产生影响。通常，乘客更希望选择换乘方便的路径，也就是说，换乘方便的路径可以吸引更多的客流量。

（2）换乘模式

换乘模式主要包括有障碍换乘和无障碍换乘两种情况。

① 有障碍换乘：指乘客在从 A 线换乘到 B 线时，必须在换乘站出站，然后再买 B 线的

车票乘坐 B 线。这实际上已经把一次出行的运费在不同线路之间分摊了，因此不存在运费的清分问题。

② 无障碍换乘：也称为一票换乘或多线路联乘，是指乘客在起点站根据目的地购买一张车票后，可以在路网内随意换乘各条线路，无须在换乘站再次购票。在这种情况下，如果乘客有多条路径可以选择，那么具体的出行路径将无法得知。然而，由于不同的线路可能分属不同的运营主体，所以运费收入也应归属不同的路径，这就会涉及不同运营主体的利益。

3）运营模式

（1）单路径单运营商

单一有效路径只涉及一家运营商。

单路径单运营商的情况下，运费清分较为简单，乘客此次出行的运费按照清分规则应全部划归唯一路径所涉及的唯一的运营商所有。

（2）单路径多运营商

单一的有效路径涉及多家运营商。

单路径多运营商的情况下，由于担当运输任务的是多家运营商，因此，可以按照各自承担的运距比例将运费清分。

（3）多路径单运营商

某 OD 之间有多条有效路径，并且各条有效路径只涉及一家运营商。

多路径单运营商情况下，首先应该将运费在多条路径之间分配，然后每条路径所得的运费再分配给所涉及的唯一的运营商。

（4）多路径多运营商

某 OD 之间有多条有效路径，并且其中有效路径涉及多家运营商。

多路径多运营商的情况下运费清分较为复杂，要分两步计算。首先，把该 OD 的运费在多条可选路径之间分配；其次，针对每条路径，根据所涉及的各运营商的运距比例分配该路径的运费所得。

4）运营时间

运营时间对于运费清分的影响较为容易判断。路网中的各条线路的运营时间可能不完全一致，有的可能一天运营 18 个小时，有的可能一天运营 16 个小时。因此，OD 之间路径的运营时间就是该路径涉及线路的运营时间的共同部分。

运营时间对于运费清分的影响主要体现为：当某 OD 之间存在多条可选路径时，每条路径的运营时间可能不一致。因此，根据各条路径的运营时间，可以得到一天中不同时段由不同路径参与该 OD 的运费清分。

5）出行时间

出行时间是指乘客从轨道交通出行起点站至轨道交通出行终点站所需的全部时间，包括乘车时间、换乘时间等。

（1）乘车时间

乘车时间是指乘客从乘上列车开始到下车时，只在上车站与下车站之间线路上花费的时间。出行路径是由路段组成的，因此，一次出行的乘车时间就等于组成该路径的所有路段运行时间之和。

（2）换乘时间

换乘时间是指乘客从一条轨道交通线路下车时起，经过换乘路线（含通道、扶梯等），到达另一条轨道交通线路，经候车后登上另一条线路上的列车离开时止的时间。换乘时间包括换乘步行时间、换乘候车时间。

当乘客从出发地至目的地有多条路径可供选择时，一般来说，出行时间越短的路线被选择的概率越大。一般来说，出行时间与里程是正相关的。但在实际路网中，可能会存在这种情况：两条出行路径中，里程较短的路径出行时间较长；里程较长的路径出行时间较短。

2. 乘客的社会经济因素

乘客的社会经济因素主要包括乘客的年龄、职业及收入水平等。

（1）年龄

在路径的选择过程中，由于身体原因，年龄较大的乘客通常更希望选择换乘次数少且乘坐方便、舒适的路径。

（2）职业

职业因素对乘客路径选择具有一定影响，一般情况下，离退休人员更希望选择换乘次数少，且方便、舒适的出行路径，这与年龄因素的影响是一致的。另外，学生和工薪阶层更倾向于选择出行时间最少的路径。

（3）收入水平

通常，随着收入水平的提高，乘客对于方便、舒适和安全等方面的要求更高，因此，对于收入较高的乘客来说，在其路径选择中，更希望选择换乘次数少且方便、舒适的路径。

3. 乘客的出行特征因素

出行特征因素主要包括出行距离、出行目的及出行时段等。

（1）出行距离

出行距离是指乘客乘坐一次轨道交通的出行距离。通常，不同的出行距离对乘客选择路径具有一定影响。例如对于长距离的出行，乘客一般希望能够通过换乘来节约总的出行时间；而对于短距离出行来说，乘客一般都不希望换乘。

（2）出行目的

不同的出行目的，乘客对路径选择也是不同的。例如以探亲访友为目的的乘客一般不会太在意出行时间的长短，而更在意出行过程中的方便、舒适等因素；而乘客上班或公务的出行则对时间比较敏感，此类出行者更希望能够通过换乘来节省总的出行时间。

(3) 出行时段

出行时段包括高峰与平峰。在高峰时段，由于上、下车的人数很多，车厢内和车站的乘客也很多，每次换乘都要上、下车和步行一段距离，消耗一定体力。通过调查发现，乘客在不同时段对不同长度的出行里程，其换乘的敏感度是有差别的。因此，可以根据客流高峰时段的预测，调整工作日不同时段乘客路径的选择，从而更加真实地反映乘客的路径选择。

4. 运营商管理因素

运营商管理因素是指由于运营商提供的差别化服务，而导致乘客出行需求中质量需求的变化，进而影响乘客路径选择的特征。它体现出了乘客对不同运营商的服务差异程度的理解，以及由此产生的路径选择偏好。

(1) 票价

根据线网票价政策调整的趋势，认为“票价与实际选择路径无关”是轨道交通无障碍换乘的基本特性，也是票务收益清分的基本考虑点。

(2) 安全性

安全性是指运营商保证乘客使用其轨道交通线路的安全程度。

(3) 方便、舒适性

舒适性和方便性参数是指乘客在使用轨道交通时能享受到的一些舒适功能。基本内容包括：是否拥挤、环境是否良好、是否有空调、车内座椅的舒适程度、站内设施的布局合理程度等。

(4) 正点率

正点率是指运营商在运输组织时，提供给乘客出行的客运产品，即运行列车的准时程度。高的正点率会节约乘客的时间，满足乘客出行对于时间的需求。

任务 8.2 城市轨道交通清分模型的三要素

票务收益清分是一项复杂的系统工程，需要运用系统工程学、计算机科学、软件工程学、统计学、运筹学、会计学提供的理论和方法。尽管涉及的方法及学科领域很多，但在具体建模与实施过程中，首当其冲要回答三个问题：收益分给谁？如何分？分多少？这三个核心问题组成了清分模型的三大要素：清分主体、清分规则和分配权重。

子任务 8.2.1 清分主体

城市轨道交通的线网规划、管理模式、运营管理方案，直接影响票务收益清分主体的选择，常见的清分主体有 4 类：发卡主体、运营主体、线路和区域。

① 按发卡主体清分：为实现与其他交通工具的无缝衔接，不同的发卡主体在同一 AFC 系统中的消费能分别结算。

② 按运营主体清分：目前城市轨道交通已逐步采用多运营商投资共建的形式，不同线路所属的运营商不同，但线路间均采取无障碍换乘。为此，AFC 系统须按运营主体分别结算各自收益。

③ 按线路清分：以线路为单位，累加线路上所有站的收益贡献。

④ 按区域清分：以区域为单位，累加区域内所有站的收益贡献。

子任务 8.2.2　清分规则

城市轨道交通线网形成后，乘客从某起点（O）至某终点（D）有多条路径可选择。乘客的选择行为通常受票价因素、时间因素、距离因素等影响。基于这些影响因素，主流的清分原则可归纳为 4 类。

（1）路径最短原则

如某乘客从某起点到某终点，所经距离最短（或经站数最少），则确定该乘客走此路径，即把该乘客的贡献清分给该乘客的起点站、终点站和换乘站（如有则清分），清分给该路径经过的线。这种规则符合目前绝大多数地铁的收费模式和乘客习惯。

（2）时间最短原则

如某乘客从某起点到某终点，所花费时间最短，则确定该乘客走此路径，即把该乘客的贡献清分给该乘客的起点站、终点站和换乘站（如有则清分），清分给该路径经过的线。但由于出行时间包括了行车时间、等待时间和换乘时间，容易造成清分规则的复杂化。因此相对路径最短法而言，最短时间法过于复杂，不利于算法的简便可行。

（3）换乘次数最少原则

如某乘客从某起点到某终点，其换乘次数最少，则确定该乘客走此路径，即把该乘客的贡献清分给该乘客的起点站、终点站和换乘站（如有则清分），清分给该路径经过的线。这种思路也在一定程度上符合乘客习惯，适合作为路径最短规则的补充。

（4）所用车费最少原则

当存在对某一路径采用优惠票价时使用。如某乘客从某起点到某终点，其中一条路径所花费的费用最少，则确定该乘客走此路径，即把该乘客的贡献清分给该乘客的起点站、终点站和换乘站（如有则清分），清分给该路径经过的线。但由于目前国内几乎所有的轨道交通收费体系中两点的票价均为固定值，所以这种规则并不普遍适用于我国。

子任务 8.2.3　分配权重

在清分规则确定后，可以找到每一对起讫点（OD）之间的有效路径。此时，须进一步确定有效路径中每一个节点（站点）对该路径的贡献比重，即清分权重。

清分权重通常可以采用以下方法确定。

（1）路程权重法

在乘车路径确定以后，把构成该路径的各相关线路中的乘车路程占总路程的比例，作为该线路占总交易额的比例，即该线路的权重系数。

（2）站数权重法

在乘车路径确定以后，把构成该路径的各相关线路中的乘车站数占总站数的比例，作为该线路占总交易额的比例，即该线路的权重系数。

（3）分区权重法

在乘车路径确定以后，把构成该路径的各相关线路中的区域数占总区域数的比例，作为该线路占总交易额的比例，即该线路的权重系数。

一般而言，清分权重的确定需要结合轨道交通的票务政策。

任务 8.3 现有清分理论模型分析

对于轨道交通换乘票务处理，根据合理的换乘清分规则，建立适用实际情况的清分理论模型是其中的关键问题。不同的清分理论模型有着不同的清分准确性和适用范围。目前已存在的清分模型，总结起来大致分为四种：人工分账的清分理论模型、理想情况下的清分理论模型、最短路径的清分理论模型、多路径概率选择模型。

用 m 来表示实际的车票票面金额。某一换乘路径用站点序列 S_0，S_1，…，S_{i-1} 表示，用 $L_i = |S_{i-1} - S_i|$ 表示 S_{i-1} 到 S_i 的运营里程数。随着线路的发展，每条线路可能会由多个运营商投资和管理，各运营商参与线路投资的比例用矩阵 $\boldsymbol{A}$ 表示：

$$\boldsymbol{A} = \begin{bmatrix} a_{11} & a_{12} & \cdots & a_{1n} \\ a_{21} & a_{22} & \cdots & a_{2n} \\ \vdots & \vdots & & \vdots \\ a_{m1} & a_{m2} & \cdots & a_{mn} \end{bmatrix}$$

其中 $\sum_{k=1}^{n} a_{jk} = 1$，$0 \leqslant a_{jk} \leqslant 1$。$a_{jk}$ 表示第 j 条线路上第 k 个运营商参与投资的比例。

子任务 8.3.1 人工分账的清分理论模型

此理论模型的基础是对形成网络连线的每条轨道交通运营线路进行资产评估，评估指标为运营里程数、线路走向、投资额度、线路质量、服务质量等，评估后针对每一对换乘线路中各运营线路参与投资情况，给出一个清分比例，据此清分比例进行分账。

设 n 个运营商在此换乘线路上的本次收益记为 $\boldsymbol{c} = [c_1 \quad c_2 \quad \cdots \quad c_n]$，此路径评估后的清分比例用向量 $\boldsymbol{d}$ 表示，则清分的数学公式为：

$$\boldsymbol{c} = m \times [d_1 \quad d_2 \quad \cdots \quad d_n]$$

子任务8.3.2 理想情况下的清分理论模型

轨道交通换乘路径的确定是清分过程中的重要问题。理想情况下，若要真实准确地记录乘客的路径，从而使票款得到最真实有效的分配，需要假设在每个换乘站点均设有专用的读卡仪器，乘客的换乘路径每改变一次，就刷卡一次，这样就可得到精确的换乘路径，然后根据此路径上所涉及的运营线路，按照运营里程，得到精确的清分比例。

设 $\boldsymbol{c} = [c_1 \quad c_2 \quad \cdots \quad c_n]$ 为 n 个运营商在此换乘线路上的本次收益，则每条线路得到的收益 Q_j 为：

$$Q_j = m \times \frac{\sum_{i=1}^{n} L_i b_j}{\sum_{i=1}^{n} L_i}$$

其中

$$b_j = \begin{cases} 1 & L_i \in \text{线路} j \\ 0 & L_i \notin \text{线路} j \end{cases}$$

则运营商的本次换乘收益为：

$$\boldsymbol{c} = \boldsymbol{QA} = [Q_1 \quad Q_2 \quad \cdots \quad Q_m] \begin{bmatrix} a_{11} & a_{12} & \cdots & a_{1n} \\ a_{21} & a_{22} & \cdots & a_{2n} \\ \vdots & \vdots & & \vdots \\ a_{m1} & a_{m2} & \cdots & a_{mn} \end{bmatrix}$$

子任务8.3.3 最短路径的清分理论模型

城市轨道交通网络中，每条线路由起始站点、终到站点和换乘站点构成一条路径，不同的路径相互连接形成网状结构的连通图。以此相邻站点间的运营里程作为相应的权值，按照经典的 Dijkstra 最短路径算法即可得到两两站点间的最短路径，根据最短路径中各运营线路所占的比例，得到相关运营公司参与清分的比例。

在假定 OD（出发—到达）站之间的乘客全部选择最短路径的基础上，将运费收益分配给最短路径上做出贡献的运营主体。该方法计算比较简单，在路网规模不大、结构简单、清分精度要求不高的条件下，可以作为确定运费清分比例的可行方案；但是它的不足之处是根据时间要素进行路径选择分析，忽略了影响乘客出行路径选择的其他主、客观因素，而且某一 OD 对只选用唯一的路径进行清分计算，不能体现乘客选择的多样性特点，故难以真实地反映实际情况。

如果通过在路网中找出从 A 车站到 B 车站的一条确定的最短路径，然后按照各运营线路在此最短路径中所占的比例，对每笔换乘交易的票款收益进行清分，即称为最短路径方法。

通常经典的 Dijkstra 最短路径算法，按照路网中车站间路径长度递增的次序产生出最短路径，把最短路径中相关线路段所占的比例作为清分规则，并对换乘交易进行清分。

常用的最短路径清分方法如下：

假设：从站点 A 换乘至站点 B 的最短路径为 $\boldsymbol{Q}$ ，对应通路为 $[q_1 \quad q_2 \quad \cdots \quad q_n]$, n 为该笔换乘交易乘载的线路，q_1 = 站点 A，q_2 = 站点 B，其他为换乘站。

令 $L_{i,j} = \sum_{k=1}^{j-1} w(q_k, q_{k+1})$ 为站点 i 至站点 j 的里程数，$w(q_k, q_{k+1})$ 为站点 q_k 到站点 q_{k+1} 的实际里程数。

需要强调的是，这里的里程数可将每次换乘步行时间及平均等车时间按地铁平均旅行折算成相应虚拟里程，因为需要步行的关系，增加一个随着运营状况变化而随时调整的系数，以折算后的虚拟里程对路径进行排序。

则各相关线路对应从站点 A 换乘至站点 B 的票款 F ，可以按下述计算公式分得票款 f_i ：

$$f_i = F \times \left(\frac{L_{i,i+1}}{L_{1,n}}\right)$$

其中 i =1，2，…，n。

按最短路径确定的清分规则，只需将任意两个可换乘互达的站点，分别计算出其最短路径的通路即可，因此，实施起来较为简单。

结合上述内容，最短路径法（考虑总的旅行时间最短），主要有以下几个特征：

① 根据存储的路网基本信息数据，自动建立全路网的网络模型。

② 根据路网模型按里程最短路径算法，计算出任意站点间的最短路径。

③ 根据最短路径计算出站点间的换乘信息。

④ 根据最短路径计算出站点间的票价。

最短路径法的主要不足之处在于如果城市轨道交通实行多线路的路网模式，只考虑最短路径法进行计算、清分、结算时，有可能不能完全反映实际乘客乘坐的线路的情况。乘客在选择线路时需要考虑旅行时间、换乘距离、舒适度、旅途过程是否拥挤等诸多因素。而且它只提供了一种路径用于客流统计，对于复杂的路网情况不符合，甚至造成换乘收益清分不公的现象。

乘客在选择乘坐线路的时候会考虑的因素如图 8－3 所示。

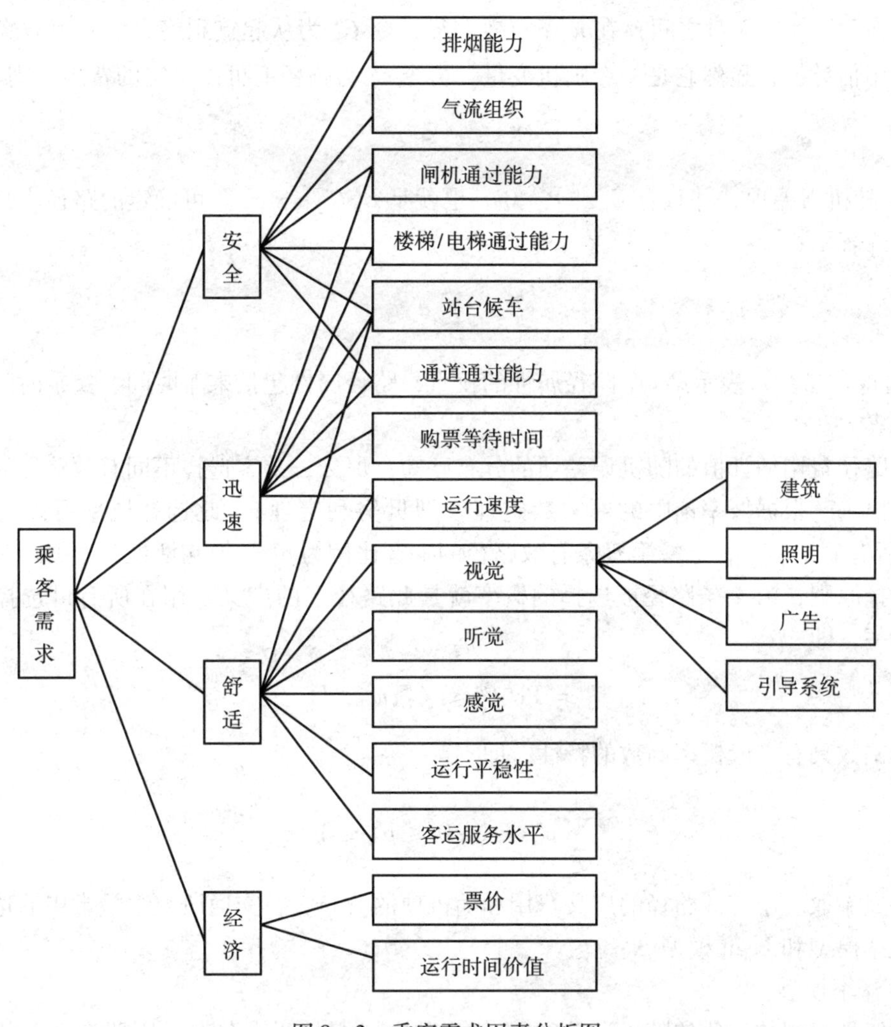

图8-3 乘客需求因素分析图

子任务8.3.4 多路径概率选择模型

城市轨道交通网络中的多路径概率选择问题从行为科学上解释，实际上就是一个决策制定问题，即乘客在城市轨道出行过程中如何选择出行路径。乘客面对多条路径的选择并非轻易下决定，为了模拟乘客的心理活动，可以为每条路径确定一个效用值或者吸引度（也可以称为服务水平），某条路径的效用值反映了乘客选择该路径时将会获得的好处大小。对于乘客来说，他（她）总是希望选择具有最大效用的路径。通常，影响效用的因素多且复杂，还带有一定的随机性，因此，路径的效用是一个随机变量。通常用路径的广义费用值作为乘客选择路径的依据，效用最大意味着广义费用最小。

假定在第 n 个 OD 对之间存在 w 条有效路径，令 C_w^n 为从起点到终点之间第 w 条有效路径上的费用估计值，显然它是一个随机变量，再令 c_w^n 为路径上可以确定的费用，则

$$C_w^n = c_w^n + \varepsilon_w^n$$

其中 ε_w^n 为随机误差项，并且有 $E[\varepsilon_w^n] = 0$，也就是 $E[C_w^n] = c_w^n$。可确定的路径广义费用 c_w^n 可以用下式表示：

$$c_w^n = \sum_i a_w^i x_w^i$$

其中 a_w^i 是待定参数，表示第 i 个路径属性的权重，路径属性包括乘车时间、换乘时间、等车时间等因素。

如果路径费用估计值的随机误差项的分布已知，那么，乘客选择不同有效路径的概率就可以计算出来。根据概率论中的弱大数定理（即贝努利定理），此选择概率可以理解为在 OD 之间所有的乘客中，选择第 w 条有效路径的乘客比例为 p_w^n。换句话说，根据最小广义费用路径选择原则，第 w 条路径被选择的概率就是此路径上的广义费用在所有可选择路径中最小的概率，即

$$p_w^n = \Pr(C_w^n \leqslant C_l^n, w \neq l)$$

选择函数具有一般概率函数的特性，即

$$\sum_{w=1}^{W} p_w^n = 1 , 0 \leqslant p_w^n \leqslant 1$$

选择概率取决于有效路径的广义费用和随机项的分布，在交通研究中最常用的选择函数形式有概率模型和 Logit 模型。

（1）概率模型

假定路径费用估计值的随机误差项 ε_w^n 相互独立且服从正态分布，则所有误差的联合概率密度函数就是多变量正态分布函数（MVN）。MVN 分布是众所周知的正态密度函数的多项式扩展，它描述了随机向量（$\varepsilon_1^n \quad \varepsilon_2^n \quad \cdots \quad \varepsilon_W^n$）的分布，该向量有 W 维期望值向量和 $(W \times W)$ 阶协方差矩阵。

由于积累正态分布函数不能以封闭的形式确定数值，标准的数值求解也非常困难，使得求解不同路径的选择概率非常困难，对于维数 $w > 2$ 的情况，既不能求出概率的数学解析式，也难以用多重积分方法找出数值解，通常采用近似解析法（例如 Clark 循环逼近法）或者模拟仿真方法（例如 Monte-Carlo 仿真法）。

采用近似解析方法，要求列出 OD 之间的所有可能路径，对于小规模的网络来说，可以实现；而对于大规模的网络来说，实现起来就非常困难，因此，很难解决规模较大的城市轨道交通网络问题。

而对于 Monie-Carlo 仿真法，其难点在于从多维正态分布变量中抽取随机值（$\varepsilon_1^n \quad \varepsilon_2^n \quad \cdots \quad \varepsilon_W^n$）。如果从单维正态分布中抽取随机值（服从均值和方差要求）是比较容易的。但在 *MVN* 中实现这一要求就比较困难，因为向量中的每个变量不但有期望值和方差要求，而且变量和变量之间还有协方差要求，尤其对于规模较大的网络，随着 *OD* 之间路径数量的增加，实现多维正态分布的随机抽样就更加困难。

（2）Logit 模型

假定路径费用估计值的随机误差项 ε_w^n 相互独立，且服从相同的 Gumbel 分布，那么，第 n 个 OD 之间第 w 条有效路径被选择的概率为：

$$p_w^n = \frac{\exp(-\theta c_w^n)}{\sum_{m=1}^{W} \exp(-\theta c_m^n)}$$

其中 p_w^n 为第 n 个 OD 对之间第 w 条有效路径 k 上的客流分配比例；c_w^n 为该有效路径上可确定的路径广义费用；θ 是一个与 ε_w^n 的方差有关的参数，它们之间的关系为：

$$\mathrm{Var}(\varepsilon_w^n) = \frac{\pi^2}{6\theta^2}$$

从 Logit 模型中可以看出，当 $\theta \to \infty$ 时，p_w^n 趋于 1，即所有乘客均选择这条路径；当 $\theta \to 0$ 时，乘客将会均匀分布在所有可选路径上。因此，可以把 ε_w^n 看作度量出行者总体对路网熟悉程度的指标。

但传统的 Logit 模型有一个明显的不足之处，即路径的选择概率是由路径间费用的绝对差决定的，这会在分配过程中导致一些不合理的结果。因此，可采用相对费用差计算路径选择概率，即将 Logit 模型改进为

$$p_w^n = \frac{\exp\left(\frac{-\theta c_w^n}{c^{-n}}\right)}{\sum_m \exp\left(\frac{-\theta c_w^n}{c^{-n}}\right)}$$

其中 c^n 为 OD 对之间所有有效路径广义费用的均值。

然而对于网络规模较大的轨道交通规划网络，有很多 OD 对之间的有效路径数目较多。此时，枚举出所有有效路径并计算其平均费用值比较困难。因此采用与最短路费用相比较的形式，假设路径 k 为第 n 个 OD 对之间的最短路，其费用为 c_k^n，则改进的 Logit 模型为如下形式：

$$p_w^n = \frac{\exp\left(\frac{-\theta c_w^n}{c_k^n}\right)}{\sum_m \exp\left(\frac{-\theta c_w^n}{c_k^n}\right)}$$

概率模型和 Logit 模型的比较如表 8－1 所示。

表 8－1 概率模型和 Logit 模型的比较

模型	概率分布	使用效果	实现难度	广泛程度
概率模型	多项正态分布	好	大	少
Logit 模型	双指数分布	好	容易实现	多

可以看出，Logit 模型与概率模型相比较，其优点是简单实用，可解释性好。因此，在实际的交通分析中得到了非常广泛的应用。

知识小链接：

日韩部分城市票款清分的经验

韩国首尔清分中心基本情况

韩国智能卡公司（Korea Smart Card Co.，Ltd.，KSCC）负责韩国首尔地区包括首尔行政区内的仁川和崔奇的城市一卡通（T-Money 卡）的票款清分和卡发行业务，该公司就是首尔公共交通票款清分中心。它于 2003 年由政府牵头，系统承包商、信用卡公司、终端服务提供商（地铁、公交等）、设备供应商等单位共同组成，通过为各相关单位提供 T-Money 卡消费的清分服务，收取一定的服务费作为营业收入，维持正常运作。该公司发行的 T-Money 卡可以应用于首尔地区所有的公共交通工具，是世界上运营比较好的卡。清分中心为所有应用 T-Money 卡的各交通运营商、银行、电信公司等单位提供票款清分服务，清分的范围较大。

东京地铁票款清分情况

由于东京铁路系统建设比较早，建设和运营的公司多（加上私铁，多达 27 家），从 2001 年起，JR 铁路发行的 IC 卡（俗称“西瓜卡”）可在东京公共交通工具上使用。但地铁公司发行的一些多次票、预付费票不能在 JR 铁路使用，东京在市内轨道交通的换乘大部分是出站换乘，不存在清分的问题。

对于部分地铁或 JR 铁路与一些私铁之间实现不下车换乘（私铁相当于地铁或 JR 铁路的延长线），则按照乘车线路上的各运营商各自的票价计算规则计算各自票价，乘客付出的总票价为每条线路票价之和，清分中心按照各条线路上的票价分配总票价。为便于说明，举例如下：假设乘客从甲站到乙站，需经过 A、B 两个运营公司的线路，按照各自的计费规则，乘坐 A 公司的线路需 10 元，B 公司需 5 元，那么乘客需付 15 元，根据清分规则，A 公司得 10 元，B 公司得 5 元。

大阪地铁票款清分情况

日本大阪自 1996 年 3 月 20 日起开始使用 Surutto KANSAI 新车票体系（一种预售

的、可以多次使用的磁卡车票系统)，即事先购买预售的“彩虹卡”，就可以乘坐地铁、新电车、公共汽车和4条私营铁路。1997年后，南海电铁、近铁、神户交通局、京都市交通局等一起参与了Surutto KANSAI的网络。截至2004年11月，Surutto KANSAI形成了43家公司、局可以通用的交通卡网络。

为进一步提高方便性，Surutto KANSAI联合JR西日本铁路公司于2006年2月开展可以共用的PiTaPa的IC卡结算服务。PiTaPa卡应用范围包括原有Surutto KANSAI的网络以及JR西日本铁路，是日本应用最广泛的交通卡网络。

由于运营线路和运营公司众多，在PiTaPa卡消费清算上也采用了类似东京的简单清算方式，即按照乘车线路（按照最短路径计算）上的各运营商各自的票价体系计算各自票价，乘客付出的总票价为每条线路票价之和，清分中心则按照各条线路上的票价分配总票价。

思考与实训

1. 思考题

（1）简述影响票款清分的因素。

（2）简述城市轨道交通清分模型的三要素。

（3）列举现有清分理论模型的种类。

（4）简述最短路径的清分理论模型的原理。

（5）简述多路径概率选择模型的原理。

2. 实训任务

（1）任务目标

掌握城市轨道交通最短路径法的清分和结算。

（2）任务实施建议

布置案例，图8-4所示为路径示意图，根据已知条件回答下列问题。

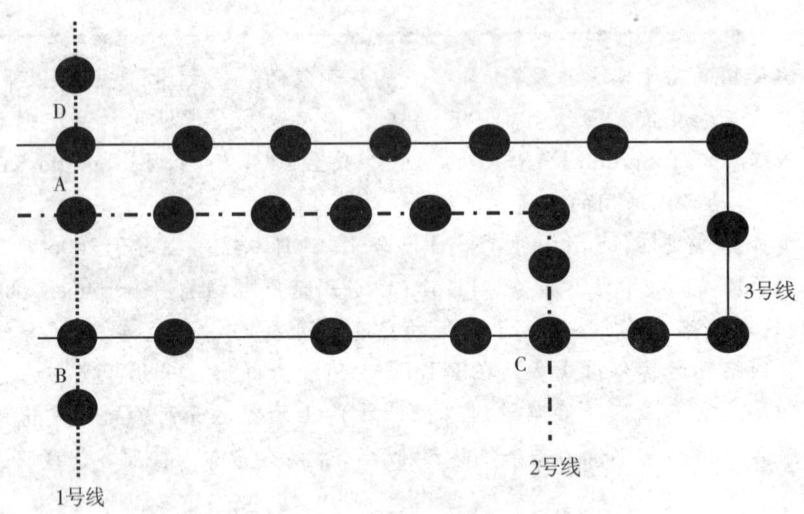

图 8－4 路径示意图

已知条件：

① 从 A 站到 C 站有三条路径可以选择，三条路径的票价分别为：AC＝7 元，ABC＝8 元，ADC＝7 元。

② 各线路时间消耗如下：AB＝3 分钟，BC＝12 分钟，AC＝25 分钟，AD＝3 分钟，DC＝35分钟，假设各线之间的换乘都需要 5 分钟。

回答：

① 若采用路径最短原则，应选择哪条路径？

② 换乘次数最少，且时间最短的是哪条路径？

③ 换乘次数最少，且费用最低的是哪条路径？

（3）任务输出和评价

各小组展示并讲解自己完成的作业情况，由教师和学生进行评定其准确性、规范性、合理性和完成时间，对于表现优秀的小组给予一定形式的鼓励。

附录 A

“城市轨道交通票务管理”课程整体设计

（参考）

课程名称及英文名称：城市轨道交通票务管理

Urban Rail Transit Ticket Management

适用专业：城市轨道交通运营管理

学时数：84 学时

A.1　课程的性质和任务

（1）课程性质

“城市轨道交通票务管理”是一门实操性较强的专业核心课，属于必修课。本课程内容是与城市轨道交通运营企业合作，按照“企业需求调研→工作任务分析→职业能力分析→课程结构分析→专业教学基本要求开发→课程标准开发→教学设计→教学资源开发”的流程，以地铁票务管理标准、作业标准为依据而设置，符合职业教育“以能力培养为主导，以技能训练为主线”的要求。

（2）课程任务

“城市轨道交通票务管理”课程以高职教育理念培养高素质技能型人才为目标，综合学生的实际情况，教学突出针对性和实用性，使学生熟练掌握地铁票务管理的相关理论知识和操作技能，为走上票务员、AFC 综控员、值班站长、站区事务员等工作岗位做好准备。

A.2　岗位分析

本专业毕业生在地铁运营公司中从事的就业岗位主要有：车站安全员、票务员、综控员、值班站长、车辆段信号楼值班员、调度员等。

初次就业岗位主要有车站安全员、票务员、综控员、车辆段信号楼值班员。晋升岗位包括调度中心调度员和车站班组管理岗位值班站长、站区助理等岗位，如图 A－1 所示。

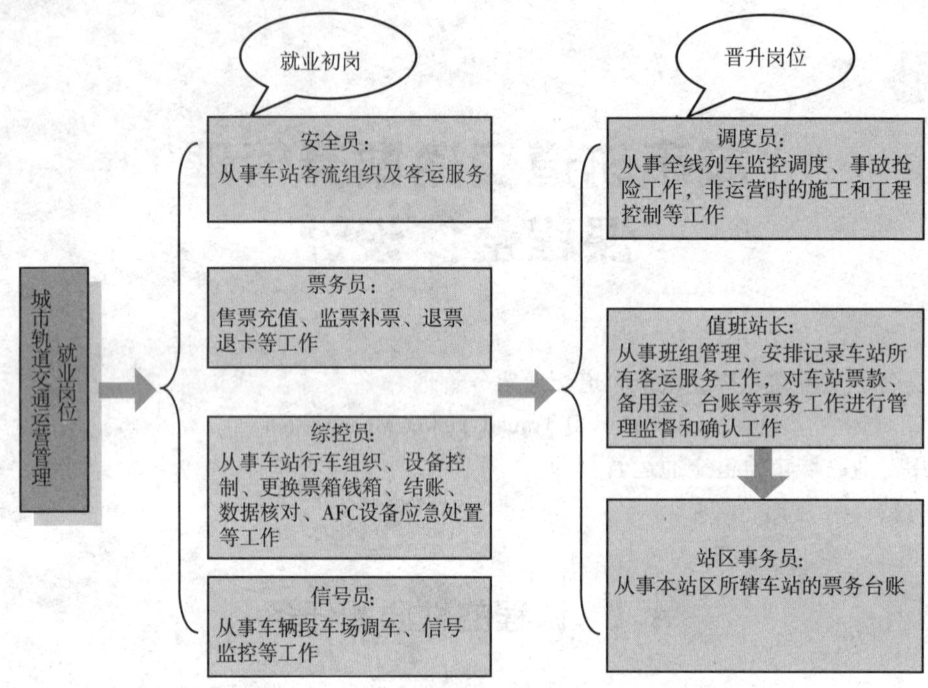

图 A－1　城市轨道交通运营管理就业岗位

由图 A－1 可以看出，“城市轨道交通票务管理”的学习内容涉及的就业岗位有票务员、综控员、值班站长和站区事务员，票务管理相关的工作内容会贯穿学生初岗就业到岗位晋升的整个过程。所以该课程的开发和设置对提高运营类专业人才培养质量，提升毕业生就业能力与就业质量具有重要意义。

A. 3　课程的主要目标和主要内容

（1）主要目标

职业能力目标：

① 能根据自动售检票 AFC 系统要求，运用自动售检票系统设备，完成地铁车站票务设备开启并做好检查工作。

② 在正常客流情况下，根据票务作业和票务管理流程，运用 AFC 自动售检票设备，完成使用半自动售票机和自动售票机售票作业，监护自动检票机检票作业，辅助乘客完成购票、进站、出站和票卡异常作业，填写各种票务报表作业。

③ 根据客流高峰（如早晚客流高峰或节假日客流高峰）或特大客流的特殊票务作业规定，对 AFC 自动售检票设备进行降级作业模式转换，完成对客流的引导，确保乘客安全。

④ 根据车站正常运营作业自动售检票设备的要求，对设备进行检查和维护，适当开启和关闭部分自动检票机，完成正常情况下对客流的引导工作，为乘客提供良好的运营服务。

⑤ 能够根据地铁票务间歇/换班的规定，进行卡、票款和发票等结转作业，闭站后的清票、票务盘点等工作。

专业知识目标：

① 能说出 AFC 自动售检票系统的功能、结构、设备种类和布局。

② 能说出票卡媒介的作用原理，AFC 系统的票卡种类及其功能。

③ 能说出自动售检票系统的清分系统和清分规则。

④ 能说出自动检票机、自动售票机、半自动售票机的功能、结构和基本操作。

⑤ 能说出自动售检票设备的基本故障处理。

⑥ 能说出地铁车站各岗位票务管理工作内容。

⑦ 能说出地铁车站票据与台账，AFC 现金及票务备品的管理。

⑧ 能说出正常和特殊条件下的售检票作业、退票作业、钱箱更换及现金清点和票款收缴作业流程。

职业素养目标：

① 团队合作、沟通协调能力；

② 良好的心理素质；

③ 具有良好的职业道德和敬业精神；

④ 分析问题、解决问题和应急处理问题的能力；

⑤ 服务意识；

⑥ 学会学习，能认识到学习积累的重要性。

（2）主要内容

课程主要内容及学时分配如表 A－1 所示。

表 A－1 课程主要内容及学时分配

项目名称	任务	子任务	理论	实践	合计
项目 1 城市轨道交通票务管理工作的认知	1 了解票务管理背景知识	① 认识票务管理的重要性与政策依据	1	0	4
		② 认识票务管理涉及的术语和概念	0.5	0	
	2 熟悉票务管理工作	① 熟悉票务管理涉及的部门及岗位	1	0	
		② 熟悉票务管理涉及的岗位及职责	1	0	
		③ 了解票务管理工作纪律	0.5	0	

续表

项目名称	任务	子任务	理论	实践	合计
项目2 票卡管理	1 票卡基本情况管理	① 票卡的种类	1	1	16
		② 车票使用情况	1	0	
		③ 各类票卡的发售和使用规定	1	1	
		④ 票制	1	0	
	2 票卡库存和车票调配工作	① 认识票卡库存管理	1	1	
		② 掌握车票调配	1	1	
	3 预赋值车票和应急纸票管理	① 预赋值车票管理	1	0	
		② 应急纸票管理	1	1	
	4 车票回收和清洗	① 车票回收	1	0.5	
		② 车票清洗	1	0.5	
项目3 AFC系统设备的操作、日常巡视及故障应急处理	1 认识 AFC 系统的架构	① AFC 系统的基本架构和类型	1	0	24
		② 认识 AFC 系统的车站终端设备	0	2	
	2 车站 AFC 设备的配置与布局	车站 AFC 设备的配置与布局	0	1	
	3 自动检票机的认知与操作	① 自动检票机的认知	1	0	
		② 自动检票机的操作	0	2	
	4 自动检票机日常巡视与基本故障处理	① 自动检票机的日常巡视	0	1	
		② 自动检票机的基本故障处理	0	2	
	5 自动售票机的认知与操作	① 自动售票机的认知	1	0	
		② 自动售票机的操作	0	1	
		③ 自动售票机钱箱更换	0	2	
	6 自动售票机的日常巡视与故障处理	① 自动售票机的日常巡视	0	1	
		② 自动售票机的基本故障处理	0	2	
	7 半自动售票机的认知与操作	① 半自动售票机的认知	1	0	
		② 半自动售票机的操作	0	1	
	8 半自动售票机的日常巡视与故障处理	① 半自动售票机的日常巡视	0	1	
		② 半自动售票机的基本故障处理	0	2	
	9 线路中心系统的认知与日常巡视	① 线路中心系统的认知	0.5	0	
		② 线路中心设备的日常巡视	0	0.5	
	10 车站中心设备的认知与日常巡视	① 车站中心设备的认知	0.5	0	
		② 车站中心设备的日常巡视	0	0.5	

续表

项目名称	任务	子任务	理论	实践	合计
项目 4 票务作业管理	1 票务作业岗位工作流程	① 车站运营开始前各岗位工作内容	0	0.5	12
		② 运营过程中各岗位工作内容	0	0.5	
		③ 交接班时各岗位工作内容	0	0.5	
		④ 运营结束后各岗位工作内容	0	0.5	
	2 人工售/补票作业	人工售/补票作业	0	1	
	3 监票作业	监票作业	0	1	
	4 退票作业	退票作业	0	1	
	5 钱箱作业	① 钱箱更换	0	1	
		② TVM 钱箱的加币	0	1	
		③ 钱箱内现金的清点	0	1	
	6 操作员号管理和车站票务备品管理	① 操作员号管理	1	0	
		② 车站票务备品管理	1	0	
	7 乘客事务处理	乘客事务处理	0	2	
项目 5 票务现金管理	1 AFC 现金日常保管和交接作业	① AFC 现金日常保管	1	1	8
		② AFC 现金交接作业	1	1	
	2 票款清点收缴作业	票款清点收缴作业	0	1	
	3 备用金管理	备用金管理	1	0	
	4 假钞的识别和处理	假钞的识别和处理	0	2	
项目 6 发票与台账管理	1 发票的管理	① 城市轨道交通发票的种类	0.5	0	8
		② 发票的申领和换发	0	2	
		③ 发票的交接、库存及使用管理	0.5	1	
	2 票务台账管理	① 台账的种类	2	0	
		② 台账的填写与保管	0	2	

续表

项目名称	任务	子任务	理论	实践	合计
项目7 特殊情况的票务处置	1 突发事件处置适用原则及报告要求	① 认识突发事件的概念	0.5	0.5	8
		② 突发事件处置原则			
		③ 突发事件报告要求			
	2 降级运行模式	① 列车故障模式	0	2	
		② 进站免检模式			
		③ 出站免检模式			
		④ 时间免检模式			
		⑤ 日期免检模式			
		⑥ 车费免检模式			
		⑦ 紧急放行模式			
	3 大客流情况的处置办法	① 不可预见大客流情况的处置办法	1	1	
		② 可预见大客流情况的处置办法			
	4 设备故障的处置办法	① 单站单台设备故障的处置办法	1	1	
		② 单站设备大面积故障的处置办法			
		③ 单站全部设备故障的处置办法			
	5 紧急疏散处置办法	紧急疏散处置办法	0	1	
项目8 票款清分结算管理	1 票款清分结算概述	（1）票款清分结算的概念	1	0	4
		（2）影响清分的因素			
	2 城市轨道交通清分模型的三要素	（1）清分主体	1	0	
		（2）清分规则			
		（3）分配权重			
	3 现有清分理论模型分析	（1）人工分账的清分理论模型	1	1	
		（2）理想情况下的清分理论模型			
		（3）最短路径的清分理论模型			
		（4）多路径概率选择模型			

A.4 实践教学活动

本课程实践教学内容列于表A-2中。

表A-2 实践教学主要内容及目标

序号	实践教学内容	实践教学目标
1	地铁车票认知调研报告	能认识地铁车票的发展过程、种类、介质和不同票卡的适用范围
2	模拟车站AFC设备配置与布局	能对车站AFC设备进行数量和位置的合理布局
3	自动检票机的基本操作和故障处理	能熟悉自动检票机的构造，熟练操作使用，在乘客出现使用问题的时候给予及时指导，对于简单的故障能进行基本的处理
4	自动售票机的基本操作和故障处理	能熟悉自动售票机的构造，熟练操作使用，在乘客出现使用问题的时候给予及时指导，对于简单的故障能进行基本的处理
5	半自动售票机的基本操作和故障处理	能熟悉半自动售票机的构造，熟练操作进行售票/补票/充值/票卡分析等作业，对于简单的故障能进行基本的处理
6	人工售票/补票、退票、退卡作业	能熟练进行售票/补票作业，要求语言、动作、流程必须符合作业标准
7	更换钱箱作业	能熟练地对TVM和AG的钱箱进行更换，准确快速地装卸钱箱，动作、流程均符合作业标准
8	假钞的识别和处理	能熟练、迅速地对钞票的真假做出鉴定，并按照作业标准对乘客做出合理应对
9	台账的填记	能准确、快速地对各种台账进行填记，填记要求清晰、准确，符合台账填记要求
10	降级运营模式的实施	在AFC系统发生不同级别的故障后能及时、准确采取相应的降级运营模式，并且在车站启动相应的应急措施，所有岗位的作业条件、作业内容、流程均需符合作业标准
11	各种问题一票通车票的处理	能对故障票卡进行票卡分析，然后根据故障原因给出合理、有效的解决方式

A.5 课程教学手段

本课程配备的教学硬件设备有自动售票机、自动检票机、半自动售票机，软件有票务管理软件、车站中心设备操作软件等。

本课程还开发了与具体教学内容相对应的多媒体课件、微课视频等，将动画与视频录像资料合理穿插于课堂教学中，要求教师熟练使用WORD、POWERPOINT等应用软件。

另外具有良好的教学环境，主要包括城轨实训中心的AFC设备操作实训室、售/补票实训室、可移动桌椅的多媒体教室，以及校外实训基地。

A.6 课程教学方法和形式

本课程以理实一体化教学理念为指导，打破传统课程教学模式，以项目重新整合教材内容，以任务驱动的方法设计教学环节，处处体现以能力培养为主线，通过工作实际与理论教学相结合，处处体现与现场任务的密切结合，知识更具有针对性。并将票务管理的职业资格标准融入教学内容中。根据职业教育课程特点及学生基本认知规律，为提高学生学习兴趣，强化实践融入，在本课程中主要运用了案例分析、视频观摩、角色扮演、团队拓展、趣味教学、现场教学、项目实践等教学方法。

本课程打破传统课程教学模式，以理实一体化教学理念为指导，将教学内容整合为以下教学方法。

① 案例分析法：在知识点讲解中，引入案例分析，辅助学生从剖析案例入手，具体生动，让理论联系实际更有成效。教师引导学生在案例设置的情境中独立思考，并在对案例分析、探讨并解决问题的过程中获得启迪。另外，在练习提高环节教学中，也采取案例分析的方式，请学生独立分析处理，以检验知识点掌握情况。

② 角色扮演法：模拟真实岗位，学生在实践操作中，分别担任售票员、补票员、AFC综合作业员、监票员等工作，让学生体验所扮演角色的岗位责任、工作内容，培养团队合作能力、解决矛盾的能力。

③ 视频观摩法：根据教学内容，选择播放 AFC 系统操作知识的相关视频材料，使学生通过观看生动的图像资料，在特定的情境中感受地铁客运服务职业的魅力。同时，可观看操作演示视频，有助于学生更好地学会 AFC 设备的操作步骤、操作方法、操作内容，为学生独立实践打下基础。

④ 团队拓展法：本课程教学主要采用分组教学形式，在第一堂课要求学生自由分组，后续各个任务的教学中，每组学生组成一个团队，共同完成课堂教学任务和实践教学任务。让学生体验地铁班组工作的职业态度和职业特点——团队合作。

⑤ 趣味教学法：为提高课程教学效果，避免学生玩手机、睡觉等现象，提高课堂兴趣，本课程采用了小品情境、小游戏情境、竞赛情境等。例如在学习仪器操作时，可以组织学生比赛，以学生完成时间最短，操作正确者获胜为规则；在检验知识点掌握环节，可以以知识抢答的形式开展，并设相应的奖励机制，活跃课堂氛围。

⑥ 现场教学法：教师带领学生到实习基地、实训中心，进行现场教学。与以往教学不同的是，学生可以直观感受地铁工作的职业文化，并获得机会与一线工作人员直接进行交流。

⑦ 项目式实践：本课程实践教学课时占总课时的一半，可见实践对本课程的重要性。本课程设置了多个实践教学任务，学生完成各个工作任务，使课堂教学的理论知识融入实践

活动中，转化为灵活运用，切勿死记硬背。使学生在实践中检验理论知识的掌握情况，充分锻炼学生的动手操作能力，熟练完成任务。

A.7 课程考核形式

详见以下课程考核评价标准。

根据职业教育教学规律，结合广泛的技能需求调研、分析，确定了本考核评价标准，其主要内容包括以下三方面。

① 应知部分。对票务管理标准等应知技能的考核主要以笔试为主，考核形式原则上采用闭卷形式，考试时间为 120 分钟，满分成绩为 100 分。

② 应会部分。对票务管理应会技能的考核主要以动手操作考核为主，在规定的时间内，按考核内容要求、项目完成过程中的技术要求以及项目完成成果标准要求，进行考核评价。

③ 过程考核部分。在实践教学活动中，根据学生个人自评、学生小组评价、教师评价情况给出学生在完成某一项目时的得分情况，按比例汇总后作为平时过程考核成绩。

$$总成绩 = 应知部分 \times 40\% + 应会部分 \times 40\% + 过程考核 \times 20\%$$

A.8 使用教材及主要参考资料

（1）教材

《城市轨道交通票务管理》。

（2）主要参考资料

[1] 中国土木工程学会标准. 城市轨道交通运营管理指南（CCES 01—2010）[S]. 北京：中国建筑工业出版社，2010.

[2] 于涛. 城市轨道交通票务管理 [M]. 2 版. 北京：人民交通出版社，2011.

[3] 裴瑞江. 城市轨道交通客运组织 [M]. 北京：机械工业出版社，2009.

[4] 周顺华. 城市轨道交通设备系统 [M]. 北京：人民交通出版社，2009.

[5] 毛保华，四兵峰，刘智丽. 城市轨道交通网络管理及收入分配理论与方法 [M]. 北京：科学出版社，2007.

附录 B

车票使用操作规则

	原因	单程票	福利票	定值纪念票	出站票	一卡通储值卡
非付费区	外观完好但无法分析	原票收回，为乘客补发一张等额单程票	原票收回，补发一张福利票	请乘客到购买处处理，请乘客购买相应的单程票进站，纪念票不回收		请乘客到一卡通公司处理，请乘客购买相应的单程票进站
	无上次出站记录			先按照乘客所述的上次出站车站，在原卡上进行补票并扣费，若卡内余额不足按照尾程优惠处理，不再收取乘客费用，请乘客购买单程票进站		根据乘客所述上次出站车站，扣除卡内相应乘车费用或现金补票后刷卡进站
	余额不足					购买相应单程票或充值后刷卡进站
	人为损坏	原票收回，请乘客重新购票	原票收回，重新查验免费乘车证件，为乘客发放1张福利票	请乘客购买相应的单程票进站，纪念票不回收		请乘客购买单程票进站
	非本站发售/进站记录非本站	原票收回，请乘客重新购票	原票收回，请乘客重新换票	先按照乘客所述的上次出站车站，在原卡上进行补票并扣费，若卡内余额不足按照尾程优惠处理，不再收取乘客费用，请乘客购买单程票进站		根据乘客所述上次出站车站，扣除卡内相应乘车费用或现金补票后刷卡进站
	过期票/超出有效期的失效票	原票收回，请乘客重新购票	原票收回，请乘客重新换票	请乘客购买单程票进站		在BOM上激活原卡或请乘客充值10元整数倍或请乘客购买单程票进站
	无票强行出站（已出站）	无法出示单程票或有效证件的乘客，强行出站时参照《地下铁道列车车票使用办法》中无票出站的规定执行，按路网单程最高票价的10倍补交票款				

续表

	原因	单程票	福利票	定值纪念票	出站票	一卡通储值卡
付费区	无进站记录	依据发售站信息补进站记录，补进站记录成功后该票插入出站闸机，乘客出站		询问乘客进站车站，依据乘客所述进站车站对原票补进站记录后，乘客持原票出站		按照乘客所述进站车站补齐进站记录，乘客持原卡刷卡出站或依据乘客所述进站信息发售一张付费出站票，乘客出站
	人为损坏	原票收回，发售本站最高票价出站票	原票收回，查验乘客有效免费证件，发售1张0元出站票	提醒乘客及时去购买处处理，询问乘客进站车站并依据乘客所述进站地点发售一张付费出站票，乘客出站	原票收回，发售本站最高票价出站票	询问乘客进站车站并依据乘客所述进站地点发售一张付费出站票，乘客出站
	外观完好但无法分析	原票收回，发售0元出站票			原票收回，发售0元出站票	
	非当日发售票（过期票）/非本日进站记录	原票收回，按照10倍路网单程最高票价补交票款	原票收回，请乘客出示有效免费证件，经值班站长确认后，发售1张0元出站票，乘客出站	首先在非付费区补票选项下，依据乘客所述上次出站地点补齐上次的出站记录，余额不足部分作为尾程优惠，不再收取乘客费用。其次再依据乘客所述进站站发售付费出站票	原票收回，按照10倍路网单程最高票价补交票款	首先在非付费区补票选项下，依据乘客所述上次出站地点补齐上次的出站记录。其次在付费区选项下依据乘客所述本次进站地点，补齐本次进站记录或发售相应出站票后出站
	超时	收取路网最低票价3元，为乘客补票，乘客持原票出站		补扣路网最低票价3元，为乘客更新票卡，乘客持原票出站	出站票超出规定出站时间，对原票进行补路网最低票价3元后，请乘客持原票出站	补扣路网最低票价3元，为乘客更新票卡，乘客持原卡出站
	超程/非本站发售出站票	按照实际超出里程收取相应乘车费用			根据车票信息补缴出站票发售站至本站的票价，对原票做补票，请乘客持原票出站；或请乘客到出站票发售站出站	
	超时且超程	按照超时加超程收取相应乘车费用，更新原票卡后，乘客出站			按照超时加超程收取相应乘车费用，更新原票卡后，乘客出站	
	无票强行进站（已进站）	无法出示单程票或有效证件的乘客，强行进站时参照《地下铁道列车车票使用办法》中无票进站的规定执行，按路网单程最高票价的10倍补交票款				
	遗失或无票	询问乘客，若能出示有效免费乘车证件，为乘客发售1张0元出站票；若不能出示，为乘客发售1张本站最高票价出站票				

参考文献

[1] 中国土木工程学会标准．城市轨道交通运营管理指南：CCES 01—2010［S］．北京：中国建筑工业出版社，2010.
[2] 于涛．城市轨道交通票务管理［M］．2 版．北京：人民交通出版社，2011.
[3] 上海申通地铁集团有限公司轨道交通培训中心．城市轨道交通概论［M］．北京：中国铁道出版社，2009.
[4] 陶玥，张冬泉．城市轨道交通票款清分方法［J］．都市快轨交通，2010.
[5] 周晓燕．城市轨道交通票务清分算法研究［J］．现代城市轨道交通，2013.
[6] 赵峰，张星臣，刘智丽．城市轨道交通系统运费清分方法研究［J］．交通运输系统工程与信息，2007.
[7] 王中堂，徐寅，朱德昕，等．对城市轨道交通多路径清分及其影响因素的探讨[J]．通信与广播电视，2013.
[8] 贾楠．城市轨道交通票务清分问题研究［D］．北京：北京交通大学，2008.
[9] 孟贺．城市轨道交通票务收益安全管理体系［J］．科学时代，2013（24）.
[10] 杨伟威．地铁票务收益安全管理探讨［J］．城市建设理论研究，2014（25）.
[11] 张彦，史天运，李仕达，等．AFC 技术及铁路自动售检票系统研究［J］．中国铁路，2009.
[12] 陆春江．城市轨道交通网络“一票通”换乘的票款分配比例模型［J］．现代城市轨道交通，2004.
[13] 陈鹏辉．城市轨道交通自动售检票系统的现状与发展趋势［J］．城市轨道交通研究，2009.
[14] 裴瑞江．城市轨道交通客运组织［M］．北京：机械工业出版社，2009.
[15] 周顺华．城市轨道交通设备系统［M］．北京：人民交通出版社，2009.
[16] 毛保华，四兵峰，刘智丽．城市轨道交通网络管理及收入分配理论与方法［M］．北京：科学出版社，2007.
[17] 陈宇．城市轨道交通运营企业的票务组织管理［J］．都市快轨交通，2009，22（6）：

55－57.

[18] 王红梅．城市轨道交通运营管理研究［D]．北京：北京交通大学，2006：51－53.

[19] 潘颖芳．城市轨道交通 AFC 系统体系结构分析与研究［J]．信息技术，2012（2）．

[20] 邓先平，陈凤敏．我国城市轨道交通 AFC 系统的现状及发展［J]．都市快轨交通，2005（3）．

[21] 姚国华，陈莹，张宁．城市轨道交通 AFC 系统总体业务规划［J]．都市快轨交通，2011（4）．

[22] 周宗国．城市轨道交通 AFC 系统之车站终端设备［J]．城市建设理论研究，2013（14).

[23] 郑焕升，黄善智．浅谈城市轨道交通 AFC 系统的降级模式［J]．中国科技博览，2011（14）．

[24] 赵菁．试论城市轨道交通（AFC）系统运营数据分析与运营管理［J]．城市建设，2010（11）．

[25] 周末．城市轨道交通 AFC 系统运用分析［J]．内蒙古科技与经济，2003（11）．